KUKUCZKA

OPOWIEŚĆ O NAJSŁYNNIEJSZYM POLSKIM HIMALAIŚCIE

Redakcja: Wojciech Fusek
Korekta: Jacek Bławdziewicz
Projekt graficzny okładki: Krzysztof Rychter
Projekt graficzny makiety i skład: Elżbieta Wastkowska
Fotoedycja: Marta Błażejowska
Przygotowanie zdjęć do druku: Paweł Bajer

Zdjęcie na okładce: Archiwum rodzinne Jerzego Kukuczki; East News
Źródła zdjęć: archiwum rodzinne Jerzego Kukuczki: str. 10, 13, 14, 15, 17, 18, 21, 30, 33, 34, 37, 38, 41, 42, 43, 44, 47, 48, 49, 51, 52, 54, 55, 56, 57, 58, 62, 67, 78, 87, 90, 94, 98, 100, 104, 107, 116, 121, 122, 123, 126, 127, 128, 131, 132, 136, 140, 143, 146, 147, 148, 149, 154, 160, 163, 166, 167, 192, 196, 199, 200, 203, 206, 209, 210, 215, 217, 218, 219, 221, 222, 223, 224, 227, 230, 232, 234, 237, 240, 242, 244, 245, 246, 247, 248, 250, 251, 252, 255, 257, 258, 259, 261, 264, 266, 268, 272, 276, 282, 283, 284, 294, 302, 305, 315, 320, 322, 325, 326, 328, 333, 337, 353, 355, 357, 359, 362, 363, 364, 365, 366, 367, 368, 369, 376, 378, 379, 381, 394; Rafał Mielnik/ Agencja Gazeta: str. 26; Adam Zyzak: str. 68, 71, 72, 74, 75, 76, 77, 81, 88; archiwum Janusza Skorka: str. 46, 105; Tadeusz Piotrowski: str. 109, 110, 254, 288, 290, 292, 293, 298; Małgorzata Kiełkowska: str. 112; Dariusz Kortko: str. 115, 157, 208, 316; Lech Korniszewski: str. 151; Józef Nyka: str. 153; Eugeniusz Krajcer: str. 174; Marcin Pietraszewski: str. 178, 179, 182, 184, 185, 186; Krzysztof Wielicki: str. 262, 279; Artur Hajzer: str. 334, 351, 352, 358; Aleksander Kwaśniewski: str. 340; Walenty Nendza: str. 342; Lesław Sagan/ East News: str. 349, 350; Jan Morek/PAP: str. 361; Teodor Walczak/PAP: str. 372, 374; Zbigniew Matuszewski/PAP: str. 386; Mario Corradini: str. 384, 389; nieznani autorzy: str. 144, 170, 312

WYDAWCA
AGORA SA
ul. Czerska 8/10, 00-732 Warszawa

WYDAWNICTWO KSIĄŻKOWE:
Dyrektor wydawniczy: Małgorzata Skowrońska
Redaktor naczelny: Paweł Goźliński
Koordynacja projektu: Katarzyna Kubicka

Warszawa 2016

ISBN: 978-83-268-2393-0

Druk
Drukarnia Perfect

Dariusz Kortko · Marcin Pietraszewski

KUKUCZKA

OPOWIEŚĆ O NAJSŁYNNIEJSZYM POLSKIM HIMALAIŚCIE

Jedyne, co Nas ogranicza
przy spełnianiu marzeń
to własna wyobraźnia ♡

Zelka

10.2016

WSTĘP

„Góry wzywają ludzi, którzy pragną w życiu wartości duchowych" – te słowa arcybiskupa Damiana Zimonia wygłoszone podczas mowy pogrzebowej zawierają głęboką prawdę o Jerzym Kukuczce. Jerzy był człowiekiem głęboko wierzącym, ufał, że Bóg go strzeże. „Mam szczęście, Boska Opatrzność czuwa nade mną" – powiedział kiedyś.

Jerzy Kukuczka, znany wszystkim jako Jurek, był małomówny, zamknięty w sobie. Nie był konfliktowy, ale z pewnością nie należał do ludzi łatwych. Kiedy decydował się zrealizować jakiś projekt, nie było szans, by go od tego odwieść. Tych, którzy mieli inne zdanie, zostawiał i szedł dalej sam.

Jego niezwykła siła fizyczna, zdrowie i sprawność pozwoliły mu osiągnąć tak wiele. Rekordy, jakie ustanawiał w górach, były niesamowite i dlatego ludzie wierzyli, że zdobędzie wszystko, co sobie założy, bez wyjątku. Jego rzadkie porażki przyjmowano z ogromnym zdziwieniem, wręcz szokiem. Ta pewność Jurka przenosiła się na każdego członka wyprawy. Jurek wspinał się, aż wszedł na szczyt.

Wspinał się z najlepszymi na świecie. Wanda Rutkiewicz wspominała, że Jurek mógł spędzić kilka dni wysoko w górach bez pożywienia i zachować siły. Wojtek Kurtyka powiedział: „Jurek był największym psychicznym nosorożcem, jakiego kiedykolwiek spotkałem wśród alpinistów, niezrównany w swej zdolności do znoszenia cierpienia i braku reakcji na niebezpieczeństwo. To charakterystyczne dla ludzi urodzonych pod znakiem Barana. Mają ślepy wewnętrzny przymus parcia do przodu. Tacy jak Jurek, kiedy spotykają przeszkodę, uderzają w nią, dopóki jej nie rozwalą lub nie złamią sobie karku".

Meksykański himalaista i bliski przyjaciel Jurka Carlos Carsolio powiedział prosto: „Nikt nie był tak twardy jak Jurek".

Po raz pierwszy spotkałam Kukuczkę w Katmandu w styczniu 1986 roku. Zatrzymałam się w Tukuche Peak, gdzie na hotelowym parkingu stały dwie ciężarówki wyglądające jak wojskowe. Kiedy o nie zapytałam, powiedziano mi, że to auta polskiej ekspedycji na Kanczendzongę. Pewnego dnia grupa polskich wspinaczy przybyła do hotelu. Byli cisi i smutni, wyglądali na wyczerpanych fizycznie i psychicznie. Wśród nich był Jurek. Polacy dokonali pierwszego zimowego wejścia na Kanczendzongę, ale stracili jednego ze swoich najlepszych – Andrzeja Czoka.

Starałam się zrozumieć ducha tego zespołu, który zdecydował się wspinać na trzecią górę świata, i to w zimie. Byłam pod wrażeniem tego, jak ze stoickim spokojem podchodzili do wspinaczki, zrozumiałam, że to był ich żywioł. Himalaje były ich światem, a zima ich porą działania. Jurek był w tym zespole mistrzem ceremonii.

Pamiętam go. Krępy, mocnej postury, twarz miał zoraną wiatrem i brązową od słońca. Oczy, choć przekrwione ze zmęczenia, były ciepłe i śmiejące się. Wyglądał jednak na absolutnie smutnego. Była to bowiem trzecia wyprawa z rzędu, w której tracił partnera.

Jak wielka była jego odporność na cierpienie, pokazała zima 1985 roku, kiedy zdobył dwa ośmiotysięczniki jeden za drugim. Ale nawet Jurek Kukuczka miał granice wytrzymałości. Na jednym z podszczytowych biwaków, skulony, broniący się przed zimnem, ignorując swoje odmrożone stopy, targany dreszczami, walczył całą noc, by zachować resztki ciepła. Wtedy zaczął mieć halucynacje. Wydawało mu się, że w schronisku w Morskim Oku dyskutuje z towarzyszami wspinaczki. Rozmawiali o tym, co jest „po drugiej stronie lustra". Wszyscy wspinacze znają tę „cienką czerwoną linię". Jurek najlepiej wiedział, co to jest zbliżyć się do niej, co to znaczy dotknąć „drugiej strony lustra". Jego partnerzy też. Niestety, wielu z nich dotknęło jej ostatecznie.

Po zdobyciu zimą z Wielickim Kanczendzongi Jurek wytyczył latem nową drogę na południowej ścianie K2 i tu też stracił towarzysza wspinaczki. Tadeusz Piotrowski odpadł od ściany.

Jesienią poprowadził nową drogę na Manaslu, a na początku lutego 1987 roku dokonał pierwszego zimowego wejścia na Annapurnę. W dwóch ostatnich wyczynach towarzyszył mu jego młody protegowany Artur Hajzer.

Do zdobycia został mu ostatni z czternastu ośmiotysięczników – Sziszapangma. Kiedy rok później zatknął proporzec na tym szczycie, kończąc swój projekt Korony Himalajów i Karakorum, większość ludzi myślała, że będzie chciał odpocząć, cieszyć się sukcesem, zająć ogrodem. Miał w bród nagród i wyróżnień, dostał nawet olimpijski medal, w Polsce został ogłoszony Człowiekiem Roku. Jego sława była światowa. W porządku, mógł uważać, że przegrał wyścig z Messnerem, który wcześniej zdobył wszystkie ośmiotysięczniki, ale wejścia Jurka były poprowadzone w dużo lepszym stylu (solo, zimą, nowymi drogami – przyp. red.).

Dlaczego więc wrócił pod Lhotse, by wspinać się na południowej ścianie? Przecież już wcześniej zdobył tę górę. Wielu jego najbardziej zaufanych partnerów wspinaczkowych próbowało południowej ściany i nie dali rady. Nawet Messner.

Po przeczytaniu „Kukuczki" zaczynamy jeszcze lepiej rozumieć ten aspekt jego charakteru. Mam uznanie dla autorów – Dariusza Kortko i Marcina Pietraszewskiego – za odwagę w odkrywaniu pełni osobowości Kukuczki. Nie wystarczyła im ta znana wszystkim, spreparowana dla potrzeb mediów legenda. Autorzy starali się pokazać złożoność człowieka.

Jurek Kukuczka był odważny, silny, był wizjonerem. Jego wytrzymałość była legendarna. Był znany, a jednak udało mu się pozostać skromnym. Jego gotowość znoszenia cierpień była niezrównana. Od swoich pierwszych spektakularnie bolesnych porażek na wysokości, podczas zdobywania Denali na Alasce czy Lhotse, walczył z bólem, starał się oszukać ciało i wyćwiczyć je tak, aż w końcu stało się dobrze naoliwioną maszyną, która działała coraz wydajniej, im wyżej się znajdował. To tak, jakby w górach odnajdywał spokój, z którego wychodził na swój najwyższy poziom.

Ale Jurek był tylko człowiekiem. Miał obawy, wątpliwości; złościł się, nudził, a jego niepohamowana ambicja powodowała, że wzbudzał u innych zazdrość, której skutków często doświadczał. Gdy więc najbardziej znany wspinacz wszech czasów Messner wycofał się z południowej ściany Lhotse, dla Jurka było to jak zaproszenie.

Po raz drugi widziałam Jurka późną wiosną 1989 roku w Trento we Włoszech. Spotkaliśmy się na obiedzie w restauracji Everest Hotel, pełnej alpinistów, którzy zjechali na festiwal filmowy. Nie było osoby w sali, która nie znałaby Jurka. Wszyscy go obserwowali – prawdopodobnie nawet podsłuchiwali – ale zachowując dystans wyrażający szacunek. Wokół niego wytworzyła się umowna strefa buforowa.

Podczas tego spotkania wydał mi się chudszy, niż pamiętałam go z Nepalu trzy lata wcześniej. Ale jadł ze smakiem potrawy, jakie tylko Włosi potrafią przygotować. Melon i prosciutto, kopiec gnocchi w śmietanie. Popijał to teroldego z pobliskich winnic Trentino.

Refleksja Carlosa Carsolio na temat wyglądu Jurka była odbiciem mojej własnej obserwacji: „...był niewysoki, miał przerzedzone włosy i mały brzuszek. Gdybyś go zobaczył na ulicy, nie domyśliłbyś się, że to najlepszy wspinacz na świecie. Najlepszy w historii himalaizmu".

Jurek był w pełni świadomy swojego miejsca w historii, ale nie gwiazdorzył, nie zadzierał nosa. Nie potrzebował tego. Nie chciał, by sława go rozpraszała i przeszkadzała mu. Wydawał się jeszcze bardziej wycofany niż po powrocie z Kanczendzongi, ale z błyskiem w oku. W Trento nie wiedziałam jeszcze, że tej jesieni ma zamiar wspiąć się południową ścianą na Lhotse. Nie zdradził się ani słowem. Może dlatego, że wciąż miał w głowie paraliżujący smutek po tragedii przyjaciół na Evereście (27 maja 1989 roku na przełęczy Lhotse życie straciła piątka z czołówki polskich wspinaczy – przyp. red.).

Gdy Jurek zginął na Lhotse, cały wspinaczkowy świat był oszołomiony. Ten niezniszczalny Jurek? Na jakiś czas Polacy stracili serce do wspinania i zaufanie do swoich umiejętności. Cały kraj go opłakiwał. Zmarł o wiele za wcześnie, miał tyle powodów, by żyć: synów, kochającą żonę, wprowadzanie w góry nowej generacji wspinaczy, gotowanie dla przyjaciół, przytulanie przyszłych wnuków.

Trzeba wiedzieć, że nikt nie podchodził do życia poważniej niż Jurek. Powiedział kiedyś: „Przyszłość nie jest jeszcze napisana, ale nie będziesz żyć sekundy dłużej, niż jest ci to dane. Nie uciekniesz od tego, choćbyś nie wiadomo jak próbował".

Był skarbem narodowym, symbolem odwagi dla niezliczonych rzesz Polaków, wzorem dla przyszłych pokoleń wspinaczy. Zrobił w górach wszystko, co mógł. Jego spuścizna nie jest jednak w dolinie, ale w mroźnym rozrzedzonym powietrzu najwyższych szczytów świata, niedostępnych dla tych, którzy nie chcą się wspiąć tak wysoko, podjąć tego ryzyka, aby zbliżyć się do tego samego rodzaju geniuszu.

Wanda Rutkiewicz, która zginęła zaledwie trzy lata później, miała kilka słów pocieszenia dla osób będących w żałobie po Jurku: „Nie powinniśmy ośmielać się oceniać tych, którzy szukają niebezpieczeństw w najwyższych górach świata, i żądać, by powiedzieli, jaki ma sens to, co robią. Gdy płacą najwyższą cenę za swoją pasję, po prostu powinniśmy o nich pamiętać...".

Ta biografia jest właśnie tak napisana – z szacunkiem i ze zrozumieniem, z humorem i empatią. Podobnie jak w przypadku samego bohatera jest to mistrzowskie dzieło, wykonane w najlepszym stylu.

Bernadette McDonald

CAMP

ROZDZIAŁ 1

PARADISE - RAJ

Połowa września 1989 roku. Jerzy Kukuczka siedzi w obozie u stóp przyklejonej do Everestu góry Lhotse. Jeden z najsłynniejszych himalaistów świata. Drugi po Reinholdzie Messnerze zdobywca Korony Himalajów i Karakorum – wszystkich 14 szczytów ziemi o wysokości ponad ośmiu tysięcy metrów. Na 11 z nich wytyczył nowe drogi, stanął samotnie na jednym wierzchołku, cztery zdobył zimą, siedem w stylu alpejskim, czyli małym zespołem, szybko, bez zakładania pośrednich obozów.

Ale jest drugi.

Południowa ściana Lhotse – wielkie wyzwanie w Himalajach. Nikomu dotąd nie udało się jej zdobyć. Piekielnie trudna. Można o niej opowiedzieć tak: Lhotse, czwarta góra świata, wznosi się na wysokość 8511 metrów nad poziomem morza. Dwa wierzchołki – właściwy i nieco niższy Lhotse Shar (8386 m). Zrośnięta z Mount Everestem. Dwie ogromne ściany – zachodnia, która wznosi się nad lodowcem Khumbu, i południowa, niezwykle trudna. Skalny mur o długości 11 kilometrów, na ponad trzy kilometry wysoki.

Południową ścianę Lhotse można też opisać tak:

„Potężna. Nawet jeśli chciałoby się jej zrobić zdjęcie szerokokątnym obiektywem – jest to niemożliwe. Trzeba być jakieś 20 kilometrów przed nią, żeby objąć ją całą" – to himalaista Ryszard Warecki.

⇦ Październik 1989 roku. Jerzy Kukuczka w obozie czwartym lub piątym na stoku Lhotse

„Rozbiliśmy obóz pod południową ścianą, ale nie było jej widać. Zakrywała ją gęsta mgła. Rano poprawiła się pogoda, ktoś wyszedł przed namiot. Spojrzał w górę i krzyknął: O kurwa! Kolejni uczestnicy wyprawy wychodzili przed namioty, ciekawi. Zadzierali głowy do góry i powtarzali to samo. Kurwa! Takie robi wrażenie" – to Krzysztof Wielicki.

„Trzy kilometry terenu postawionego w pionie. Synonim ściany nie do zdobycia. Tylu ludzi na niej zginęło..." – to Artur Hajzer, który w 2013 roku zginie na stoku Gaszerbrumu I w Karakorum.

„Nigdy się tak nie bałem" – to Ryszard Pawłowski, zdobywca dziesięciu ośmiotysięczników.

„Myślałem o tej ścianie wielokrotnie" – to Jerzy Kukuczka.

Ostatnio myśli nieustannie. Wiosną 1989 roku Reinhold Messner organizuje wyprawę. Najlepsi na świecie himalaiści mają w końcu pokonać południową ścianę Lhotse. W składzie nie ma Kukuczki, nie zostaje zaproszony. Udaje, że go to nic nie obchodzi, ale zadra jest, wychodzi w rozmowach z przyjaciółmi.

Gdy Messner się poddaje, Kukuczka już wie. Musi zdobyć południową ścianę. Będzie to przypieczętowanie dominacji, wyczyn nad wyczynami, przejście do historii. Teraz albo nigdy.

ŚWIETNY SPOSÓB ZABIJANIA NUDY

Koniec sierpnia 1989 roku. Do Katmandu lecą himalaiści: Jerzy Kukuczka, Ryszard Pawłowski i Ryszard Warecki ze Śląska, Maciej Pawlikowski z Zakopanego, Przemysław Piasecki z Poznania i Tomasz Kopyś z Warszawy. Radiotelegrafista Leszek Czech, lekarz Michał Kulej, Elżbieta Piętak, dziennikarka z katowickiej telewizji regionalnej, operatorzy kamer, filmowcy z Włoch... Czternaście osób.

Namioty obozu-bazy stawiają u podstawy ściany, na wysokości 5200 metrów nad poziomem morza. Na zdjęciach obozowa rutyna. Pranie, gotowanie, sprzątanie, a gdy zbliża się pora posiłku, nepalski pomocnik kucharza woła po polsku: Koryto! Przy obiedzie gadki o swojskich smakach, żurku, golonce.

Jerzy Kukuczka przy młynku modlitewnym podczas wyprawy na Lhotse, 1989 rok ⇨

W bazie pod Lhotse. Od lewej: Jerzy Kukuczka, Yves Ballu i Ryszard Pawłowski

Raz w tygodniu, o godzinie 21, łączenie z Polską przez Australię. Pięć godzin wcześniej łączenie z Katmandu. Raport: co się dzieje w bazie, w ścianie, że radiotelegrafiście lekarz musiał na żywca wyrwać ząb i że mu się udało.

Żarty. Maciek Pawlikowski, dziewiąty raz w Himalajach (w zakopiańskim klubie młodzi nazywają go „Himalajskim dziadkiem"), podczas wspinaczki traci kask, więc zakłada chustkę na głowę. Wygląda jak wiejska baba, w obozie przezywają go „Maciejowo".

Tomasz Kopyś nie chce być poważny przed kamerą. – To dziwna wyprawa – mówi – bo wszędzie grasują telewizje. Są z boku, z tyłu z przodu, a ja nie wiem, jak się zachować. Na dodatek telewizja uznała, że nasza wyprawa jest za mało dramatyczna, i dziennikarze każą nam skakać na paralotniach. Po ostatnim skoku wciąż dochodzę do siebie, poobijany. Ale cieszę się, bo jutro wychodzę w góry i prawdopodobnie nie pójdzie z nami telewizja. Będzie to wielkie wydarzenie dla nas. Będziemy się mogli trochę w spokoju powspinać i odetchnąć.

Ale nie wszystko widać na filmie. Yves Ballu z Francji przemyca do obozu paralotnie, wtedy nowość, świetny sposób zabijania nudy.

Elżbieta Piętak: – Pole, z którego startowaliśmy do lotów, usiane było ostrymi kamieniami. Jak się biegnie z paralotnią, trzeba patrzeć na skrzydło, a nie pod nogi. Rysiu Pawłowski upadł i uszkodził kolano. Utykał. Siedział potem na beczce, do nogi miał przywiązane dwa duże kamienie, które pełniły funkcję wyciągu ortopedycznego, i czytał książkę. Jurek zrobił mi awanturę, krzyczał, że tu są poważne sprawy, a ja urządzam program rozrywkowy. Zabrał mi paralotnię i schował, żeby nas więcej nie kusiło.

W zespole czuje się napięcie. Himalaje to nie Tatry. Tam wspinaczka jest szybka. Ciągle w górę, na szczyt. W Himalajach z górą trzeba podjąć grę, jak w szachach. Ocenić zagrożenia, na przykład którędy może zejść lawina, czy lodowe uskoki nie zagrodzą drogi. Przewidzieć czas na aklimatyzację. Opracować strategię: wytyczyć drogę, zaplanować logistykę, założyć obozy pośrednie, zaopatrzyć namioty w zapasy gazu, jedzenia, poprowadzić liny poręczowe.

Uczestnicy wyprawy na Lhotse '89 stawiają bazę u podstawy ściany, na wysokości 5200 metrów nad poziomem morza

Wspinacze kursują do góry, na dół, do góry, na dół. Wyszarpują kolejne metry wysokości, jak podczas oblężenia. Walczą z wiatrem, niską temperaturą, ograniczeniami organizmu. Może to trwać tygodniami. Czy wystarczy im czasu, jedzenia, cierpliwości?

BOŻE, CZUWASZ NADE MNĄ

Kukuczka niespokojny. Wyprawa się nie układa. Pogoda fatalna, kolejne obozy zakładane są z trudem. On sam nie czuje się dobrze. Już na początku wspinaczki ociera się o śmierć.

Obóz pierwszy na wysokości 5800 metrów. Kukuczka o poranku wychodzi przed namiot. Mży, śnieg jest miękki. Wspina się, nagle lina się zrywa. W pamiętniku zanotuje: „Lecę, próbując złapać równowagę. Macham rękami, wrzask: Booożee!!! Po kilkunastu metrach ręka łapie jakąś starą poręczówkę. Staję. Boże, czuwasz nade mną. Podarowałeś mi drugie życie". Serce wali jak młot. Mało brakowało...

Wpis z 16 września: „Boli mnie głowa w okolicach czoła i coś siedzi na żołądku".

19 września, na stoku Lhotse: „Jeszcze o szóstej słychać dudniący o namiot śnieg. Ciężko mi się wstaje, tak jakbym nie miał aklimatyzacji (a może kondycji), ale widzę po Ryśku [Pawłowskim] to samo. Trudno wstać. O ósmej decydujemy się pozostać jeden dzień do poprawy warunków. Wieczorem pokazują się błękity, nadzieja na ładny dzień. Przygotowujemy wszystko do jutrzejszego wyjścia".

Ale pogoda się nie poprawia, muszą wracać do bazy. Frustracja narasta. „26 września. Co jest!? O obóz trzeci walczymy już dziesięć dni! A jest to najłatwiejszy odcinek na całej drodze. Zaczynam się niepokoić. Mijają trzy tygodnie, a my jeszcze nawet nie w połowie drogi. Cały czas myślę o Wielkim Zacięciu. No i kogo by tu wybrać za partnera? Na razie nikomu o tym nie mówię". Obserwuje kompanów: „Nie bardzo podoba mi się Rysiek. Ciągle chowa się za plecami, ciągle na drugiego". O Przemku Piaseckim i Maćku Pawlikowskim: „Miałem przeczucie, że tu czuć nadgorliwość, ale oczywiście nie mogłem tego powiedzieć".

Jerzy Kukuczka w bazie pod Lhotse

Ostatni dzień września przynosi zmianę. „To jest to! Czuję prawdziwą himalajską jesienną pogodę. Inny zapach powietrza, chłodniej, błękit nieba. Idę na lodowiec porobić zdjęcia i się pomodlić. Znajduję zwłoki zupełnie rozdziobane przez kruki. Postanawiam o tym nie mówić do końca wyprawy, a potem je pochować".

Decyduje o wyborze partnera. Jeśli zdobędzie szczyt, to z Ryszardem Pawłowskim. Pogoda pozwala szybko założyć kolejne obozy: czwarty i piąty na wysokości około ośmiu tysięcy metrów. Z niego poprowadzą atak.

16 października, ostatni wpis w pamiętniku Kukuczki: „Budzimy się o czwartej. Gotowanie, kawa, śniadanie i z powrotem do śpiwora. U góry huk, jakbyśmy byli pod nasypem, którym ciągle przejeżdża ciężki, towarowy pociąg. Pióropusze na grani niesamowite, huk wzrasta, a dla kontrastu, który wkurwia, cały horyzont w błękitach. Co robić? Z godziny na godzinę duch bojowy maleje, maleje... Wieczorem zaczynamy rozważać zejście. Huk na graniach się potęguje. Tak to jest, jak się zaczyna akcję w niedzielę. Całą noc łomoce płachta namiotu. I ten huk! Wygląda na to, że strefa wiatru

Kukuczka do ostatniego momentu nie wie, z kim poprowadzi atak szczytowy. W końcu decyduje: Jeśli zdobędzie szczyt Lhotse, to z Ryszardem Pawłowskim (na zdjęciu z prawej)

się obniża. Ciśnienie skacze. Co jest grane!!! Czuję, że pierwszą rundę przegraliśmy: wyścig z czasem przed jesiennymi wichrami. Teraz modlić się tylko o lukę w tych wiatrach. Błyskawiczna decyzja, szybkie zejście do bazy. Elka [Piętak] z Witkiem [Oklekiem, operatorem kamery] czekają na wywiad na marne".

Wiatr cichnie. Baza jeszcze śpi, gdy Kukuczka z Pawłowskim wychodzą z namiotów.

NATRĘTNA MYŚL, ŻE JUREK NIE ŻYJE

Październik w Istebnej. Piękne słońce, żółte liście pokrywają podwórko przed drewnianym górskim domem Kukuczków w przysiółku Wilcze. Cecylia Kukuczka, żona Jurka, spędza tu weekendy z synami. Maciek ma dziesięć lat i musi wracać do szkoły, ale jest tak pięknie, że czteroletniego Wojtka szkoda zabierać do Katowic. Zostaje w Istebnej z ciotką. 24 października o czwartej nad ranem zrywa się z płaczem. Opowiada cioci sen, który go obudził: – Jeździliśmy z tatą windą w naszym bloku i tata naciskał na guziki, bo chciał zatrzymać windę, ale ona nie chciała stanąć. Krzyczał: alarm, alarm!

Warecki w bazie pod Lhotse około drugiej w nocy. – W półśnie zaczynam myśleć, że po śmierci Jurka będzie sporo załatwiania, trzeba będzie wszystkich powiadomić. I nagle, już w pełni świadomy, pukam się w głowę. „O czym ty myślisz, człowieku! Zwariowałeś? Przecież chłopcy są na górze, nic się nie stało".

Ale do rana już nie zaśnie. Jak bumerang powraca natrętna myśl, że Jurek nie żyje.

Ignacy Walenty Nendza, przełożony Kukuczki jeszcze z harcerstwa, śni w Katowicach: – Zobaczyłem Jurka w szarym swetrze w czarne geometryczne figury, przed jego domem w Beskidach. Stał za żerdkami, a jego synowie przed płotem. Ja z chłopcami. „Jurek, cześć! Co ty tu robisz? Przecież jesteś na wyprawie" – godom. A on: „Przyjechałem na chwilę i zaraz tam wracam. A ciebie zapraszam za 28 dni". I koniec. Skoczyłem na łóżku, żona się obudziła. Powiedziałem: „Teraz mnie Jurek odwiedził, zapamiętaj dobrze ta data".

Południowa ściana Lhotse z zaznaczoną trasą wspinaczki. Krzyżykiem zaznaczone miejsce śmierci Jerzego Kukuczki ⇨

Elżbieta Piętak w obozie pod Lhotse kładzie się w pustym namiocie Kukuczki. Większość bazy jest już zwinięta. Bez względu na to, czy Kukuczka z Pawłowskim zdobędą szczyt, czy nie, trzeba będzie się zbierać. W górach zaczynają schodzić lawiny. – W środku nocy rozsuwają się poły namiotu, wchodzi Jurek – wspomina Piętak. „Ty tu śpisz?" – pyta. „No to śpij, ja pójdę do chłopaków" – mówi. Ocknęłam się. Głupi czy co? Przecież to jego namiot. Ubrałam się, wyszłam na powietrze. Ciemno, nikogo nie ma, tylko u Wareckiego paliło się światło.

Cecylia Kukuczka: – A ja nic, żadnego przeczucia, przekazu. Tylko niepokój w sercu.

W bazie zmieniają się przy lornetach. Co tam się dzieje u góry, od ponad doby z chłopakami nie ma łączności. 24 października po południu na grani widać maleńką kropkę. Jedna kropka – jedna osoba. Piętak: – Byłam pewna, że to Jurek. Ale co z Ryśkiem? Mocny, da sobie radę, wielokrotnie nocował na wysokości powyżej ośmiu tysięcy metrów. Boże, co się stało?

Kropka porusza się szybko, schodzi, ale dlaczego nie reaguje na próby nawiązania łączności? Naprzeciw wychodzi grupa wspomagająca: Maciej Pawlikowski i Przemysław Piasecki, na wszelki wypadek, gdyby kropka potrzebowała pomocy. Godziny czekania, spekulacje. Co się stało, kto został na górze? Napięcie, jakby najbliższa osoba była operowana. Nie wiadomo, czy przeżyje, a wy na korytarzu. Nie pomagają papierosy. Pomocnik kucharza stara się wspierać, ale co on może? – Odidi – mówi – siostro, nie martw się. I przynosi Elżbiecie herbatę.

Nareszcie chłopcy z bazy docierają do kropki. Krótki komunikat przez walkie-talkie: Jurek odpadł, Rysiek chce zostać w obozie na górze, odpocząć.

Piętak: – Zaczęliśmy krzyczeć, żeby natychmiast schodzili, tak bezpieczniej. Chcieliśmy wiedzieć, co się stało, jak. Ale odpowiedzi nie było. Tam jest zimno, wysokość, zmęczenie, rzeczywistość miesza się z fikcją. Wiedzieliśmy, że nic więcej nie usłyszymy.

Już wszyscy w bazie. Pawłowski opowiada, że mają około czterystu metrów do szczytu, Jurek się osunął, spada, zrywa się lina. Kropka.

Potem więcej: „Wystartowaliśmy 24 października z ośmiu tysięcy metrów. Zagotowaliśmy w menażce trochę wody na herbatę, zjedliśmy batonik i zaczęliśmy się wspinać. Pogoda była piękna. Jurek prowadził. Szliśmy na pojedynczej linie, zresztą świadomie tę linę rozwinęliśmy, żeby wyciągi były dłuższe, żeby szybciej pokonywać odległość. Wspinaliśmy się w trudnym terenie. W miejscu, gdzie właściwie wychodziliśmy na dość łatwą grań śnieżną, Jurek się osunął. Zaczął spadać. Wydawało się, że punkty asekuracyjne, które zakładał, zadziałają. Ale one po kolei wypadały. Przeleciał obok mnie. Spadł z walkie-talkie, dlatego nie było łączności. Nie słyszałem żadnego krzyku Jurka. Skuliłem się w sobie, czekając na szarpnięcie, bo byliśmy przypięci do jednej liny. Ale jakieś dwa metry nade mną lina przerwała się na ostrej krawędzi. To mnie uratowało. Jurek spadł do kotła u podstawy ściany".

Więcej w książce „Smak gór": „Gdyby lina się nie przerwała, było duże prawdopodobieństwo, że poleciałbym za nim. Gdybym go utrzymał, też chyba by nie żył. Spadał co najmniej sto metrów. To była prawie pionowa skała. Rzadko zdarza się, żeby ktoś przeżył 20-30 metrów lotu, a co dopiero sto. Spadający roztrzaskuje się o skały. Co innego, gdy ześlizgujesz się po śniegu, lodzie lub zawiśniesz na linie".

ŚCIANA OSTRO TNIE

W bazie pod Lhotse szukają Kukuczki. Ściana ma załamania, uskoki. Może spadł niżej, leży na jakiejś skalnej półce połamany, nieprzytomny, ale żywy. Nadzieja umiera ostatnia, ale rozsądek zwycięża.

Piętak: – Lekarze opowiedzieli mi potem, co się dzieje z człowiekiem, który spada z takiej wysokości. Czasem lodowiec wyrzuca szczątki takich osób, ciało jest w strzępach, ściana ostro tnie.

Z pewnością nie żyje, upadku z takiej wysokości nikt by nie przetrwał. Ale ciała Kukuczki nie ma, nie udaje się go znaleźć. Pewnie wpadł do szczeliny lodowca.

Symboliczne pożegnanie. Na ścianie powyżej bazy koledzy wycinają w skale nazwisko Kukuczki, zapalają lampki. – Wielkie chłopy, wszyscy płakali – wspomina Piętak. – Czuliśmy się zagubieni, straciliśmy lidera. Warecki kazał zwijać bazę.

Ale przed powrotem trzeba się umówić. Oficjalna wersja będzie taka: Ciało Kukuczki zostało znalezione i pogrzebane w szczelinie lodowca pod Lhotse. To ważne dla jego żony i dzieci. Między „zginął" a „zaginął" jest wielka różnica. Jeśli nie ma ciała, nie ma renty i odszkodowania. Trzeba czekać pięć lat, aż sąd potwierdzi śmierć. Wszyscy uczestnicy wyprawy zgadzają się, że tak lepiej.

Połączenie z Polską:

– 9 N1MM SP9PT. Słucham ciebie, raport.

– Dzisiaj znaleziono ciało Jurka Kukuczki na serakach na wysokości 5400 metrów. Następnie przeniesiono je do bazy i pochowano. Na odbiorze.

– Potwierdzam QTC.

Piętak: – Wracaliśmy przygnębieni, smutna karawana. Ludzie w wioskach podchodzili i składali kondolencje. Czuło się wielkie wzruszenie. W holu naszego hotelu w Katmandu wisiało ogromne zdjęcie Jurka z kirem. Kto je powiesił?

Cecylia Kukuczka: – 25 października, Maciek był w szkole. Dzwonek do drzwi. W korytarzu stoją Janusz Majer, wtedy prezes klubu wysokogórskiego w Katowicach, z żoną. Głowy spuszczone, nie patrzą na mnie. Już wiedziałam. Przyjęłam tę informację ze spokojem. Nie potrafiłam się rozpłakać. Usiadłam na kanapie, oni coś mówili, a ja nie wiem co. Byłam zdrętwiała. Jurek nie żyje? Jak to? Przecież zawsze obiecywał: „Nie martw się, ja wrócę".

26 października wszyscy już wiedzą. Lektor „Dziennika Telewizyjnego", najważniejszego programu informacyjnego w polskiej telewizji, podaje skróty najważniejszych wiadomości:

– Budujemy trwały fundament jednej i niepodzielnej Europy, to myśl przewodnia komitetu ministrów spraw zagranicznych państw Układu Warszawskiego.

– Dziesiąte posiedzenie Senatu, debata nad ustawą budżetową.
– Sekretarz Włoskiej Partii Socjalistycznej Bettino Craxi, były premier, rozpoczął rozmowy w Warszawie.
– Osunięcie się ziemi w São Paulo, są ofiary śmiertelne.
– Z Himalajów nadeszła tragiczna wiadomość. Zginął jeden z największych himalaistów świata – Jerzy Kukuczka.
W studiu Andrzej Paczkowski, prezes Polskiego Związku Alpinizmu: „Czekaliśmy z ogłoszeniem tej informacji, musieliśmy ją potwierdzić. Dzisiaj już wiemy. Ciało Jurka Kukuczki zostało znalezione u podstawy ściany. Koledzy z wyprawy pochowali go na lodowcu pod południową ścianą Lhotse".

Wojciech Kurtyka, przyjaciel Kukuczki i towarzysz wielu jego wypraw, wspomina w filmie „Zerwana lina" Marka Kłosowicza: – Sąsiad złapał mnie na klatce schodowej. Panie Wojtku, panie Wojtku! Czy pan słyszał?
– Co?
– Jak to? Nic pan nie słyszał? No, o Jurku Kukuczce!
Myślałem, że chodziło o jakiś sukces. A on: – Jurek Kukuczka zginął.
– Zamurowało mnie – mówi Kurtyka. – Stałem na tej klatce schodowej przez dłuższy czas i nie byłem zdolny się poruszyć. Śmierć górska i Jurek to był absurd. Są ludzie, do których śmierć nie pasuje.

PRZYJACIELA PRZYWIOZŁEM W KOPERCIE

Na lotnisku Okęcie konferencja prasowa. Najpierw zwyczajowe pytania, a potem zgroza. Dziennikarze chcą zobaczyć ciało Kukuczki.
– Nie ma takich zdjęć – odpowiada Piętak.
– Dlaczego nie ma, skoro na miejscu była ekipa filmowa?
Piętak ostro do kolegów z innych redakcji: – Nie nagrałam ciała. Czemu miałoby to służyć? Wiecie, jak wygląda człowiek po takim upadku? Komu chcielibyście to pokazać?
– To przynajmniej zdjęcia z pogrzebu!

MEMORIAM
RAFAŁ CHOŁDA
25.X.1985
CZESŁAW JAKIEL
15.IX.1987
JERZY KUKUCZKA
24.X.1989

Warecki ucina rozmowę. Pokazuje zaświadczenie wystawione przez konsula w Katmandu. – Pojechaliśmy razem pod Lhotse, przyjaźniliśmy się, a teraz co mam państwu odpowiedzieć... Przywiozłem przyjaciela w tej oto kopercie.

Piętak: – Przez dziesięć lat nikt z nas nie puścił pary z ust, jak było naprawdę.

Członkowie klubu wysokogórskiego spotykają się w mieszkaniu Ryszarda Wareckiego na Gliwickiej w Katowicach. Wódka i gadki. Po co Jurek pchał się na tę ścianę; bez sensu, co jeszcze chciał udowodnić?; bo go Messner nie wziął na europejską wyprawę na Lhotse wiosną, tylko Krzyśka Wielickiego i Artura Hajzera?

I o Pawłowskim, że może nie było, jak mówi. A jeśli to on odciął linę, gdy zobaczył, że Jurek spada? I gdzie jest ten koniec liny, co się urwała? Bo jak się lina urwie, to przy tobie zostaje drugi kawałek, więc dlaczego on mówi, że ten swój kawałek wyrzucił?

Pawłowski: – Nikt mi oskarżenia w twarz nie wypowiedział, ale za plecami się szeptało. Gdyby mnie wprost zapytali o linę, odpowiedziałbym, że ją wyrzuciłem. Byłem na wysokości ośmiu tysięcy metrów. Sam. Myślałem tylko o tym, by jak najszybciej zejść, pilnowałem, żeby nieść ze sobą jak najmniej rzeczy niepotrzebnych. Nie traktowałem tej liny jak relikwii. Ani jak dowodu. Jak jeszcze miałbym się bronić?

Po latach Pawłowski w książce „Smak gór" opowiada dziennikarce Grażynie Potworze: „Tak może gadać tylko ten, kto się nigdy nie wspinał. Jeśli twój partner zaczyna spadać, nie boisz się. Widziałem, jak Jurek zakładał przeloty, wpinał linę. Byłem pewien, że w razie czego zabezpieczenie wytrzyma. Haki wbija się co kilka metrów. Powinien się zatrzymać na pierwszym lub drugim. Kiedy widzisz, że spada dalej, zostaje ci ułamek sekundy na reakcję. Kulisz się w sobie. Przylegasz do ściany, blokujesz linę. W tym wypadku nie było czasu. Pamiętam, że skulony czekałem na szarpnięcie. Widziałem wypadające przeloty i spadającego coraz szybciej Jurka. Byłem przerażony, ale nic nie mogłem zrobić".

A gdyby czasu było więcej? Czy wtedy ratowałby siebie?

Pawłowski: „Jeśli jestem przekonany, że ktoś rozmyślnie

⇦ Himalaje, rejon Khumbu, czorten upamiętniający tragicznie zmarłych polskich wspinaczy: Rafała Chołdę, Czesława Jakiela i Jerzego Kukuczkę. W tle południowa ściana Lhotse

popełnia jakąś głupotę i niepotrzebnie mnie naraża, zaryzykowałbym odcięcie liny czy odwiązanie się. Kiedyś w Szkocji wspinałem się z Angolem. Prawie pionowa, lodowa ściana, a on idzie cały czas bez asekuracji. Mówię mu: słuchaj, stary, wkręć coś, śrubę lodową, wbij hak... cokolwiek. On nic, dalej idzie po tym lodzie. Jeśli poleci, nic nas nie uratuje. Asekurowałem go dalej, ale odwiązałem się. Tak na wszelki wypadek".

Elżbieta Piętak: – Mnóstwo spekulacji, pytań. Ale jedyną osobą, która wie, co się zdarzyło, jest Rysiu Pawłowski. I trzeba mu wierzyć.

– Ja nie mam do Ryśka pretensji – mówi Cecylia Kukuczka. – Przyszedł do mnie zaraz po powrocie z Katmandu. Ale ja z tej rozmowy niewiele pamiętam. Powiedział, że wypadły wszystkie przeloty, że może Jurek nie miał siły, żeby porządnie wbić haki. Może... Stało się. Myślałam tylko o tym, że Jurka nie ma.

NASZ LOS JEST ZAPISANY

2 listopada msza żałobna w katowickiej katedrze Chrystusa Króla. Świątynia pęka w szwach. „Trybuna Robotnicza" spisuje, co ludzie mówią o Kukuczce:

– Był wielkim Polakiem.

– Był moim kolegą z Bogucic.

– Był skromny, a jednocześnie wyrastał ponad wszystkich.

– Wierzył w Boga, w przeznaczenie.

– Przy olbrzymiej sławie był taki normalny.

Walenty Nendza słyszy co innego:

– Dostał, o co prosił.

– Po co tam lazł.

– Głupi był i tyle.

Dobrze, że arcybiskup górnośląski Damian Zimoń podkreśla w homilii: – Góry wzywają ludzi, którzy tęsknią za wartościami duchowymi.

Cecylia Kukuczka już się przyzwyczaiła, że nie ma grobu męża, jest tylko symboliczna tablica na placu kościelnym w Istebnej, ufundowana przez przyjaciół. To przy niej zapala znicze. Po 27 latach niemal codziennie rozmawia z Jurkiem. – Jak mam trudne chwile, proszę go o pomoc – mówi. Często czuję, że on jest przy mnie. Największe chwile bliskości z mężem przeżywam w Himalajach. Wyobrażam go sobie w chmurach i myślę: No i po co ci to było?

Nendza: – Świetna kobieta, bardzo dzielna. Nie wyszła ponownie za mąż, chłopców sama wychowała. A Jurka kocha nadal. Wzięła go razem z tymi górami w pakiecie. Kiedyś, przy wódce, zwierzył mi się: „Mam farta, bo opatrzność nade mną czuwa. Ale nasz los jest zapisany i nie pożyjemy ani minuty dłużej ponad to, co mamy wyznaczone. Nie uciekniesz, choćbyś nie wiem co kombinował".

Niemal przed każdą wyprawą w góry Kukuczka zakłada pamiętnik. Suche zapiski o postępach, partnerach, samopoczuciu, pogodzie. Rzadko o własnych odczuciach i przemyśleniach.

Przed wyprawą na Lhotse po raz pierwszy swój dziennik poprzedza dedykacją:

1. Tym, którzy nigdy nie wrócą i pozostali na zawsze w górach.
2. Tym bliskim, którzy nie doczekali powrotu moich przyjaciół.
3. Przyjaciołom, partnerom i szczególnie tym, którzy nie wrócili nigdy (pozostali w górach na zawsze).
4. Synom i żonie – którzy zawsze czekają.
5. Tym, którzy zostają w niespokojnym oczekiwaniu (najbliższym).

Ale najważniejsze jest motto. O czym myśli? O górach, przeznaczeniu, rodzinie? O tym, co już przeżył, czy o tym, co go spotka? Co chce powiedzieć, gdy w bazie pod Lhotse bierze do ręki długopis i zapisuje dwa słowa: „Paradise – raj"?

ROZDZIAŁ 2

FAMILOK

Załęże, robotnicza dzielnica Katowic. Za kołnierz nikt tu nie wylewa. Po wypłacie mężczyźni wracają z pracy do domów zygzakiem. Cecylia Ogrodzińska zna niemal wszystkich. Nie używa oficjalnego imienia. Dla rodziny, przyjaciół, znajomych – Celina. Niska, śliczna, 21-letnia, z burzą kruczoczarnych włosów, jest magazynierem, sprzedawcą i kierowniczką sklepu monopolowego przy ul. Gliwickiej. Codziennie ustawia w magazynie skrzynki z wódką i winem, wpisuje zakupy do raportu, układa towar na półkach. Użera się z klientami. Sklep otwarty od godziny dziesiątej, ale kolejka przed drzwiami staje wcześniej.

– Kierowniczko, zlituj się – błagają mężczyźni. – Sprzedaj pół litra.

Ruch aż do zamknięcia. Robota ciężka, ale dobrze płatna. Ogrodzińska ma pieniądze, jest oszczędna. Korzysta z życia.

W 1972 roku Café Sport to najmodniejsza kawiarnia w stolicy Górnego Śląska. Zajmuje całe piętro otwartego kilka lat wcześniej Domu Prasy. Nowoczesny budynek oddany redakcjom gazet wydawanych w regionie. Z tarasu lokalu widać rynek, Teatr Śląski i Spodek – największą halę widowiskowo-sportową w Polsce.

W menu wyśmienita kawa, świeże ciasta, prawdziwy koniak, można poczytać zagraniczne gazety. Wieczny tłok, trudno o wolne miejsce. Przez pół dnia stoliki okupują dziennikarze „Trybuny

⇦ W 1972 roku Cecylia Ogrodzińska, śliczna, z burzą kruczoczarnych włosów, robi wrażenie na Jerzym Kukuczce. Poznają się przypadkiem w katowickiej kawiarni Café Sport

Robotniczej", „Dziennika Zachodniego", „Wieczoru" i „Sportu". Stałym gościem lokalu jest Wilhelm Szewczyk, znany śląski publicysta i naczelny dwutygodnika „Poglądy". Przychodzi też Maciej Szczepański, nazywany „Krwawym Maćkiem" były szef „Trybuny Robotniczej". Teraz kieruje Radiokomitetem i decyduje, co można puścić w radiu czy telewizji. Zawsze otacza go wianuszek pochlebców.

Celina umawia się z koleżanką na ploteczki, ale w Café Sport jak zwykle nie ma miejsca. Dziewczyny chcą już wychodzić, gdy od jednego ze stolików wstaje trzech młodych mężczyzn. Zakładają kurtki, ściskają dłonie.

– Panowie wychodzą? – pyta Celina. Mężczyźni taksują ją wzrokiem. – Tak ładne dziewczyny nie mogą przecież siedzieć same. Zaraz zorganizujemy krzesełka – deklarują, zdejmując kurtki. Siedzą razem. Celina zwraca uwagę na niskiego, nieśmiałego blondyna. – W jego oczach zobaczyłam smutek – wspomina. – Były niespotykane, trochę jakby skośne, ale rozmarzone. Zaczarowały mnie te oczy. Dostrzegłam w nich dobrego, uczciwego człowieka.

Po godzinie sporo już wie: ma na imię Jurek i świętuje z kolegami swoje urodziny. Nic wielkiego. Kawa, piwo, kilka wódek. Jest w żałobie, kilka miesięcy wcześniej zmarł mu ojciec.

Jurkowi Celina też się chyba podoba, bo nieśmiało pyta, czy może ją odprowadzić do domu. Do katowickiej dzielnicy Ligota jadą autobusem. – Spotkamy się jeszcze? – pyta Celinę przed blokiem. Dziewczyna zgadza się bez wahania. – Kim jest ten przystojny pieron? – zastanawia się przez pół nocy. Wciąż widzi te jego niesamowite oczy.

ISTEBNA W III RZESZY

Po kilku spotkaniach Celina wie więcej. Ojciec Jurka to Józef Kukuczka, beskidzki góral. Urodził się w Istebnej w Beskidzie Śląskim. Położona na zboczu Złotego Gronia miejscowość sąsiaduje z Wisłą i Koniakowem, zaraz obok granica z Czechami. Beskidzkie szczyty na wyciągnięcie ręki. Na Baranią Górę

(1200 m n.p.m.) można dojść w cztery godziny. – Najpiękniejsze miejsce do życia i uprawiania turystyki – podkreślają miejscowi.

Józef Kukuczka jest narciarzem, uprawia kombinację klasyczną, zwaną norweską. Najpierw bieg na nartach, potem skok. Wyniki ma świetne. Marzenia o dalszej karierze sportowej przerywa II wojna światowa. Istebna zostaje wcielona do III Rzeszy.

Po załamaniu niemieckiej ofensywy pod Moskwą hitlerowskie władze nakazują góralom, żeby oddali narty, kije i buty. Sprzęt zostaje odesłany na front wschodni. Józef Kukuczka zaczyna pracę w banku i bierze ślub z Jadwigą, góralką z Istebnej. W 1942 roku przychodzi na świat ich pierwszy syn Antoni.

Kończy się wojna, w Istebnej bieda. Ale na Górnym Śląsku roboty w bród. Komuniści zaczynają od usuwania śladów niemczyzny. Słupy ogłoszeniowe i niemieckie szyldy są zaklejane. Niemieckie tablice i drogowskazy zastępowane polskimi. Zapędza się do tej roboty Niemców i Górnoślązaków

Józef Kukuczka, beskidzki góral, ojciec Jerzego. Narciarz, uprawia kombinację klasyczną, zwaną norweską. Wyniki ma świetne, ale marzenia o dalszej karierze sportowej przerywa II wojna światowa

z pierwszą lub drugą grupą folkslisty. Przed wojną miasto miało 130 tysięcy mieszkańców, teraz tylko 90.

Ale Katowice podczas wojny nie ucierpiały, nadal mają europejski charakter, zachowały się przedwojenne sklepy, restauracje i hotele. W najbogatszych kamienicach na korytarzach wciąż leżą czerwone dywany. Ściągają tu handlarze, spekulanci, niebieskie ptaki, szabrownicy. Wojewoda katowicki wydaje zarządzenia. Miasto przyjmie tylko osoby niezbędne. Niemcy do nich nie należą. Mają szybko opuścić Górny Śląsk (osoby z folkslistą muszą podpisać lojalkę wobec państwa). Zgłasza się niewielu, więc MO i UB przeprowadzają akcję – przymusowo ujawniają Niemców i odstawiają do Görlitz. Na ich miejsce przybywają tysiące repatriantów i przesiedleńców z Kresów. Przeważnie rolnicy, robotnicy rolni, ludzie bez zawodu. Wykwalifikowanych robotników garstka. Brakuje ludzi do pracy.

Józef Kukuczka zostawia rodzinę w Istebnej i wyjeżdża do Katowic. Od razu dostaje etat na kolei. Po kilku miesiącach wraca w Beskidy i z dumą oznajmia Jadwidze: – Mamy mieszkanie, pakuj Antosia!

Kukuczkowie wprowadzają się do familoka przy ulicy księdza Leopolda Markiefki 94. Serce robotniczej dzielnicy Bogucice. Trzypiętrowy budynek z czerwonej cegły, z zamkniętym podwórzem, na którym króluje trzepak. Na półpiętrach wspólne toalety dla kilku rodzin, ale w każdym mieszkaniu bieżąca woda. Kukuczkowie dostają przydział na mieszkanie złożone z kuchni i pokoju. Są głęboko wierzący, na ścianie zawieszają krzyż i obraz Matki Bożej. Ich sąsiedzi to górnicy z kopalń Katowice i Kleofas oraz pracownicy huty Baildon.

Jadwiga znowu zachodzi w ciążę, drugiego synka rodzi w domu 24 marca 1948 roku. – Proszę spojrzeć, jakie ma piękne oczy – mówi akuszerka, podając jej chłopczyka. Na chrzcie dostaje imię Jerzy.

Dwa lata później w rodzinie Kukuczków kolejne święto. Jadwiga rodzi dziewczynkę. Szczęśliwy Józef nawet się nie

⇦ Podczas wojny Józef Kukuczka zaczyna pracę w banku i bierze ślub z Jadwigą, góralką z Istebnej

zastanawia. W rubryce „imię dziecka” wpisuje Jadwiga, po matce. Buduje ściankę działową w mieszkaniu, żeby dzieci miały własny pokój.

Zima 1951 roku. Jurek dostaje gorączki, ma prawie 40 stopni, dreszcze. Domowe sposoby leczenia nie działają. Rodzice wzywają lekarza. – Potrzebne są silne leki – mówi doktor i wypisuje receptę. Farmaceuta przygotowany dla Jurka lek wlewa do butelki z resztkami silnego środka nasennego. Oszczędność połączona z nieuwagą.

Po dwóch dawkach leku gorączka nie spada, a chłopiec zapada w głęboki sen, nie można go dobudzić. Matka zawozi Jurka do szpitala, syn przelewa się jej przez ręce. – Trafił do nas w ostatniej chwili – mówią jej lekarze kilka godzin później.

Najstarszy Antek opiekuje się młodszym rodzeństwem. Odprowadza Jurka i Jadzię do przedszkola, potem idzie do szkoły. Od Jurka starszy o sześć lat, od Jadzi o osiem – nie ma między nimi szczególnej więzi.

Śląsk konserwatywny. Mężczyzna pracuje, a żona dba o dom i wychowuje dzieci. U Kukuczków inaczej. Najmłodsze dzieci idą do przedszkola, a Jadwiga zatrudnia się w Katowickiej Fabryce Narzędzi Górniczych. Pracuje fizycznie, na taśmie. W jej domu królują dania góralskie. Ziemniaki i kapusta. Mięso rzadko.

Józef odciąża żonę w obowiązkach domowych. Chodzi na dwunastogodzinne szychty, potem ma dobę wolnego. Gotuje obiady i sprząta w mieszkaniu. Na Śląsku niepojęte.

Kukuczkowie często odwiedzają krewnych w Istebnej. Ojciec uczy małego Jurka jeździć na nartach, chłopak zaczyna czerpać przyjemność z wędrówek po górskich szlakach. „Jestem wprawdzie urodzony w typowym śląskim familoku i wychowany na podwórku, gdzie w centralnym miejscu stoi hasiok, czyli śmietnik, ale z rodziców beskidzkich górali. Dusza i serce są we mnie góralskie. O swoim istebniańskim pochodzeniu zawsze pamiętam” – napisze potem w pamiętniku.

STOP, GÓWNIARZE!

Jurek jest najbardziej wysportowanym chłopakiem. Na podwórku nikt go nie pobije w skoku w dal, podciąganiu na trzepaku czy biegach. Przez siedem lat szkoły podstawowej najlepsze oceny ma z wychowania fizycznego. Z innych przedmiotów słabo. No, może za wyjątkiem geografii. To zasługa ojca, który wieczorami siada z chłopcem nad atlasem, opowiada o Europie podzielonej „żelazną kurtyną". Jerzy wie, że na wschód od Łaby są państwa socjalistyczne, a na zachód kapitalistyczne, że sąsiadujące z Polską Niemcy zostały podzielone na dwa kraje: NRD i RFN. Ojciec pokazuje mu, gdzie leżą Ameryka, Chiny, Związek Radziecki, gdzie są najwyższe góry świata, gdzie jest najzimniej, a gdzie najcieplej. Jurek na pamięć zna nazwy stolic większości państw i potrafi je pokazać na mapie.

Gdy ma dwanaście lat, odkrywa Alpy. Nie te wysokie, z Mont Blanc, lecz Wełnowieckie. Alpami mieszkańcy Bogucic nazywają wysokie na kilkanaście metrów hałdy usypane z odpadów kopalni

Po wojnie Kukuczkowie przenoszą się z Istebnej do Katowic. Wprowadzają się do familoka przy ulicy księdza Leopolda Markiefki 94. W 1948 roku przychodzi na świat ich drugi syn – Jerzy

JHS

Karolina, która działa w pobliżu huty cynku. Są tam też zapadliska – pozostałość po przedwojennych biedaszybach. Księżycowy krajobraz przyciąga dzieci. Wdrapują się na pagórki, palą ogniska.

Zafascynowani powieściami Karola Maya Jurek i jego koledzy bawią się tam w Winnetou i Old Shutterhanda. Kukuczka jest najniższy w grupie, ale to on zawsze dostaje rolę czarownika albo wodza Apaczów. – Już wtedy miał poważanie wśród kolegów – wspomina jego siostra Jadwiga. Chłopcy czasami pozwalają jej bawić się z nimi, gdy potrzebna jest jakaś squaw.

W Alpach Wełnowieckich zbiórki urządzają czasem harcerze z Wełnowca. Drużynę prowadzi 16-letni Ignacy Walenty Nendza. Harcerze nie tolerują konkurencji. Na jednej z wypraw natykają się na „Indian".

– To nasza dolinka! – ruszają z pięściami na zaskoczonych „Apaczów". – Wpieprzymy im! – krzyczą.

– Stop, gówniarze! – okrzyk drużynowego Nendzy powstrzymuje bitwę.

– Jak się nazywasz? – pyta wodza Apaczów.

– Jurek Kukuczka – odpowiada młokos z pióropuszem na głowie.

Chwilę potem harcerze i Indianie zgodnie siedzą przy jednym ognisku. Dla Jurka to magiczny czas. W pamiętniku notuje: „Zapamiętale walczyliśmy tam na włócznie i tomahawki. Nasi rówieśnicy już dawno zaczęli się oglądać za dziewczynami, kiedy my jeszcze urządzaliśmy w »Alpach« zasadzki i napady. Byliśmy w tych sprawach bardzo zapóźnieni. Ostatni raz miałem pióropusz na głowie chyba w wieku 14 lat".

Rok 1962. Jerzy Kukuczka kończy katowicką podstawówkę nr 12. Ma 14 lat i zaczyna naukę w szkole zawodowej przy Zakładach Wytwórczych Urządzeń Sygnalizacyjnych w Katowicach. Firma na bazie licencji Ericssona produkuje telefony, dzwonki, zwrotnice i semafory.

Praca w fabryce, nauka i sport. Jurek odkrywa podnoszenie ciężarów. Trenerzy z HKS-u Szopienice są zdumieni, że taki drobny chłopak potrafi podnieść 325 kilogramów w trójboju, i to bez

⇦ Rok 1957, Jerzy Kukuczka idzie do komunii

wcześniejszych treningów siłowych. – Synek, masz wielki potencjał – zapewniają Kukuczkę, który chętnie łączy pracę z nauką i treningami. Egzamin zawodowy na elektromontera zdaje na czwórkę. Na świadectwie ma dwie trójki: z fizyki i pracowni elektrycznej. Piątki tylko z wychowania fizycznego i języka polskiego. Zachowanie: wzorowe. Trenerzy od ciężarów mówią Jurkowi, że jak się przyłoży, może zostać mistrzem Polski juniorów. Jest rozdarty, bo coraz bardziej ciągnie go w góry. Bierze udział we wszystkich młodzieżowych rajdach po Beskidach i Karkonoszach. Zbiera znaczki i plakietki górskich schronisk.

Tymczasem w 1965 roku w Wełnowcu, robotniczej dzielnicy Katowic, Ignacy Walenty Nendza zakłada Harcerski Klub Taternicki (HKT). Zapisują się chłopaki z 13. Katowickiej Drużyny Harcerskiej im. Tadeusza Kościuszki. Nendza zabiera ich w skałki Jury Krakowsko-Częstochowskiej. Każdą wolną chwilę spędzają w Podlesicach, Kroczycach, Żarkach.

4 września 1965 roku Bolesław Pawlak, kolega Jurka z podwórka i członek HKT, proponuje Kukuczce wyjazd w skałki. Jurek się waha, bo ma jechać na zawody w podnoszeniu ciężarów. Ale 20-metrowe wapienne skały bardziej go kuszą. Jedzie z Bolkiem.

„Zobaczyłem, że ludzie wspinają się na rękach po pionowej ścianie. Dotknąłem skały, podciągnąłem się, wyczułem, że nie tylko jakoś się jej trzymam, ale potrafię ją nawet pokonać. Tak odkryłem zupełnie dla mnie nowy, pionowy świat. Od tej pory wszystko inne przestało się liczyć" – notuje w pamiętniku. Trenerzy od ciężarów niezadowoleni. Każą mu wybierać: albo sztanga, albo wspinaczka.

DWANAŚCIE DRUGICH DAŃ

Kukuczka już nigdy nie założy trykotu ciężarowca. Zapisuje się do HKT. Na pierwszym spotkaniu w klubie spotyka Walentego Nendzę. Tego samego, który w „Alpach" powstrzymał bójkę między „Indianami" a harcerzami. Nendza w niskim blond chłopaku rozpoznaje wodza Apaczów.

– Howgh – wita go ze śmiechem.

Jerzy Kukuczka (z tyłu) na motorze ze swoim starszym bratem Antonim ⇨

S-9283

Jurek odkrywa podnoszenie ciężarów. Trenerzy z HKS-u Szopienice są zdumieni, że taki drobny chłopak potrafi podnieść 325 kilogramów w trójboju, i to bez wcześniejszych treningów siłowych

– Howgh – odpowiada po chwili Kukuczka. Tak rodzi się ich przyjaźń.

Instruktorzy wspinaczki są pod wrażeniem Kukuczki. – Był cholernie mocny, miał świetną kondycję i fenomenalną sprawność. Nie był typem nowoczesnego sportowca, nie stosował diet, ale lubił się wyżyć fizycznie, do upadłego – mówi Nendza.

Janusz Kurczab, pierwszy instruktor Kukuczki: – To był osiłek o bardzo pewnym chwycie. Na samych rękach wchodził tam, gdzie inni nie dawali rady. Nie wynikało z tego jednak, że będzie miał aż taki dar do gór wysokich.

Zimą członkowie HKT jadą na obóz do Leśnej koło Żywca. Wieczorem organizują kulig. Sanie pędzą aż pod Skrzyczne. Kukuczka ani przez moment nie odpoczywa. Biegnie wzdłuż sań i naciera śniegiem dziewczyny. 15 kilometrów na nogach. Nendza: – A potem bawił się na imprezie do rana.

Kukuczka ma fenomenalną przemianę materii. Po zajęciach wspinaczkowych spóźnia się na obiad. Kuchnia już zamknięta. – Nic się synek nie martw, dostaniesz obiad – mówią mu kucharki. Z niedowierzaniem patrzą, jak pochłania 12 drugich dań.

W lipcu 1965 roku Jurek pisze egzamin wstępny do Śląskich Technicznych Zakładów Naukowych, najlepszego w regionie technikum dla pracujących. Do wyboru dwa tematy: „Ulubiony bohater literacki" lub „Spór o zamek w »Panu Tadeuszu«". Kukuczka wybiera temat pierwszy i oddaje rozprawkę o Zbyszku z Bogdańca z Sienkiewiczowskich „Krzyżaków".

Fragment wypracowania: „Moje ulubione książki to książki historyczne. Lubię czytać o dawnych czasach, o dawnym życiu i wyczynach bohaterów owych czasów. Zbyszko to młody szlachcic pełny uczuć patriotycznych, gotów ponieść śmierć za ojczyznę. Szlachetny, prawdomówny, umie dotrzymać słowa. Ma dobre serce, a jednocześnie jest mężny i silny. Umie stawić czoła nawet silniejszym, starszym i więcej doświadczonym od siebie rycerzom. Dokonuje cudów na polu walki. Jest zaciekły na wrogów ojczyzny. Jest ideałem literackiego patrioty".

Katowice Bogucice, lata 60. Rodzina Kukuczków w komplecie. Od lewej: Jerzy, jego mama Jadwiga, tata Józef, młodsza siostra Jadwiga i starszy brat Antoni

17-letni Kukuczka podkreśla, że imponuje mu ofiarna walka Zbyszka z Krzyżakami. Jest pod wrażeniem jego tragicznej miłości do Danusi. „Lubię czytać o Zbyszku, choć na chwilę uciec od dzisiejszych czasów, pomarzyć trochę. O tym, co dzisiaj jest niemożliwe (gdzie dzisiaj znaleźć taką miłość takiego patrioty i takiego siłacza). Zbyszko to bohater nawet jak na owe czasy trochę nierealny, ale może właśnie dlatego tak przypadł mi do serca" – kończy Kukuczka.

Ocena: dostateczny plus. Wystarczy, żeby zostać uczniem technikum dla pracujących.

DZIEWICA NIE DLA ŚMIERTELNIKÓW

Skałki go pochłaniają, spędza w nich każdą wolną chwilę.
– Synku, a czy to jest bezpieczne? – martwi się matka.

– Mamusiu, mamy liny, nigdy nic mi się nie stanie – zapewnia Jurek.

Matka nie wie, co jej syn wyczynia. 20-metrowa skałka o nazwie „Dziewica" w Podlesicach nie jest przeznaczona dla zwykłych śmiertelników. Kukuczka zdobywa ją nową drogą, od tyłu. Podobnie rozprawia się z „Pokrzywką" i skalną basztą w Mirowie, na której odtąd jest droga zwana„Filarkiem Kukuczki".

Skałki przestają mu wystarczać. Zapisuje się na kurs taternicki. Jego instruktorzy to Jerzy Rudnicki i Adam Zyzak. Opowiadają Jurkowi o Tatrach, zasadach wspinania. Kukuczka uczy się do egzaminu, ale mylą mu się nazwy tatrzańskich szczytów. Z pamiętnika: „Rudnicki i Zyzak patrzyli na mnie podejrzliwie, czy aby z nich nie kpię. Braki w topografii nadrabiam za to umiejętnościami praktycznymi".

Pierwsza wizyta nad Morskim Okiem wywiera na nim ogromne wrażenie. „Widzę taflę jeziora i mgłę nad nią, jakby kurtynę opuszczoną do połowy. Widać skały i co dalej? Ta mgła to zapowiedź czegoś tajemniczego i wzniosłego" – notuje. Nie może się doczekać wspinaczki. W 1966 roku klasyczną drogą wchodzi na Mnicha. Rozsiada

⇦ Lata 70. Wapienne skałki Jury Krakowsko-Częstochowskiej kuszą Jurka bardziej niż podnoszenie ciężarów. Zaczyna się wspinać

Jura Krakowsko-Częstochowska. Wieczorami imprezy. Śpiewy, historie, opowieści...
Na zdjęciu od lewej: Janusz Pająk, Jurek Kukuczka, Celina Ogrodzińska, Janusz Skorek oraz Irena Gellner

się na szczycie, 2068 metrów nad poziomem morza, i w niemym zachwycie ogląda panoramę Tatr. Dla gór kompletnie traci głowę, niczym innym się nie interesuje, ale w Tatrach obowiązują przepisy. Każde wyjście trzeba zgłosić, a przejście na słowacką stronę wymaga zdobycia wielu pozwoleń.

Kukuczka nie ma do tego głowy. Wspina się więc nielegalnie. Podczas jednego z wyjść natyka się na umundurowanego Słowaka. Na szczęście to nie pogranicznik, tylko strażnik przyrody. Kukuczka wyjaśnia mu, że idzie na Młynarczyka (sąsiad Małego Młynarza). Mundurowy przypomina, że w górach nie wolno biwakować. – Do Młynarczyka droga daleka, musisz gdzieś spać. Jak cię przyłapię z namiotem, to inaczej pogadamy – ostrzega. Przez pół nocy chodzi po szlaku i szuka śpiącego Kukuczki, ale go nie znajduje.

Taternicy spotykają się w schronisku nad Morskim Okiem i opowiadają. Anegdoty o ludziach, wspinaczkowe przygody. Łatwo z tego ułożyć historię.

Przed wojną śląscy wspinacze zakładają Sekcję Turystyczną Związku Kolejarzy Polskich. Jeżdżą w Tatry i Alpy. W lipcu 1930 roku zdobywają północną ścianę Giewontu.

Wybucha wojna. W lutym 1940 roku Hans Frank, zarządca Generalnej Guberni, zamyka rejon Zakopanego. Zakaz ma przeciąć trasy kurierom podziemnego państwa polskiego, którzy chodzą przez Słowację na Węgry. Kto złamie zakaz poruszania się po górach, przypłaci to życiem.

Tuż po wyzwoleniu Śląska, jeszcze w 1945 roku, Zdzisław Dziędzielewicz przy nowo otwartej Politechnice Gliwickiej zakłada Harcerską Drużynę Wysokogórską. Organizuje pierwsze po wojnie kursy taternickie. Kraj zrujnowany, ludzie nie mają pieniędzy. Na praktyczne zajęcia w górach przyjeżdża tylko kilku kursantów.

W październiku 1949 roku w Katowicach powstaje Koło Śląskie Klubu Wysokogórskiego Polskiego Towarzystwa Tatrzańskiego. Ojcowie założyciele: Janusz Chmielowski, Marek Korowicz, Zygmunt Mikiewicz, Franciszek Kłosiński, Edmund Kaźmierczak, Damazy

Jurek ma tylko 166 centymetrów wzrostu, ale umięśnione ramiona i wyrzeźbioną klatkę piersiową. Dziewczyny do niego lgną. Na randki zabiera je w skałki

Koniec lat 60. Jerzy Kukuczka w Tatrach. Dla gór kompletnie traci głowę, niczym innym się nie interesuje

Mikiewicz, Zdzisław Dzięddzielewicz, Mieczysław Markiewicz, Edmund Żuk, Józef Merta, Władysław Manduk, Stefan Czernecki, Antoni Pawliczek oraz Zbigniew Abgarowicz. Władze komunistyczne nieufne. Wszyscy odbudowują Polskę, teraz to kraj robotników i chłopów, wspinaczka nie pasuje do socjalizmu. – Śmierdzi działalnością wywrotową – ostrzegają funkcjonariusze Służby Bezpieczeństwa.

Działacze klubu zaczynają od publicznego odczytu o osiągnięciach alpinizmu radzieckiego. Już mogą wyjeżdżać w Tatry. Nie na długo, bo w 1950 roku władza wprowadza drastyczne ograniczenia w górskim ruchu przygranicznym. Wojsko zamyka rejon Morskiego Oka. Patrole mają rozkaz strzelać do każdej spotkanej w górach osoby. Komuniści mają paranoję na temat amerykańskich szpiegów. Podsyca ją działające w Monachium i finansowane przez CIA Radio Wolna Europa, które nadaje audycje po polsku.

Śląscy wspinacze kombinują, jak zdobyć zgodę na wyjazd w Tatry. – Zaproponowali na przykład rajd z okazji urodzin Lenina. Pragnęli je uczcić wejściem na Rysy. Władzy nie wypadało odmówić – mówi Nendza.

Niektórzy dla gór ryzykują życie. W 1953 roku Maciej Bernadt nielegalnie pokonuje grań Morskiego Oka. Komuniści delegalizują Klub Wysokogórski. Uzasadniają: „Jesteście organizacją elitarną i wrogiem klasowym".

Po politycznej „odwilży" w 1956 roku Czechosłowacja podpisuje z Polską umowę o ruchu granicznym. Można swobodnie chodzić po Tatrach, a nawet wyjeżdżać w Alpy. Jerzy Rudnicki jest pierwszym Polakiem, który zdobywa Elbrus. W 1960 roku Czesław Momatiuk pokonuje wschodnią ścianę Grand Capucin drogą Bonattiego. Sześć lat później Adam Zyzak przechodzi północną ścianę Matterhornu, a w 1967 roku wytycza drogę na północnym filarze Eigeru. Trzy lata później Henryk Furmanik organizuje półroczną wyprawę w Andy Peruwiańskie.

Jerzy Kukuczka chce być jak oni.

Zapału mu nie brakuje, gorzej ze sprzętem. W góry jeździ w szarym, przedwojennym skafandrze ojca i spodniach pumpach. Młotek i haki robi sam w Zakładach Wytwórczych Urządzeń Sygnalizacyjnych w Katowicach. Polscy taternicy to nędzarze. „Mało

Polscy taternicy to nędzarze. Mało kto mógł sobie pozwolić na kupno zagranicznego karabinka.
Haki robili sami, podobnie młotki

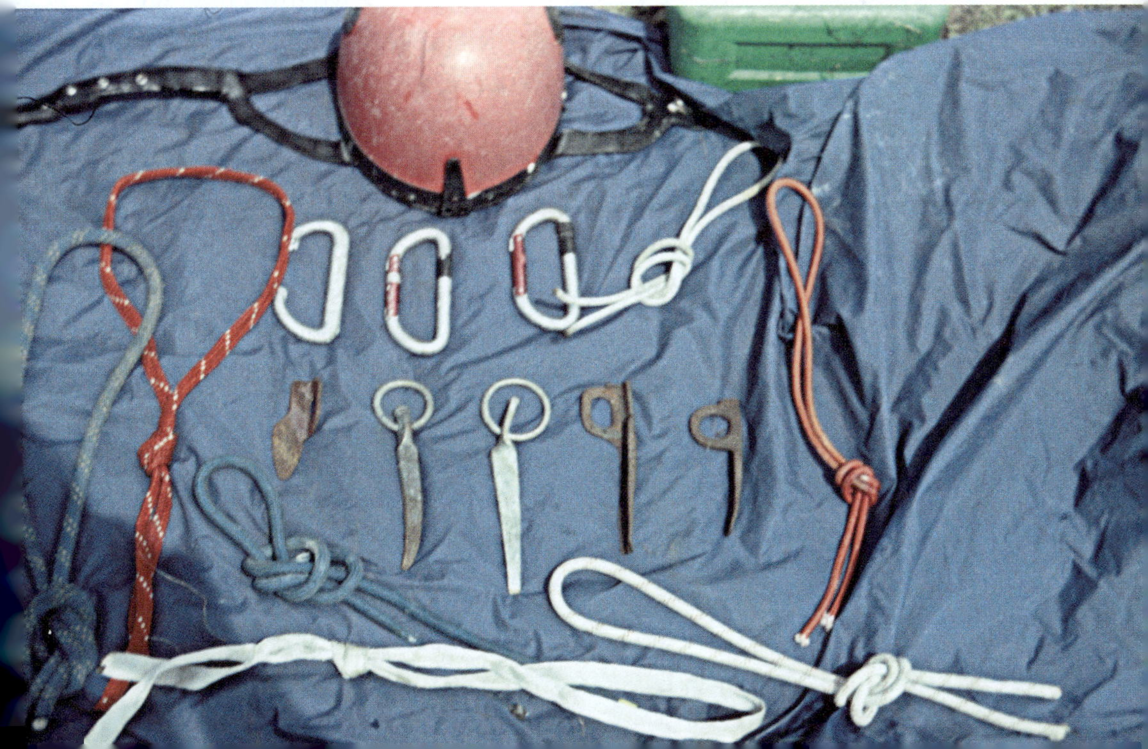

kto mógł sobie pozwolić na kupno zagranicznego karabinka. O zachodnich czekanach, linach, rakach nawet się nie marzyło. Pamiętam, że pierwsze karabinki, jakich używałem, były strażackie – ciężkie i nieporęczne. Haki robiliśmy sami, podobnie młotki. Oczywiście w pracy, kiedy majster nie patrzył, albo po skończonej zmianie" – pisze w pamiętniku.

Liny produkuje fabryka w Bielsku-Białej. Można je nawet kupić w sklepie, ale strach ich używać. Błędy technologiczne powodują, że nigdy nie wiadomo, kiedy się przerwą. A buty? Produkowane w Krośnie i Wałbrzychu „Zawraty" sprawdzały się, dopóki miały oryginalny włoski wibram. Polska podróbka szybko parcieje i się wykrusza.

Taternicy muszą sobie radzić sami. Ktoś przygotowuje odkuwki, ktoś inny je szlifuje, robi głowice do czekanów, ktoś załatwia drewniane trzonki. Walenty Nendza: – W fabryce szybowców w Bielsku-Białej mieli żywice epoksydowe, więc po znajomości pokryli nasze czekany piękną powłoką ochronną. Wyglądały profesjonalnie.

Kto ma dojścia, może się wspinać zimą w okularach... spawalniczych. Nie do kupienia na wolnym rynku.

Amatorski sprzęt nie ma atestów, nigdy nie wiadomo, ile wytrzyma, i zawodzi w najmniej odpowiednich momentach. Zużywa się bardzo szybko. A każda sztuka jest na wagę złota. Podczas zimowej wyprawy na Małym Młynarzu czekan, który Kukuczka pożycza z klubu, spada mu w kilkudziesięciometrową przepaść. Rozpoczyna się klubowe śledztwo. Komisja bada okoliczności zdarzenia. Jej członkowie nie wierzą, że drogocenny czekan zaginął. A może Kukuczka go ukrył i chce zatrzymać dla siebie? Dochodzenie jest nieprzyjemne, wątpliwości rozwiewa Zbigniew Wach, który wspinał się razem z Kukuczką. – Widziałem, jak to cholerstwo spadło – przysięga. Sprawa rozchodzi się po kościach. Kukuczka musi za czekan zapłacić.

Biedę taterników świetnie ilustruje Witold Sas-Nowosielski, członek Klubu Wysokogórskiego, rysownik i satyryk. Tworzy

Jerzy Kukuczka w Tatrach. Nie stać go na sprzęt.
Wspina się we flanelowej koszuli i w spodniach pumpach ⇨

portret polskiego wspinacza i opisuje elementy wyposażenia. „Kask, jaki jest, każdy widzi [budowlany – przyp. aut.], okulary spawalnicze, anorak ortalionowy szyty przez kuzynkę Lusię, plecak typu waciak, dzieło rymarza, lina ma długość 25 metrów, odcięta była. Zapas konserw na 30 dni, czekan Stubai znaleziony pod Eigerem, lekkie karabinki i haki różnego pochodzenia, wełniane spodnie ze starego płaszcza, skarpetki od Rubinowskiej, skarpeta robiona przez byłą dziewczynę, buty »Zawrat« pełne wody. I raki: lewy dziesięciozębny, prawy znaleziony pod Matterhornem zębów ma dwanaście".

Za to atmosfera w klubie wspaniała. Panuje zasada: jeden za wszystkich, wszyscy za jednego. Młodzi nie mają jednak łatwo. Na szacunek i uznanie muszą sobie zasłużyć. Starsi trzymają ich na dystans i rzucają kłody pod nogi. Chcecie jechać na wyprawę – sami zorganizujcie sobie sprzęt. Taka próba charakterów. Wytrzymują najbardziej zdeterminowani.

Nendza: – Jurek się nie zrażał. Jak go nie wpuszczali drzwiami, wchodził oknem. Szybko został zaakceptowany.

Henryk Furmanik na obozach wspinaczkowych uwielbia grać w ognistą piłkę. Potrzebna jest szmacianka nasączona ropą naftową. Trzeba ją podpalić i grać. Zasady jak w futbolu, tylko że piłka płonie.

Pierwszy mecz młodzi z HKT kończą z nadpalonymi włosami i dziurami w ubraniach. Starzy tarzają się ze śmiechu. Na kolejne spotkania harcerska ekipa zabiera robocze kombinezony. Nendza: – Zawsze starzy grali przeciwko młodym. Jurek brylował w drużynie.

PIECZĄTKA W KSZTAŁCIE UST

W maju 1968 roku Kukuczka kończy technikum dla pracujących i zdaje maturę. Zaraz po egzaminie wyjeżdża w Tatry. Przez trzy miesiące razem z Piotrem Skorupą, przyjacielem z HKT, pokonują kilkanaście dróg o różnej trudności. Zaliczają Niżne Rysy,

⇦ Jerzy Kukuczka podczas wspinaczki w Tatrach

Tatry. Jerzy Kukuczka wspina się z koleżanką Danutą Gellner-Wach

Mniszka, Mnicha, Zadniego Mnicha. Na deser zostawiają filar Kazalnicy. Szeroka na 400 i wysoka na 560 metrów północno-wschodnia przewieszona, spadająca do Morskiego Oka ściana Kazalnicy Mięguszowieckiej (2159 m) robi wrażenie. Wytyczono na niej jedne z najtrudniejszych dróg w Tatrach. Młodzi potwierdzają tu swoje umiejętności.

Kukuczka ze Skorupą na sforsowanie ściany potrzebują aż 22 godzin. Nocują na wspinaczkowej ławeczce zawieszeni wysoko w ścianie. Pokonują jednak filar, są szczęśliwi. I jeszcze jedna nagroda – kwalifikują się na obóz unifikacyjny organizowany przez zarząd główny Klubu Wysokogórskiego w Warszawie. Otwiera się szansa wyjazdu w Dolomity. Kukuczka wniebowzięty.

Dziewczyny do niego lgną. Ma tylko 166 centymetrów wzrostu, ale umięśnione ramiona i wyrzeźbioną klatkę piersiową. Ela Jędrzejkiewicz, sekretarka w HKT, wpada na pomysł: zrobimy pieczątkę w kształcie ust. – Jurek ma najładniejsze – dodaje od razu.

Kukuczka pożycza od koleżanek szminkę, maluje usta i robi odcisk na papierze. Według tego wzoru koledzy wycinają z gumolitu klubową pieczątkę.

Nendza: – Jurek miał świadomość, że jest interesujący dla dziołszek.

Opowiadają o nim, że rycerski. Centrum Katowic, Kukuczka wraca z dziewczyną z randki. W przejściu podziemnym zaczepia ich trzech typków. Rzucają wulgarną uwagę. Kukuczka wdaje się w bójkę. Najpierw walczy honorowo, ale gdy napastnicy odrywają mu rękaw marynarki, jednemu z nich łamie rękę w łokciu. Pozostali odpuszczają. – Pomyliliśmy cię z kimś innym – rzucają pojednawczo.

Kolejna opowieść: klub organizuje imprezę w jednym ze schronisk. Wieczorem ma dojechać grupa ośmiu dziewczyn, mogą się zgubić w górach. Kukuczka zgłasza się, że będzie dla nich przewodnikiem. Schodzi po nie na dworzec i prowadzi do schroniska. Którędy, nie wiadomo. – Przyszli dopiero o 2 w nocy, ale dziewczyny się nie skarżyły, wszystkie były zadowolone – wspomina Nendza.

W Klubie Wysokogórskim młodzi nie mają łatwo. Na szacunek i uznanie muszą sobie zasłużyć, ale Jurek szybko został zaakceptowany

22 października 1968 roku szeregowy Kukuczka melduje się w Szkole Podoficerskiej Obrony Przeciwlotniczej w Brzegu. Z kałasznikowem przewieszonym przez pierś ślubuje bronić socjalistycznej ojczyzny

Albo klubowa impreza mikołajkowa. Dziewczyny dla żartów dostają pasy cnoty, a chłopcy piszą rubaszne fraszki. Kukuczka pociesza nieszczęśliwie zakochanego kolegę: „Pietia, życie to jest takie, kurwa mać, że za mordę trza je brać".

Góry, dziewczyny, wspinanie, imprezy... Jest idealnie. Za dobrze jest.

Koperta jest szara, z urzędową pieczęcią Wojskowej Komendy Uzupełnień. W środku zawiadomienie: „Obywatel Jerzy Kukuczka zostaje wcielony do Ludowego Wojska Polskiego". Przydział: Jednostka Wojskowa numer 2260.

NIEBIESKIE BERETY DO SZTURMU NA DANIĘ

22 października 1968 roku szeregowy Kukuczka melduje się w Szkole Podoficerskiej Obrony Przeciwlotniczej w Brzegu. Z kałasznikowem przewieszonym przez pierś ślubuje bronić socjalistycznej ojczyzny. Uczą go, jak chronić niebo nad zwartymi kolumnami pancernymi,

które będą pędziły w stronę granicy z Niemcami. Strategia Układu Warszawskiego zakłada, że w razie wojny niemieckie równiny zaleje fala tysięcy radzieckich czołgów. Obsługiwany przez Kukuczkę zestaw rakietowy S-75m Wołchow ma strącać amerykańskie, niemieckie i francuskie myśliwce, które mogłyby zagrozić czołgom.

Kukuczka załamany. Myśli tylko o tym, że przez najbliższe dwa lata nie będzie mógł się wspinać. Jest przekonany, że jeśli osłabnie, wypiszą go z wojska. Przez kilka dni nie je i nie pije. Koledzy się dziwią. – Mam problemy z żołądkiem, muszę trzymać dietę – wmawia im Kukuczka. Ktoś donosi dowódcy. W kompanii awantura. Jerzy próbuje symulować chorobę, stawia się w izbie chorych, a przed wejściem wypala papierosa. W pamiętniku pisze: „Zawirowało mi w głowie, serce zaczęło walić jak młotem, zebrało się na wymioty. Badanie niczego nie wykazało. Wszystko odbyło się jak w »Szwejku«. Zrobiłem 20 przysiadów, tylko zamiast lewatywy dostałem jakieś pigułki. Już za drzwiami gabinetu postanowiłem skończyć z eksperymentami".

Dowódcy odkrywają sportowe talenty i wytrzymałość Kukuczki. Zostaje mistrzem jednostki w wieloboju, jeździ na spartakiady, zdobywa medale

„Straciłem dwa lata życia" – pisze Kukuczka w pamiętniku o swojej służbie w armii. Na zdjęciu koledzy z jednostki

Z Katowic do Kukuczki pisze jego dziewczyna. O górach i kolegach z HKT, którzy zdobywają kolejne szczyty. Zapewnia, że bardzo za nim tęskni. Ale z czasem listów jest coraz mniej, w końcu przestają przychodzić. Kukuczka: „Zrozumiałem, że rzuciła mnie dla innego, wspaniałego wspinacza".

Inspekcja jednostki. Generał pyta żołnierzy, czy mają problemy, które chcieliby poruszyć z pominięciem drogi służbowej. Śmiało, jest okazja. Dalej, nie będzie żadnych konsekwencji.

Z szeregu żołnierzy wychodzi Kukuczka. Staje przed oficerem i melduje, że kocha góry. Pragnie służyć w Strzelcach Podhalańskich albo Wojskach Ochrony Pogranicza i patrolować nadgraniczne górskie szlaki.

Generał kiwa głową. Kilka tygodni później Jerzy dostaje awans na kaprala i wymarzony rozkaz o przeniesieniu. Pakuje się w kilka minut. Radość gaśnie na dyżurce. Nowa jednostka to 7. Łużycka Dywizja Desantowa z Gdańska, polska odmiana amerykańskiej piechoty morskiej, słynne „niebieskie berety".

W razie wojny z NATO żołnierze tej jednostki mają szturmować duńskie wyspy. Do ataku ruszają w pływających czołgach i transporterach opancerzonych. Kukuczka ze swoim niskim wzrostem doskonale nadaje się pod pancerz. Ma też wiedzę o obronie przeciwlotniczej. Wojsko spełnia życzenia żołnierzy.

– W mundurze i niebieskim berecie Jurek robił furorę. Dziewczyny szalały z wrażenia. Kiedyś przyjechał na przepustkę do Morskiego Oka. Chłopcy rozebrali go do slipek i paradowali w jego uniformie – wspomina Nendza.

W „niebieskich beretach" Kukuczka służy krótko. Przeszkolony operator zestawów rakietowych jest potrzebny w jednostce numer 1110. Pod tym symbolem kryje się dywizjon artylerii przeciwlotniczej w Gdańsku Sobieszowie. Kukuczka uczy się tam, jak strącać z polskiego nieba natowskie rakiety, które w razie wojny z pewnością pojawią się nad Wybrzeżem, by trafiać w statki desantowe płynące w stronę niemieckich portów. Jego oddział jest najlepszy w dywizjonie, a Kukuczka to jeden z „przodowników wyszkolenia".

„Czym lepiej wyszkoleni żołnierze, tym większe bezpieczeństwo polskiego nieba. Dlatego też powinniśmy w dalszym ciągu pełnić naszą służbę wojskową wzorowo. Musimy być przekonani o tym, że mamy trudne zadanie. Nasz odcinek jest narażony na pierwsze uderzenie nieprzyjaciela. Tak jak to było w II wojnie światowej, tu padną pierwsze i ostatnie strzały. Musimy wytrwać, by nasze rodziny mogły spokojnie spać, bawić się bez uczucia strachu. Po to tu jesteśmy, żeby to zabezpieczyć" – notuje po jednym ze spotkań z kadrą dywizjonu.

Dowódcy odkrywają sportowe talenty i wytrzymałość Kukuczki. Zostaje mistrzem jednostki w wieloboju, jeździ na spartakiady, zdobywa medale. Wreszcie w październiku 1970 roku przechodzi do cywila i wraca na Śląsk. „Straciłem dwa lata życia" – pisze o pobycie w armii. Chodzi mu o góry, brakowało mu wspinaczki.

Jeszcze nie wie, jakie ma szczęście. Dwa miesiące później komunistyczne władze ogłaszają podwyżkę cen podstawowych artykułów spożywczych. W Gdańsku, Gdyni, Szczecinie i Elblągu dochodzi do gwałtownych protestów robotników. Władza wyprowadza na ulice 550 czołgów i 27 tysięcy żołnierzy. Podczas tłumienia demonstracji ginie 41 osób. Odpowiedzialność za ich śmierć spada na wojsko.

TRYBIK W MACHINIE PRODUKCJI DZWONKÓW

Gdy na Wybrzeżu dochodzi do zamieszek, Kukuczka znów pracuje w Zakładach Wytwórczych Urządzeń Sygnalizacyjnych w Katowicach. Podpisuje zobowiązanie przejęcia odpowiedzialności „za aparaturę i inwentarz". Dostaje przydział: opornica suwakowa 770, szlifierka tarczowa, autotransformator TAR-C, generator akustyczny. Jest trybikiem w wielkiej machinie produkcji dzwonków, telefonów i semaforów. Szczęśliwy czuje się tylko w skałkach lub Tatrach. Eugeniusz Krajcer, wtedy student prawa, dziś adwokat, obserwuje jego wyczyny z otwartymi ustami: – Wspinał się na pionowe ściany, pokonywał przewieszki, jakby nie było przyciągania ziemskiego. Nikt tak nie potrafił.

Z wojska wraca także Skorupa. Przyjaciele znowu razem. Znają się jak łyse konie, w górach współpracują instynktownie, bez słów. Małomównemu Jurkowi to odpowiada. 16 stycznia 1971 roku Nendza organizuje urodziny w Podzamczu, w pobliżu Małej i Wielkiej Cimy. To dwie najbardziej imponujące skały w okolicy. Zima jest piękna. Okolica zasypana śniegiem, trzaska mróz. Kukuczka i Skorupa opuszczają imprezę i spędzają noc na ławeczkach, które zwisają ze ściany Wielkiej Cimy.

Nendza: – Przygotowywali się na Kazalnicę.

Jej filar już znają, zrobili go jeszcze przed wojskiem. Ale to był wrzesień. Teraz planują pierwsze przejście zimowe. Do Skorupy i Kukuczki dołącza Andrzej Bara. 22 marca wchodzą w ścianę. Jurek liczy, że uporają się z nią w dobę, może półtorej. Zimowe przejście Kazalnicy ma być prezentem na jego 23. urodziny.

Plany krzyżuje pogoda, chłopcy wycofują się do schroniska. Przy stole siedzą: Wojciech Kurtyka, Andrzej Wilusz, Michał Gabryel i Tadeusz Gibiński. Polska wspinaczkowa czołówka.

– Kazalnica? – pytają gwiazdorów.

Kurtyka potwierdza skinieniem głowy. Więcej nie trzeba, zaczyna się wyścig.

Zespół Kurtyki pierwszy wychodzi w góry. Wykorzystują poręczówki zostawione dzień wcześniej przez ekipę Kukuczki. Jurek jest wściekły, zarządza pogoń za rywalami. Atakują ścianę metodą szybkiej trójki – jeden się wspina, drugi asekuruje, a trzeci podchodzi z ciężkim plecakiem po zwieszonej linie.

Kukuczka jest już w połowie filara. Jako drugi wspina się Bara. Zespół zamyka Skorupa. Ma już tylko trzy metry do Jurka, który na skalnej półce przygotowuje dla kolegów herbatę.

Z pamiętnika Kukuczki: „Słyszałem go już dyszącego pod przewieszką. Krzyknąłem: Pospiesz się, bo herbata czeka. Za chwilę wysunął się zza skalnego występu, na którym załamywała się lina, i właśnie wtedy trzasnęła ławeczka".

„Taternik", numer 4 z 1971 roku, donosi: „W czasie wspinaczki direttissimą Kazalnicy spadł z wysokości około 260 metrów 23-letni Piotr Skorupa z Katowic, ponosząc śmierć na miejscu".

Kukuczka jest w szoku. Razem z Barą nocują na skalnej półce z ekipą Kurtyki, a rano zjeżdżają na dół. Ciało Piotrka leży u podnóża ściany.

Milicja prowadzi śledztwo. Funkcjonariusze sprawdzają, czy to na pewno był wypadek.

– Czy przed śmiercią Skorupy często się kłóciliście? – pyta Kukuczkę jeden z mundurowych.

Ekipa Kurtyki po raz pierwszy pokonuje Kazalnicę zimą.

Walenty Nendza przyjeżdża z ojcem Skorupy do Zakopanego. Akt zgonu, protokół w prokuraturze, wizyta w prosektorium. Nagie ciało Piotra leży na katafalku, tuż obok kilka położonych przez ratowników gałązek kosodrzewiny. – Zawsze jak jestem w górach i czuję jej zapach, przed oczami mam ten widok – mówi Nendza.

Kukuczka wraca do Katowic, nie przychodzi do klubu, z kolegami spotyka się dopiero na cmentarzu. Nad trumną Piotrka zwierza się im, że nie wie, czy da radę się dalej wspinać. Nendza: – Wstrząsnęła nim ta śmierć. Góry odebrały mu przyjaciela, trudno mu było to sobie poukładać.

Ale w pamiętniku pisze tylko jedno zdanie: „Dziwne uczucie nieodwracalności, tyle mieliśmy sobie do powiedzenia i moja wina, że tego nie powiedziałem". W kwietniu Kukuczka znów jedzie w Tatry. Z Januszem Skorkiem i Zbigniewem Wachem pokonują „Kurtykówkę" – drogę wspinaczkową na Małym Młynarzu. W tym samym miesiącu Kukuczka zalicza jeszcze Mięguszewicki Szczyt Pośredni (wierzchołek w Tatrach Wysokich sąsiadujący z Kazalnicą, 2398 m n.p.m.) i Młynarczyka.

Piotr nie żyje, ale on dowiedział się czegoś ważnego – może wspinać się dalej.

SPALENI NA BRĄZ

Latem 1971 roku Walenty Nendza ogłasza, że Związek Harcerstwa Polskiego organizuje wyjazd za granicę.

– Alpy!? Dolomity!? – przekrzykują się młodzi wspinacze.

Na wyjazd za „żelazną kurtynę" nie ma szans. Harcerzom nikt nie da paszportów. Są za młodzi, jeszcze zachłysną się kapitalizmem i któremuś wpadnie do głowy, żeby tam zostać.

– Panowie, jedziemy do Bułgarii – oznajmia Nendza.

Bułgaria to kraj socjalistyczny, członek Rady Wzajemnej Pomocy Gospodarczej i Układu Warszawskiego. O wypoczynku na czarnomorskich plażach marzy każda rodzina z bloku wschodniego. W podróż nie trzeba zabierać paszportów, wystarczy voucher i zgoda na kupno bułgarskiej waluty.

Nendza szybko montuje ekipę. Nie ma z tym problemu, bo każdy chce jechać. Pakują sprzęt do pociągu i ruszają. Wśród wspinaczy Kukuczka. Spodnie dzwony, koszula w kwiaty i włosy do ramion. Cel: góry Riła, pasmo w łańcuchu Rodopów, w zachodniej Bułgarii.

Polacy stawiają się w centralnym obozie szkoleniowym Bułgarskiego Związku Turystycznego. Bułgarzy zaskoczeni, bo nikt ich nie uprzedził o przyjeździe gości z Polski. Ale nie ma problemu, Polacy dostają kilka namiotów i talony do kuchni. Wieczorem powitalna kolacja. Wino leje się strumieniami, na zakąskę czuszka, ostra papryka. Nendza: – Paliła gardło gorzej niż spirytus.

⇦ Z wojska wraca także Piotr Skorupa (trzeci od lewej). Przyjaciele znowu razem

Bułgarzy patrzą na Polaków z góry. Są świetnie wyposażeni. Ubrania zachodnioniemieckiej firmy Vaude, haki, karabinki i czekany włoskiego Campa, niemieckie liny Edelweisse. Kupione przez ich związek za dewizy.

Atmosfera inna niż w polskim zespole. U Bułgarów o wszystkim decydują prezesi lub trenerzy, wspinacze zdobywają stopnie mistrzów sportu. Przed wspinaczką i po niej trzeba pisać protokoły, zatwierdzać plany. Jak nie ma zgody, nie wolno atakować góry. Nendza: – Zazdrościli nam jednej rzeczy. Swobody. Nam nikt nic nie kazał i do niczego nie zmuszał.

W bułgarskich mediach ogromne zainteresowanie sportem wspinaczkowym. Krótko przed przyjazdem Polaków kilkuosobowa grupa alpinistów pokonuje Zlija Zyb (2665 m n.p.m.). W pięć dni wchodzą na szczyt nową drogą. Wywiady z członkami zespołu publikują bułgarskie gazety. Słowo „sukces" słychać we wszystkich radiowych i telewizyjnych programach informacyjnych.

Nendza z Kukuczką siadają nad mapą i analizują drogę wytyczoną przez Bułgarów. – To jest do zrobienia – mówi Jurek. Po kilku dniach przygotowań wychodzą w góry z Krzysztofem Baraniokiem. Zlija Zyb pokonują w... osiem i pół godziny.

– Kim jest ten człowiek? – pytają zdumieni Bułgarzy. Kukuczka przez pół nocy opowiada im o szczegółach wspinaczki na szczyt. Do namiotów wracają dopiero wtedy, gdy kończy się wino.

W dwa tygodnie Kukuczka pokonuje wszystkie drogi pasma Riły. Baraniok nie wytrzymuje zabójczego tempa i rezygnuje z dalszej wspinaczki. Jedzie odpocząć na czarnomorskiej plaży. Kukuczki nie zraża, że stracił partnera. Wbrew obowiązującym wtedy przepisom chodzi na wspinaczki sam. Pokonuje Czerwone Ściany (masyw w paśmie Riła), ale w dokumentach pisze: „razem z partnerem". Nendza: – Jak się nie podawało nazwiska, to wszyscy wiedzieli, że to była solówka.

Bułgarzy są pełni podziwu. Doceniają nie tylko technikę, wytrzymałość i umiejętności, ale także koleżeństwo Kukuczki. Kiedy schodzi z Malowicy (2729 m n.p.m.), natyka się na grupę młodych wspinaczy. Studenci miejscowej Akademii Wychowania Fizycznego leżą pokotem nad górskim jeziorkiem. Na zaliczenie roku muszą zdobyć kilka szczytów. Błagają Kukuczkę, żeby nikomu nie mówił, że ich spotkał. – Jak wrócimy za wcześnie, wyślą nas na kolejną górę, a my nie mamy siły – proszą.

Jurek dotrzymuje słowa.

W końcu i jego dopada zmęczenie. Dołącza do kolegów wypoczywających nad morzem. Przez tydzień leżą na słońcu, podrywają dziewczyny, grają w siatkówkę i piją. Do Katowic wracają spaleni na brąz.

POLSKA ZWŁOK NIE SPROWADZI

Wieści o wyczynach Kukuczki docierają do stolicy. W 1972 roku Klub Wysokogórski wpisuje go na listę uczestników wyprawy do Włoch. Odbiera swój pierwszy w życiu paszport. – Po powrocie trzeba go zwrócić – poucza go pracownica Ministerstwa Spraw Wewnętrznych.

W Dolomity Kukuczka jedzie z bardziej doświadczonymi wspinaczami, dla niego to jak transfer do ekstraklasy. „Po raz pierwszy mogłem wyrwać się z hermetycznego środowiska Harcerskiego Klubu Taternickiego i spróbować sił z lepszymi, znanymi już taternikami" – pisze w pamiętniku.

Nendza: – Musiał podpisać oświadczenie, że jak coś mu się stanie, nie zgadza się na sprowadzenie ciała do Polski. Miał być pochowany we Włoszech, żeby państwo nie ponosiło kosztów transportu zwłok.

W lipcu Zbigniew Wach, Jerzy Kalla, Tadeusz Łaukajtys oraz Jurek Kukuczka meldują się pod Torre Trieste (2436 m n.p.m.). Jej południowa, 750-metrowa ściana to wyzwanie dla alpinistów. Początek wspinaczki wyśmienity. Polacy znajdują w skale kilkanaście karabinków i haków. „Wspinający się tam Włosi czy alpiniści innych narodowości nie przywiązywali takiej wagi do drobnego osprzętu, bo mogli go w dowolnych ilościach kupić w sklepie. Dla nas to był prawdziwy skarb" – notuje Kukuczka.

Warunki są trudne, bo skała jest bardzo krucha. Drugiego dnia było o krok od tragedii. Wach: – Jurek wczepił się w przewieszone zacięcie i wyszedł na półkę, a ja za nim. Teraz była moja kolej. Ruszyłem niechętnie, bo nie było nic litego w tej parszywej ścianie. Jurek wyciągnął aparat i właśnie wtedy chwyt wykruszył mi się spod palców, obsunąłem się na duży stopień, który wyłupał się raptownie i runął w dół, prosto na stanowisko. Jeszcze widzę przerażoną twarz Jurka, jego rozpaczliwy unik i moment, gdy blok szarpnął nim całym, rzucając go na ścianę. Palce mi drżały, gdy opuszczałem się do niego po linie.

Kukuczka dostaje głazem w brzuch, plecami wali w ścianę. Przed oczami mroczki, w ustach ciche „kurwa". – Jest OK, jest OK – mimo bólu uspokaja partnerów. Są przekonani, że to koniec wyprawy, ale po chwili odpoczynku Kukuczka oznajmia: – Idziemy dalej.

Następnego dnia Polacy kończą drogę.

Na dole lekarze oglądają plecy Kukuczki. – Na obserwację do szpitala – decydują. W Agordo chirurg zszywa mu ranę na plecach. Przez sześć dni leży w pojedynczej sali, zajada się pizzą i ogląda telewizję. W tym czasie Wach z Kallą pokonują południową ścianę Torre Venezia. Podczas odwrotu Kalla nieszczęśliwie upada i uszkadza sobie łokieć. Z Kukuczką mijają się w drzwiach szpitala w Agordo.

Kukuczka z wypisem w ręce od razu wychodzi w góry. Razem z Wachem w 12 godzin pokonują północno-zachodnią ścianę Punta Civetta (2892 m n.p.m.). 800 metrów litej skały. Siły mają niewyczerpane. Następnego dnia dokładają 300-metrowy filar Bancon w Cima Bancon. „Byliśmy tak zgłodniali gór innych niż Tatry, że wydawało się, iż nie ma dla nas przeszkód nie do pokonania. Wspinaliśmy się, jakby nas ktoś spuścił ze smyczy" – notuje Kukuczka w pamiętniku.

O wyczynach Polaków piszą włoskie gazety. W prasie polskiej nie pojawia się ani jedno zdanie, ale po powrocie wszyscy uczestnicy wyprawy dostają brązowe medale „Za wybitne osiągnięcia sportowe". Na fali tych sukcesów znany alpinista Janusz Kurczab organizuje kolejną wyprawę do Włoch.

Atakują południową ścianę Marmolady, najwyższego szczytu Dolomitów (3342 m n.p.m.) Za ten wyczyn dostają srebrne medale „Za wybitne osiągnięcia sportowe".

Kukuczka czyta telegram z Warszawy. Jest włączony do wyprawy w Alpy francuskie. Wreszcie został dostrzeżony.

24. urodziny organizuje w katowickiej knajpie Café Sport. Zaprasza dwóch kolegów z pracy. Kilka piw, butelka wódki. Już się mają żegnać, kiedy Kukuczka dostrzega stojącą na środku lokalu piękną dziewczynę w płaszczyku i obowiązkowej minispódniczce. Towarzyszy jej koleżanka.

Nieznajoma podchodzi i pyta, czy zwalniają stolik. Kukuczka błyskawicznie rezygnuje z wyjścia, po chwili wszyscy siedzą razem. Jest chemia.

On słucha każdego jej słowa, ona wpatruje się w jego oczy.

– Jestem Jurek – mówi on.

– Celina – odpowiada dziewczyna, dalej patrząc mu prosto w oczy.

Członkowie Klubu Wysokogórskiego trzymają się razem, często się spotykają, imprezują.
Na zdjęciu Jerzy Kukuczka z narzeczoną Celiną

POLSKA
POLSKA

ROZDZIAŁ 3

PALUCH

Władzę w Polskiej Zjednoczonej Partii Robotniczej w 1970 roku przejmuje Edward Gierek. To inny typ niż jego poprzednik, prząśny Władysław Gomułka. Zna francuski, nosi modne garnitury, otwiera Polskę na Zachód. Jest pierwszym z sekretarzy PZPR, który zabrania wieszania swoich portretów w szkołach i urzędach.

Polityka otwarcia sprawia, że rosną pensje Polaków, a ceny żywności zostają zamrożone. W sklepach można kupić soki Dodoni, Coca-Colę lub Pepsi, gumę do żucia Donald z historyjkami obrazkowymi, papierosy Marlboro w czerwonych pudełkach, a przed świętami pomarańcze, cytryny i banany. W Peweksach za bony walutowe można kupować towary z Zachodu albo nawet tam pojechać, z biurem podróży Orbis.

Polska w budowie. Powstają: droga szybkiego ruchu z Warszawy do Katowic, Centralna Magistrala Kolejowa, fabryka Fiata w Bielsku-Białej, Polkolor w Piasecznie, Huta Katowice. Rośnie gigantyczny szpital-pomnik Centrum Zdrowia Dziecka.

Rok 1974 ma być szczególny. Polska Rzeczpospolita Ludowa obchodzi 30. urodziny. Uroczystości mają być huczne. Obowiązuje hasło: „Aby Polska rosła w siłę, a ludzie żyli dostatniej". PZPR

⇦ 1974 rok, Katowice. Przed wyjazdem na Alaskę alpiniści spotykają się z wojewodą katowickim generałem Jerzym Ziętkiem. Kukuczka trzyma czekan, który mają zostawić na szczycie góry McKinley. Obok niego Jan Bagsik, jeden z członków wyprawy. Pierwszy pełny z lewej Wojciech Kłosok, za Kukuczką stoi Jerzy Kalla, odwrócony bokiem stoi Adam Bilczewski, a przy nim Henryk Furmanik, kierownik wyprawy, trzyma w dłoni goździk

z dumą ogłasza, że socjalistyczna PRL to dziesiąta gospodarka świata. Sukces trzeba odpowiednio uczcić. Rada Państwa ustanawia „Medal 30-lecia Polski Ludowej" z hasłem „Walka, Praca, Socjalizm" na rewersie. W katowickiej hali Spodek wielki zjazd z udziałem dziewięciu tysięcy partyjnych działaczy. Polskę odwiedza Leonid Breżniew, pierwszy sekretarz Komunistycznej Partii Związku Radzieckiego.

Władza wypuszcza więźniów politycznych, a wielu ulicom i placom nadaje nazwy XXX-lecia PRL. Edward Gierek jedzie z wizytą do Stanów Zjednoczonych, spotyka się z prezydentem Geraldem Fordem i przemawia w ONZ.

MECHANICZNE TRZEPANIE DYWANÓW

Henryk Furmanik, inżynier chemik, dyrektor socjalny w Hutniczym Przedsiębiorstwie Remontowym, w świecie alpinistów znana postać. Pierwszy powtarza drogę Długosza na Kazalnicy Mięguszowieckiej w Tatrach, przechodzi drogę Orłowskiego na Galerii Gankowej, wspina się w Alpach, a w 1971 roku kieruje wyprawą w peruwiańskie Andy.

Od kilku lat myśli o wyprawie w góry Alaski. Teraz jest odpowiedni moment. Alpiniści mogą powiedzieć, że w ten sposób chcą uczcić urodziny PRL-u. Furmanik prosi o wsparcie w państwowych przedsiębiorstwach, ale nie znajduje zrozumienia. Zakłady Kasprzaka w Dzierżoniowie nie chcą nawet sprezentować radiomagnetofonu, który pozwoliłby dokumentować wyprawę. Dyrekcja odpisuje, że nie potrzebuje reklamy polskich alpinistów, a imię Polski w świecie zakłady najlepiej reklamują codzienną, rzetelną pracą.

Furmanik szuka pomocy.

Kto na Górnym Śląsku nie zna generała Jerzego Ziętka? Powstaniec śląski, przed II wojną światową sanacyjny burmistrz Radzionkowa. Po wojnie członek Polskiej Partii Robotniczej, a potem PZPR, szefuje Wojewódzkiej Radzie Narodowej, jest posłem na Sejm. Pragmatyk, ugodowy, podporządkowany władzy. Gierek rządzi w Warszawie, a generał Ziętek na Śląsku. Buduje

Wojewódzki Park Kultury i Wypoczynku, halę sportową Spodek, kompleks sanatoryjny w Ustroniu, Stadion Śląski. Ludzie go kochają, nazywają Jorgiem. Swój chłop. Powstańcom śląskim załatwia stopnie oficerskie, krzyże kawalerskie i dodatki do emerytur. Pomaga i bliskim, i obcym. Rozdaje mieszkania i samochody, wystarczy do niego przyjść. Furmanik umawia się na spotkanie.

Jorga nie trzeba przekonywać. Generał Ziętek nie może dać alpinistom pieniędzy, ale wystarczy list poparcia. „Dążąc ku dalekiej północy, w góry Alaski, w roku XXX-lecia Polski Ludowej, nieście i rozpowszechniajcie chwałę polskiego i śląskiego sportu, chwałę naszego robotniczego regionu i jego pracowitego społeczeństwa".

Teraz zakłady pracy już nie odmówią. Na wyprawę składają się kopalnie, fabryki, huty, biura projektowe, przedsiębiorstwa remontowe, spółdzielnie.

1974 rok, pamiątkowe zdjęcie uczestników wyprawy na Alaskę z wojewodą Jerzym Ziętkiem i Zdzisławem Grudniem, pierwszym sekretarzem Komitetu Wojewódzkiego Polskiej Zjednoczonej Partii Robotniczej w Katowicach. Na zdjęciu od prawej: Wojciech Kłosok (radiowiec), Roman Trzeszewski, dr Michał Gliński, Jerzy Kukuczka, Jan Bagsik, Zdzisław Grudzień, Adam Zyzak, Krzysztof Tomaszewski (z brodą), Jerzy Ziętek (czwarty od lewej w pierwszym rzędzie). Z tyłu: Jerzy Kalla, Janusz Baranek i Henryk Furmanik

Uczestnicy dziękują sponsorom specjalną książeczką, w której o celu swojej wyprawy piszą: „McKinley to skalno-lodowy masyw, wznosi się na wysokość 6157 metrów nad poziomem morza [w rzeczywistości to 6190 – przyp. aut.], na południe od Fairbanks. Jest widoczny z dalekiego morza, a choć leży 500 kilometrów od koła podbiegunowego, to jego wierzchołek w ciągu kilku czerwcowych nocy korzysta z promieni polarnego, niezachodzącego słońca. Mieszkańcy Alaski nazywają go Denali (Tron Słońca), a Rosjanie – Bolszaja Gora".

Każdy sponsor może zamieścić w książeczce wizytówkę firmy. Jest ich tyle, że zajmują połowę objętości. Tylko ZURT, czyli sieć państwowych placówek, które w PRL-u zajmowały się naprawami telewizorów, odbiorników radiowych i gramofonów, pozwala sobie na reklamę produktu („Nigdy sam, wszędzie z tobą mały, tranzystorowy odbiornik Mariola w cenie 1650 złotych"). A Spółdzielnia Czystość z Chorzowa przypomina, że oferuje „mechaniczne trzepanie dywanów systemem obwoźnym".

Zdjęcie z oficjalnego folderu polskiej wyprawy na Alaskę. W górnym rzędzie pierwszy z lewej kierownik wyprawy Henryk Furmanik. Jerzy Kukuczka w dolnym rzędzie trzeci od lewej

Furmanik ma pełne ręce roboty. Musi załatwić paszporty i wizy, jak najtaniej kupić bilety, skompletować sprzęt, jedzenie (w sumie osiem ton bagażu), transport na miejscu (Jelcz 315 M i Nysa 521), ubezpieczyć uczestników, obmyślić trasę przejazdu, załatwić noclegi, zorganizować prelekcje, na których można zarobić na wyprawę.

Lista uczestników: Jan Bagsik, Janusz Baranek, Adam Bilczewski (zastępca kierownika), Michał Gliński (lekarz), Henryk Furmanik (kierownik), Jerzy Kalla, Wojciech Kłosok (radiotelegrafista), Jerzy Kukuczka, Jerzy Sznytzer, Krzysztof Tomaszewski, Roman Trzeszewski (operator kamery) i Adam Zyzak.

Każdy coś robi, a Kukuczka, zamiast pomagać, wspina się we włoskich Alpach. Furmanik wściekły, że wycieczki sobie urządza. Kukuczka ma w Genewie nagraną robotę, może sporo zarobić na sprzątaniu biur, nie chce jechać na Alaskę z pustymi kieszeniami. Ale Furmanik każe mu się stawić na zebraniu. Grozi, że skreśli go z listy uczestników wyprawy. Kukuczka pędem wraca do Katowic, ale i tak się spóźnia.

Furmanik: – Nie jedziesz z nami.

Koledzy wstawiają się za Kukuczką. To dobry alpinista, ma technikę, siłę, przyda się. Furmanik w końcu ustępuje.

PÓŁ LITRA W DOWÓD MIŁOŚCI

Płyną z Gdyni do Montrealu „Stefanem Batorym". Największy polski transatlantyk z salą widowiskową na 300 osób, miejscem zabaw dla dzieci, sauną, salą gimnastyczną. Restauracje i bary. Na pokładzie zawsze komplet: 783 pasażerów i 331 osób załogi.

Alpiniści wyróżniają się. Obowiązkowo noszą takie same szare spodnie i ciemne garnitury z godłem na lewej piersi. Wszystko na komendę – o tej samej porze śniadanie, obiad i kolacja.

Dwa tygodnie na oceanie. Kukuczka spodziewa się nudy, ale w pamiętniku pisze: „Siedzimy w barze amerykańskim w kilka osób, przepijamy ostatnie wieczory. Było wesoło, przyjemnie. Około godziny 2 w barze zostaliśmy tylko ja, [pasażerka] Ania

Do Kanady uczestnicy wyprawy płyną statkiem „Stefan Batory". Na zdjęciu od lewej: dr Michał Gliński, Adam Zyzak, jedna z pasażerek i Jerzy Kukuczka

i cała kupa barmanów. Jeden z nich śmiertelnie zakochał się w Ani i w dowód bezgranicznej miłości postawił pół litra rodzimej [wódki] Żytniej. Siedzieliśmy tak do 5 rano wśród gorących wyznań barmana-amanta, niewinnych spojrzeń Ani i chlupotu rozlewanego alkoholu".

Kanada wita drużynę ciepło. Spotkania w polonijnych klubach, noclegi w domach Polaków. Przystanki w Montrealu („orkiestra, Mazurek Dąbrowskiego, tańce, drinki, wino mszalne"), Niagara Falls („elektrownia i wodospad, ale zwiedzamy szybko, w amerykańskim tempie"), Toronto („ani chwili wolnej na fotografowanie"), Sault Ste. Marie („gorące przyjęcie, wiele drinków"), Sudbury („najwyższy komin na świecie – 1200 stóp wysokości"), Winnipeg („na plebanię wchodzimy w glorii, wśród burzy oklasków; od rana kręciła się wokół mnie dziewczyna, spiła się i obcałowywała mnie ze wszystkich stron"), Regina („polska [wódka] Wyborowa ma tutaj mniej procent niż krajowa"). Wszędzie przemówienia, projekcje filmów górskich, prelekcje, pokazy zdjęć. Datki do kapelusza.

Długo się tak nie da. „Miłe wieczory, dużo wódki, wspomnienia. Męczące. Każdy opowiada swój życiorys, a życiorysy są podobne". Wywózka w głąb Rosji, wyjście z armią Andersa, walki na froncie, demobilizacja, tułaczka po Zachodzie, Kanada.

Na szczęście Edmonton to ostatnie większe miasto w drodze na Alaskę. Słynie z historii o poszukiwaczach złota. Kompletowali tu sprzęt i kupowali zapasy jedzenia.

Nocleg u pani Mieci. „Mają przepiękny domek, bardzo ekonomicznie rozmieszczone pokoje, wszelkie wygody. Zajadamy różne smakołyki: japońskie ciasteczka, meksykańskie frytki, włoską pizzę, wędzone ostrygi, łososia. Wódka do wyboru: polska, rosyjska, kanadyjska. Dżus".

Za Edmonton już tylko przyroda. Kukuczka zachwycony widokami Alberty i Jukonu. „Góry jak Beskid Niski, pofalowane lasy aż po horyzont. Jezioro Muncho całe pokryte kryształkami lodu. Pierwszy raz widzę coś takiego. (...) Po godzinie 22 jest jeszcze

Kanada wita drużynę ciepło. W drodze na Alaskę odbywają się spotkania w polonijnych klubach, uczestnicy wyprawy nocują w domach Polaków

Przeprawa przez rzekę Jukon na statku „George Black". Od lewej: Jerzy Sznytzer, Jerzy Kalla i Jerzy Kukuczka

zupełnie jasno. Potem na wschodzie widać wielki księżyc w pełni. Jest wspaniale!".

Oprócz przyrody inne widoki. W jednym z polskich domów „znaleźliśmy kilka opuszczonych Plaj Bojów i tym podobnych wydawnictw. Zaopiekowaliśmy się nimi i teraz w czasie jazdy jest cicho jak makiem zasiał. Każdy z oczami na wierzchu ogląda wdzięczące się cycki i pośladki".

Wreszcie Alaska. Granica kanadyjsko-amerykańska na wysokości 2500 metrów. Uczestnicy spodziewają się przesłuchania, trzepania bagażu, jak w Polsce. Ale amerykański celnik szybko wbija pieczątki do paszportu i każe jechać. Kukuczka liczy, ile krajów odwiedził już dzięki wspinaniu. Jeśli doliczyć Amerykę – 13.

Coraz bliżej gór. Kukuczka w pamiętniku: „Całe ośnieżone, z daleka podobne do Tatr, ale zaczynają się nagle i idą prosto w górę. Nie mają piętrowego charakteru. Muszę się przygotować psychicznie i moralnie".

WPADAM W LETARG, CO SIĘ DZIEJE?

Pod McKinley, najwyższy szczyt Ameryki, trudno się dostać. Nie ma dróg, do masywu dostępu broni długo leżący śnieg, pustkowie, wezbrane wody z topniejących lodowców i roje kąsających owadów. Kiedyś sprzęt i żywność ciągnęły zimą psie zaprzęgi. Wspinacze wracali pod masyw latem. Teraz, kto ma pieniądze, na lotnisku w Talkeetna może wynająć samolot. Taniej niż psi zaprzęg. Kukuczka w pamiętniku: „Don Sheldon ma nas przewieźć na lodowiec. Okazuje się bardzo miłym facetem, ciągle uśmiechniętym, ale nieco postrzelonym. Robi wrażenie, że na pieniądzach zależy mu najmniej".

Rozmowa dziwna.

Polacy o transporcie: – Ile to nas będzie kosztowało?

Sheldon: – Ach, jak wspaniałe są te moje góry!

– To ile za sam bagaż?

– No przecież nie pójdziecie piechotą.

Polacy: – Jeśli będzie trzeba...

Baza pod górą McKinley. Od lewej: Janusz Baranek, Jerzy Kukuczka i Jerzy Kalla

Sheldon: – Skoro nie macie pieniędzy, możecie zapłacić za dwa lata, a bagaż, do jasnej cholery, wrzućcie teraz do samolotu. Właśnie lecę po klienta na lodowiec pod McKinleyem, mogę zabrać za darmo 300 kilogramów waszego ładunku.

Członkowie polskiej wyprawy lecą następnego dnia cessną. Kukuczka notuje: „Jest to mój pierwszy lot w życiu. Ciasnota nieprzeciętna, w czteroosobowej kabinie oprócz mnie i Furmanika lecą jeszcze trzy wory, trzy bębny, benzyna. Dopiero z wysokości widać, jakie to tereny. Dostępu do gór bronią olbrzymie mokradła, później ogromny lodowiec, mocno potrzaskany. Oglądamy piękne góry przypominające Alpy. Nie spodziewałem się, że są tu takie ściany. Myślałem, że jest tu tylko jedna góra. Lądujemy na lodowcu. Chłopcy, którzy przylecieli wcześniej, rozbili już kilka namiotów. Obok obóz mają dwie Amerykanki. Ku naszemu zdziwieniu chodzą zupełnie rozebrane do połowy. Ech... chciałoby się już iść w góry".

Jest ciężko. Słońce zachodzi na krótko, noc miesza się z dniem. Bezsenność. Wytyczają drogę na szczyt – zachodnim żlebem południowej ściany. Bazę mają opuścić w czwartek 20 czerwca, ale pogoda fatalna. Adam Zyzak, uczestnik wyprawy, napisze o niej tak: „Latem jest bardzo kapryśna. Gdy wieje od morza, jest ciepło, mglisto, pada śnieg lub deszcz. Gdy powieje od północy, łapie siarczysty mróz. Kiedy w dolinach temperatura przekracza plus 30 stopni, na szczytach mogą szaleć huragany przy 30-stopniowym mrozie, a załamania pogody trwają nawet kilkanaście dni. Wszystko pokryte śniegiem i lodem".

Wychodzą z bazy dwa dni później, tuż po północy. Kukuczka: „Przed nami śnieżna grań wyglądająca dosyć łatwo. Śnieg bardzo dobry. Beton, do którego wchodzą tylko kolce raków. Po 50 metrach zaczynają się jaja. Pod trzycentymetrową warstwą cukru szklisty lód. Zaczynam się ślizgać. Wybijam wygodny stopień i czekam. Mam spodnie pełne strachu. Stoimy

⇦ Na Alasce jest ciężko. Słońce zachodzi na krótko, noc miesza się z dniem. Bezsenność

w trójkę na polu lodowym, bez jednego haka. Wystarczy, że jeden się poślizgnie... Wyrąbuję kolejne stopnie. Po 40 metrach nie czuję rąk ani nóg. Odczuwam okropne zmęczenie. To chyba wpływ wysokości. Jestem zdenerwowany, ruszam się jak mucha w smole".

Niedziela, kolejny etap. „Idzie mi się ciężko, co krok oddech, a to przecież dopiero wysokość 3800 metrów! Ruchy stają się mechaniczne: czekan, krok, oddech. Partnerzy uważają, że mam najlepszą kondycję. Hm...". Dalej: „Mordęga, śnieg po pas i kondycja nie ta. Dość mam lodu, śniegu, tej góry. Wkurwiony jestem nie wiadomo na co, a właściwie wiadomo: na wszystko i wszystkich. Złość moja potęguje się, kiedy grań okazuje się nie do przejścia. Kilka godzin mordęgi na nic". Biwak. „Czuję się fatalnie, głowa chce mi pęknąć. Nie smakuje mi nawet zupa".

Z dobrych wiadomości – trwa mundial, Polska wygrywa spotkania w grupie z Argentyną i Haiti.

Adam Zyzak chce dołożyć do sukcesu piłkarzy wyczyn polskich alpinistów: – No, jak jeszcze wykosimy tę górę...

Kukuczka ma wątpliwości: „Wkurwiam się na takie wspinanie. Idziemy po 5-6 godzin dziennie, a resztę przesypiamy i przejadamy. W takim tempie nie wiadomo, czy dojdziemy do szczytu. Ciekawa rzecz. Jak idę, czuję się doskonale. Gdy przychodzi biwak, zaczyna się ból głowy, apatia".

25 czerwca notuje: „Jesteśmy już na wysokości 5500 metrów. Wszystkie otaczające nas góry są pod naszymi stopami. Upajam się widokiem". Ale nie trwa to długo. Słońce kryje się za granią McKinleya. Temperatura momentalnie spada. Minus 20, a za chwilę minus 30 stopni. „Tracę czucie w palcach nóg, ściągam buty i włażę do śpiwora. Obok Janusz jęczy z zimna, dygocze jak w febrze. Wpadam w letarg". Co się dzieje?

Profesor Lech Korniszewski, uczestnik wielu wypraw górskich, wyjaśniłby to tak: – Gdy pobieramy powietrze, przyswajamy tlen, a wydychamy dwutlenek węgla. Ale nie całkiem. Jego ślady

Początek wspinaczki na McKinley. Na zdjęciu Janusz Baranek (z lewej) i Jerzy Kukuczka ⇨

w postaci bezwodnika kwasu węglowego krążą we krwi. Są potrzebne, bo dla mózgu to sygnał, że musi pobudzać oddychanie. W rozrzedzonym powietrzu dochodzi do paradoksu. Oddychamy częściej, żeby pobrać więcej tlenu, ale wydalamy też sporo dwutlenku węgla. Gdy spada jego stężenie we krwi, ośrodek oddechowy nie jest dostatecznie pobudzany. Mózg wysyła sygnał: nie oddychać. Nic nie można poradzić, to odruch bezwarunkowy, niezależny od naszej woli. W ostateczności śmierć.

26 czerwca Kukuczka notuje: „Budzi mnie okropny ból głowy i oczu. Głowa to rozumiem, ale oczy!? Jestem tak słaby, że na myśl o wyjściu ze śpiwora ogarniają mnie dreszcze. Leżę w namiocie i rozmyślam. Rację miał Adam ze swoim wywodem na temat aklimatyzacji. Myślałem, że wysokość 6 tysięcy metrów jest jeszcze malutka, by zbytnio się nią przejmować. W marzeniach przedwyprawowych widziałem siebie, jak ciągnę na linie pozostałych członków wyprawy jak barany na postronku, ku szczytowi. Teraz ledwo żyję i coś mi się zdaje, że będzie odwrotnie".

OKAZUJE SIĘ, ŻE JESTEŚ SZMATA

Trzy oddechy – krok, cztery oddechy – krok. Mroczki przed oczami. Wreszcie wypłaszczenie przed szczytem. „Myślę o nim z przerażeniem. Jest tak niedaleko, ale zdołam wyjść na niego w takim stanie? Staram się iść jednostajnie. Co 30 kroków odpoczynek, niestety długo nie wytrzymuję tego tempa, spadam do 20 kroków, potem do dziesięciu, a później więcej leżę, niż idę. W głowie się kręci, ciało odmawia posłuszeństwa. Szczyt zamiast się przybliżać, wydaje się oddalać". Ale Kukuczka się nie poddaje. Mówi do siebie: „Ty, wielki alpinista, chłopcy cię chwalą, że masz żelazną kondycję, jesteś wytrzymały, twardy, medalista, a okazuje się, że jesteś SZMATA. Myślę o kraju, o kolegach, rodzinie, Celinie. Zdaje mi się, że patrzą na mnie z uśmieszkiem litości. Idę".

Koledzy są już na szczycie. Bilczewski nadaje komunikat przez radio: „Jako Polak i jako kierownik wyprawy Alaska'74 chcę pozdrowić z tego miejsca, z najwyższego szczytu Ameryki Północnej, Mount McKinley, wszystkich Polaków w świecie, wszystkich Polaków w kraju, wszystkich tych, którzy pomogli nam, abyśmy ten biało-czerwony proporzec wynieśli tu, gdzie Polaków jeszcze nie było".

Kukuczka wciąż walczy. – Masz jeszcze 50 metrów! – informują koledzy, którzy schodzą ze szczytu. – Musimy już zmykać, bo odmrażamy nogi – mówią.

Jak mu się to udało? Wie jedno. „TO SZCZYT! Stoję chwilę i momentalnie trzeźwieję. Jest około minus 40 stopni, na szczęście nie ma wiatru. Godzina 23.20. Ostatnie chwile słońca. Cała Alaska pode mną. W głębi duszy narasta coś, co trudno określić. Nadludzki wysiłek, jaki musiałem ponieść przed chwilą, zabarwia się na kolor różowy, błękitny. A w tych kolorach nawet najczarniejsze piekło jest przyjemne".

McKinley mści się niepogodą. Wiatr coraz silniejszy, mgła gęstnieje. Nie widać na 10 metrów, którędy na dół?

Adam Zyzak i Jurek Kukuczka schodzą w pierwszej parze. Na przełęczy gubią drogę.

Adam: – Musimy poczekać, zobaczymy, co zdecyduje kierownictwo.

Jurek: – Zanim do nas dojdą, spróbujmy znaleźć drogę.

Adam: – Nie!

Jurek: – Tak!

Kukuczka szarpie Zyzaka. Kolejna przełęcz, a na niej prowizoryczne igloo. Malutkie, ciasne. Wczołgują się do środka, po chwili dołączają pozostali.

Gdzie są? Na przełęczy Denali? Którędy teraz? Na zewnątrz lodowe piekło. Wiatr ścina z nóg, śnieg siecze twarze, mróz przenika grube puchowe kurtki. Trzeba przeczekać, ale instynkt podpowiada: schodzić. Na przełęczy Denali zamarzła przecież kiedyś cała siedmioosobowa wyprawa amerykańska.

Ci, którzy mają najwięcej sił, wiążą się liną i formują „tramwaj". Na czele Janusz Baranek. Walka z zamiecią i wiatrem, który przekracza prędkość 120 kilometrów na godzinę. Kukuczka: „Idziemy na wyczucie, nie słychać komend, nie widzimy swoich partnerów. W pewnym momencie słyszę krzyk, który stawia mi moje rzadkie włosy dęba. To krzyk człowieka, który już kiedyś słyszałem. Było to raz w życiu, 26 marca 1971 roku. Po tym krzyku Piotr przestał żyć. Oglądam się za siebie. Lina sztywna, nie można iść ani w przód, ani w tył. Pewnie ktoś poleciał, ale nie wiem kto. Tracę czucie w nogach. Słyszę komendę: Wracamy!".

Dopiero w igloo Kukuczka dowiaduje się, co się stało. Adam Zyzak wpada w szczelinę, na szczęście jest przywiązany. Wyciągają go resztką sił. Jerzy Sznytzer nie wytrzymuje napięcia, rozwiązuje linę i wraca samotnie do igloo. Nikt już nie pyta, co robić dalej. Wszyscy muszą znaleźć schronienie, jeśli chcą przeżyć. Cała dziewiątka nie zmieści się w igloo. Rozkładają namioty jak płachty i wślizgują się do środka.

Kukuczka: „Wchodzę oblodzony, jak stoję, do śpiwora. Rano budzę się, jakby mnie ktoś zakopał w kupie zimnego, wilgotnego gnoju. Wszystko, co na sobie mam, wraz z kurtką i śpiworem, kompletnie mokre. Jest mi zimno. Bilczewski smaruje mi oczy oxycortem i podaje pabialginę. Zasypiam".

Muszą zejść w dół, pogoda na chwilę się poprawia, ale zaraz znowu piekło. Morale siada, ekipa zrezygnowana. – Dajcie pić – proszą słabsi koledzy, ale nikt ich nie słucha. Każdy skupiony na sobie.

Kukuczka z Bilczewskim pełnią dyżury w igloo. Tylko tam można na kuchence benzynowej ugotować wodę i przyrządzić coś do jedzenia. Wołają kolegów na posiłek, nikt nie rusza się z namiotów. Bezwład mocniejszy od głodu.

Ocena sytuacji: Niewesoło. Jest jeszcze trochę jedzenia, ale maszynki już nie działają, wszyscy przemoczeni. Palce dłoni Bilczewskiego odmrożone, wyglądają jak nadmuchane baloniki. Trzeba jak najszybciej uciekać z tej przeklętej przełęczy. Próbują po raz kolejny, ale góra nie zamierza ich wypuścić. Znów idą „tramwajem". Jurkowi Sznytzerowi luzuje się rak. Mężczyzna spada w dół, ciągnie za sobą dwóch kolegów. Szczęście, bo lina zaczepia się o wystający głaz. Do Sznytzera schodzi Bilczewski, zdejmuje puchowe rękawice, odmrożonymi palcami zakłada mu rak na but, tak łatwiej. Gdy wdrapują się na przełęcz, nie mają już sił. Znowu powrót do igloo.

Ciasno. Kukuczka: „Nogi mam gdzieś pod Bilczewskim, on swoje trzyma pod moją pachą. A na nas dwóch spoczywa, sapiąc, ogromne cielsko Furmanika".

Jurek Kala dostaje ataku kolki nerkowej. Wyje z bólu. Musi pić dużo wody, a to znaczy, że pozostali nie dostaną ani kropli. Jeśli pogoda się nie poprawi, zamarzną na tej górze.

1 lipca, poniedziałek. Bilczewski wychodzi rankiem z igloo i krzyczy: – Słońce!!

Chwała Bogu! Jakby się na nowo narodzili. Układają słowa piosenki i schodząc, śpiewają: „Gdyśmy Kinley zdobywali, na Denali wiatr nas zmógł...".

Kukuczka czuje, że drętwieje mu stopa. Przed wyjściem zdejmuje but i skarpetę. Duży palec u stopy cały siny, reszta fioletowa do połowy.

– Trzeci stopień odmrożenia – pokazuje kolegom Kukuczka.

– Drugi – pociesza go Bilczewski.

Kukuczka i tak przerażony. Głupio tak stracić palce. Przed wyjściem ślubuje: „Jeśli wyjdę z tego cały, daję na mszę świętą". Wychodzą z obozu około godziny 17. Kukuczka: „Jestem słaby jak dziecko, chwieję się. Idę, jakbym miał po raz pierwszy raki na nogach".

Boże, nie pozwól, żeby trzecia próba zejścia z góry zakończyła się fiaskiem. Na szczęście wiatr cichnie. Odcinek z grani na plateau na wysokości 4200 metrów pokonują na tyłkach. Przed atakiem szczytowym zostawili tam namiot z żywnością i napojami. Tylko że namiot zasypała lawina. Granatowa płachta, może uda się dojrzeć choć kawałeczek. Jest! Spod śniegu wystaje czubek. Dokopują się do skarbu: puszki z kompotami i sokiem pomidorowym, gotowane boczek i wołowina. Soki piją na wpół zamrożone. „Parzą w gardle, ale smakują wybornie".

Idą przez lodowiec, co chwilę ktoś zapada się po pas w rozmoczonym śniegu. Zimna patelnia – z góry żar, z dołu lód.

Wtorek 2 lipca, w końcu widać obóz. Don Sheldon lata nad lodowcem samolotem. Dostrzega grupę ocaleńców, zrzuca im z powietrza galon lodów i skrzynkę Coca-Coli. Ambrozja.

Teraz już pędem do namiotów. Lekarz wita chłopaków piwem i morzem kompotu.

SUSAN TULI DO PIERSI

Bilans wyprawy (za doktorem Michałem Glińskim):

Adam Bilczewski – policzki jakby poocierane papierem ściernym, na opuszkach prawie wszystkich palców surowiczy wysięk; odmrożenia, ale niegroźne.

Krzysztof Tomaszewski – idealnie cały. Jan Bagsik i Adam Zyzak też w dobrej kondycji.

Henryk Furmanik – powierzchownie odmrożony jedyny paluch u nogi (drugi stracił wcześniej w Tatrach).

Jerzy Kalla – powierzchownie odmrożone opuszki palców rąk, najbardziej lewego kciuka i nieco odmrożony policzek; po kolce nerkowej ani śladu; mocz oddany w obecności lekarza żółty, bez podbarwienia krwią.

Jerzy Kukuczka – twarz w świetnym stanie, świeci się jak pupa noworodka, duży paluch stopy aż do główki śródstopia siny, obrzękły, bez czucia; z pękniętego pęcherza na szczycie sączy się mętny płyn; siność palca, otoczona czerwonym rąbkiem pęcherza przechodzi w obrzęk grzbietu stopy; nie obejdzie się bez amputacji.

Jerzy Sznytzer – skrajnie wyczerpany, oczy uciekły mu w głąb oczodołów, twarz szara, pochylona nisko głowa, dłonie opuchnięte, nie mieszczą się w przemoczonych wysiękiem rękawiczkach (jak je zdjąć, żeby nie odeszły ze skórą?); opuszki palców czarne, tętno 140 uderzeń na minutę, oddechów około 22.

Kukuczka i Sznytzer muszą natychmiast jechać do szpitala.

Dr Mills ma sławę najlepszego na Alasce specjalisty od odmrożeń. „Rozcinają mi palec na moich oczach”. Potem kroplówki, dwa razy dziennie kąpiele, zmiana opatrunku, tabletki, szpitalna nuda. Telewizja amerykańska – zdaniem Kukuczki – porządna. „Rozebrane kobiety rzadko w niej widać, za to dużo jest strzelaniny, westernów, pościgów samochodowych, lania w mordę i reklam. Potrafią kilkanaście razy przerwać film w najciekawszym momencie. Doba hotelowa w szpitalu kosztuje 95 dolarów, do tego zabiegi, lekarstwa, honorarium dla doktora. Szpital wystawia rachunek. Miny nam rzedną".

Palca Kukuczki nie da się uratować. „Szkoda mi palucha. Przez 26 lat przyzwyczaiłem się do niego" – pisze. Próbują mu jeszcze przeszczepiać tkanki. Ból nie do zniesienia. Kukuczka żartuje: „Na szczęście była przy mnie pielęgniarka Susan, która stosowała znieczulenie naturalne, tzn. przy każdym większym bólu tuliła mnie do swych wcale dużych piersi".

Po zabiegach Polacy mogą opuścić szpital. Bilczewski denerwuje się wysokością rachunku: 6379 dolarów za dwie osoby.

Jerzy Kukuczka w szpitalu w Anchorage. Podczas wspinaczki na górę McKinley odmraża duży palec stopy. Nie da się go uratować

Rok 1974. Kukuczka z nogą w gipsie opuszcza szpital w Anchorage. Na zdjęciu od lewej: Jan Bagsik, Wojciech Kłosok, Jerzy Kukuczka, Jerzy Kalla, Michał Gliński, Adam Bilczewski, Henryk Furmanik i Stan Borucki (na zdjęciu klęczy), polonus i przedsiębiorca z Alaski, który opiekuje się uczestnikami wyprawy

Towarzystwo Ubezpieczeniowe „Warta" obiecuje pokryć koszty leczenia, ale Kukuczka i Sznytzer muszą natychmiast wracać do Polski.

8 sierpnia 1974 roku na lotnisku w Anchorage Kukuczka notuje: „Dzisiaj zrezygnował ze stanowiska prezydent Nixon. Proszę, do Stanów wyruszyła pierwsza polska wyprawa i ile szumu narobiła!".

Plotka szybsza niż samolot. Koledzy w Polsce powtarzają historie o horrorze na przełęczy Denali. Podobno Kukuczka wraca bez nóg, obcięli je mu w szpitalu na Alasce, jest bliski śmierci. Słaby, najsłabszy z grupy. Zawiódł.

Informacje docierają do rodziny Kukuczków. Warta wysyła telegram, żeby odebrali Jerzego z lotniska. Siostra przyjeżdża na Okęcie karetką pogotowia. Kamień z serca jej spada, gdy widzi, jak brat wysiada z samolotu, opierając się o kulę.

Ale inni tego nie widzą.

Reszta polskiej wyprawy przenosi się w góry św. Eliasza. Ciągną się łukiem o długości 500 kilometrów, tuż nad zatoką Alaska. Polacy chcą zdobyć górę Logana (5957 metrów nad poziomem morza). Przed atakiem szczytowym piątka alpinistów nocuje bez namiotów i śpiworów na dnie kotła, w rowie otaczającym samotny, lodowy blok. Jest ciepła noc, na niebie zorza polarna. Cud natury. Rankiem 29 sierpnia spod szczytu obrywa się lodowy nawis i uruchamia potężną lawinę. Tony śniegu pędzą na grupę polskich wspinaczy. Większość chroni się za lodowym blokiem, ale Henryk Furmanik i Krzysztof Tomaszewski giną pod lawiną. Ich ciał nie udaje się odnaleźć.

Nikt tego głośno nie powiedział, ale gorycz jest. Dwóch kolegów nie wróciło z Alaski. Nikt nie jest winny. Przyroda.

Ale ten Kukuczka... Jakoś nie sprawdza się na dużych wysokościach. Słaby, nic z niego nie będzie.

ROZDZIAŁ 4

LATARKA

Góralskie wesele powinno być huczne. W Beskidach pan młody przychodzi z drużbami, orkiestrą i gośćmi weselnymi pod dom panny młodej. Śpiewają z akompaniamentem kapeli, pukają do drzwi. Obrzęd wywodu. Starosta weselny przyprowadza małą dziewczynkę, która zdradza tajemnice pani młodej, ukrytej w drugim pokoju. Potem o pannie młodej opowiada druhna. Starosta przynosi talerzyk z kwiatkiem (woniączką), a pan młody płaci za wianek. Dopiero wtedy panna młoda może zostać wyprowadzona z ukrycia. Rodzice dają młodym swoje błogosławieństwo i weselnicy wyjeżdżają do kościoła.

Zabawa, o północy oczepiny (młoda mężatka zrzuca welon i zakłada czepiec z koronki), znów tańce i hulanki do białego rana.

Tradycja każe, by ślub odbywał się w domu panny młodej. Celina myśli o skromnej uroczystości w Katowicach, ale Jurek upiera się na wesele w Istebnej. Kompromis: ślub cywilny 4 czerwca 1975 roku w Urzędzie Stanu Cywilnego w Katowicach, a kościelny, ważniejszy, w Beskidach.

W sklepach pustki, w organizacji wesela pomaga rodzina, sąsiedzi. Każdy przynosi, co ma: mąkę, jajka, kurę, masło, sery. Leje się

⇦ Jerzy i Celina biorą ślub w Istebnej 1 czerwca 1975 roku. Zapraszają m.in. uczestników wyprawy na Alaskę. Na zdjęciu: Adam Zyzak (pierwszy od lewej), Antoni Kukuczka, wujek Jerzego (obok Celiny), Wojciech Kłosok, operator radiostacji z wyprawy na Alaskę (piąty od lewej), Jerzy Kalla (szósty od lewej, stoi za Celiną), Michał Gliński (siódmy od lewej, uśmiechnięty w okularach), Roman Trzeszewski – filmowiec wyprawy na Alaskę (za Jerzym Kukuczką), Adam Bilczewski (pierwszy z prawej)

wódka, pieką kołacze. Co najmniej setka gości. Matka Jurka kupuje cielaka na mięso, stoły uginają się od jedzenia. Po posiłku goście wsiadają na furmanki i jadą do remizy strażackiej na tańce.

Celina: – Pamiętam, że kapela góralska była straszna. Jeden muzykant grał na bębnie, drugi na harmonii, trzeci na trąbce. Fałszowali. A Jurek, jak każe tradycja, przyszedł mnie wykupić. Były przyśpiewki, dogadywania, że za pannę młodą za mało zapłacił. Wesoło.

Ale stroje młodej pary tradycyjne, nie góralskie. – Bo jaka ze mnie góralka – mówi Celina. A więc sukienka biała, haftowana, wykańczana koralikami i srebrnymi cekinami. Jurek w garniturze, koszula wykrochmalona, krawat w paski.

Są też wszyscy uczestnicy wyprawy na Alaskę z żonami i narzeczonymi, oprócz tych dwóch, którzy zginęli pod lawiną. Wyróżniają się oficjalnymi strojami z białymi orłami na piersiach i białymi kapeluszami, które przywieźli z Ameryki.

Gadają o górach, kto gdzie był i dokąd się wybiera, że planowana jest narodowa wyprawa w Himalaje i jak Jurek się czuje. A on, że cały rok spędzał w szpitalach, lekarze próbowali ratować odmrożony paluch prawej stopy, ale po roku i tak trzeba go było amputować; że bez palca można się wspinać, jest gotowy do wyjazdu w góry, ale nikt go nie zaprasza. Czuje wokół siebie pustkę, która zaczyna go dobijać.

MY W ŁÓŻKU, DICK OBOK NAS

Pierwsze wspólne mieszkanie w familoku w Bogucicach, na tym samym piętrze co rodzice Jurka. – Jedno pomieszczenie, z którego wydzieliliśmy mały pokój, kuchenkę, przedpokoik i nawet łazienkę – mówi Celina. – Malutkie, ale swoje. Byliśmy tak szczęśliwi, że nie przeszkadzała nam nawet piekarnia za oknem. Przez całe noce kopciło się z komina i dym wpadał do nas. Okna nie można było otworzyć.

Kukuczkowie prowadzą dom otwarty. Ciągle ktoś ich odwiedza, przesiaduje. Rozmowy, spotkania. – Kilka dni po ślubie zamieszkał z nami Dick. Australijczyk – przypomina sobie Celina. – Planowali jakąś wyprawę w klubie wysokogórskim i nie miał się gdzie zatrzymać. Jurek go przygarnął. Krepujące, bo mieliśmy jeden pokój. Spaliśmy w łóżku, a Dick obok nas, w śpiworze na podłodze. Nie mogliśmy się sobą nacieszyć, bo Jurek bez przerwy kogoś przyprowadzał. Nie potrafił odmawiać.

Celina stara się, żeby to był normalny dom. Jurek pracuje w Zakładach Konstrukcyjno-Mechanicznych Przemysłu Węglowego z miesięczną pensją w wysokości 2500 złotych. Niewiele. Średnio w Polsce zarabia się 3900 złotych. Kilogram wieprzowiny kosztuje 56 złotych, półkilogramowy bochenek chleba 2 złote, kilogram szynki 90 złotych, kilogram cukru 10,50. Pół litra wódki czystej 82 złote, czekolada 19 złotych, paczka papierosów 9 złotych, damskie półbuty 550 złotych, a garnitur męski aż 2200 złotych. Na czarno-biały telewizor trzeba wydać 7400 złotych, na lodówkę 6 tysięcy złotych. Jest jeszcze druga pensja Celiny.

Jerzy zajmuje się montażem urządzeń pneumatycznych w kopalniach. Celina stara się, żeby na męża codziennie czekał obiad, ale nie potrafi zatrzymać go w domu. Popołudniami Jerzy pędzi do klubu wysokogórskiego, z kimś się spotyka albo zaprasza gości.

– Widziałam, jaki był zafascynowany górami, jak on je kochał, jak się cieszył, że może w nich być. To był jego zaczarowany świat. Ale wtedy jeszcze nie przypuszczałam, że moje małżeństwo to będą długie rozłąki. Byłam młoda, zakochana, wierzyłam, że jakoś to będzie. Cieszyłam się, kiedy był szczęśliwy, nie stawiałam żadnych warunków. Czasami byłam wściekła, gdy wybierał góry, choć powinien być w domu. Rzadko mogliśmy być sami, on ciągle miał towarzystwo ludzi, z którymi dzielił pasję. Po cichu się buntowałam, ale nigdy nie kazałam mu wybierać: albo góry, albo ja. Wtedy bym go straciła.

Podróż poślubna. Celina jedzie z siostrą Lidką na Mazury, Jurek we francuskie Alpy z Markiem Łukaszewskim z Akademickiego Klubu Alpinistycznego przy Uniwersytecie Śląskim. Na miejscu dołącza do nich Barbara Kozłowska, która mieszka w Szwajcarii.

Po wyprawie na Kohe Tez o Kukuczce mówi się w środowisku: silny, odważny, nieustępliwy, ma parcie, by zdobyć górę. W 1977 roku Adam Zyzak i Janusz Majer proponują mu udział w śląskiej wyprawie na Nanga Parbat

Wchodzą na Mont Blanc, a w Chamonix spotykają Wojtka Kurtykę. Zapraszają go do swojego zespołu i obierają kolejny cel – północną ścianę Petit Dru (3733 m n.p.m.). Góra wygląda jak ostrosłup pnący się do nieba. Jej niemal trójkątne ściany są uznawane za jedno z najwyższych skalnych urwisk w Alpach. Kukuczka pisze o niej: „Potężna, ponura, zawsze skryta w cieniu". Wytyczają nową drogę.

Cztery dni mordęgi – pierwsze dwa w ulewnym deszczu, potem pionowa, granitowa płyta, po której spływa woda. Łukaszewski chce wracać do schroniska, Kurtyka też. Kukuczka nalega, żeby spróbować. Wbija haki w skałę, po wyciągniętych w górę rękach cieknie lodowata woda. Ale pnie się do góry. Koledzy za nim. Na Petit Dru stają przemoczeni do suchej nitki.

Celina nie pozna szczegółów tej wspinaczki. „Najmilsza żono!" – napisze do niej mąż. Poinformuje, że pogoda w Alpach jest piękna, mieszka w jednym namiocie z dwoma kolegami, że współlokatorzy są „cholernie leniwi i burdelarze, ciągle trwają dyskusje, kto ma gotować, kto myje gary, ale ogólnie jest wesoło". W zasadzie nie ma o czym pisać, no, może o tym, że ceny poszły w górę „niesamowicie". Nawet wino podrożało, więc chłopcy często zerkają w kąt namiotu, gdzie stoi wódka przywieziona z Polski. Ciekawostka: „Zaraz pierwszego dnia przyszedł do nas Niemiec i pyta (po polsku), skąd jesteśmy. Kiedy mu powiedzieliśmy, zapytał się, czy znamy Kukuczkę".

W środowisku alpinistów jest rozpoznawalny. Marzy o Himalajach. Polacy dopiero zaczynają tam jeździć. Kukuczka jest przekonany, że Janusz Kurczab, jego dawny instruktor, który organizuje warszawską wyprawę na Makalu, zabierze go ze sobą. Wyprawa ma tam wytyczyć nową drogę – od przełęczy Makalu (7410 m) granią północno-zachodnią. Ale chociaż Kukuczka proponuje swoją kandydaturę, Kurczab go ignoruje.

Tym razem może tylko słuchać wieści o postępach kolegów. Udaje im się dotrzeć na Makalu La, ale wyżej nie wchodzą. Przegrywają z huraganem i przenikliwym mrozem.

Kukuczka żałuje, że „warszawiakom" się nie powiodło. Przykro mu także dlatego, że droga w najwyższe góry świata wydaje się przed nim zamknięta.

OBYWATELA PREZYDENTA PROSZĘ O WSTAWIENNICTWO

W pracy zmiany. Władze tworzą Ośrodek Badawczo-Rozwojowy Systemów Mechanizacji, Elektryfikacji i Automatyzacji Górnictwa i przenoszą do niego Kukuczkę. Stanowisko: starszy technik laborant, z wynagrodzeniem 3400 złotych plus premia. Szefom nie podobają się ciągłe wyjazdy Kukuczki, prośby o kolejne urlopy. Zostaje zwolniony.

To cios, bo w 1976 roku kluby katowicki i gliwicki przygotowują wyprawę w Hindukusz. Kukuczka rozdarty. Jeśli pojedzie, straci ciągłość pracy. W PRL-u nie ma bezrobotnych, ale ważna jest wysługa lat – od niej zależy wysokość pensji i premii. Przerwana ciągłość pracy oznacza straty finansowe, bo ścieżkę kariery trzeba zaczynać od nowa.

Rozżalony Kukuczka pisze do wiceprezydenta Katowic do spraw zatrudnienia, który nadzoruje państwowe przedsiębiorstwa w mieście: „Pracuję 14 lat nienagannie, starając się godzić pracę zawodową ze społeczną w Związku Harcerstwa Polskiego, gdzie jestem instruktorem. Jednocześnie jestem członkiem Klubu Wysokogórskiego w Katowicach i członkiem Kadry Narodowej. Wielokrotnie reprezentowałem barwy narodowe w różnych górach świata. Zostałem odznaczony brązowym i srebrnym medalem za wybitne osiągnięcia sportowe. W tym roku zostałem wytypowany na Śląską Wyprawę Alpinistyczną w Hindukusz, która ma wyruszyć na początku lipca. W chwili obecnej zostałem zwolniony z pracy. Czuję się tym faktem poszkodowany. Zawsze starałem się pracować nienagannie, nie opuściłem w ciągu 14 lat ani jednego dnia bez usprawiedliwienia, nie miałem żadnej nagany ani upomnienia. Zwolnienie z pracy bardzo komplikuje mi sytuację. Okres wypowiedzenia kończy mi się w chwili, kiedy mamy wyjeżdżać na wyprawę. Musiałbym pozostawać bez pracy przez okres

Uczestnicy wyprawy wyruszają na początku sierpnia 1977 roku ciężarowym jelczem z Katowic do Pakistanu, przez Turcję, Iran i Afganistan

około dwóch miesięcy. Straciłbym w ten sposób ciągłość pracy, nie mówiąc już o stratach finansowych. W związku z tym proszę Obywatela Prezydenta o wstawiennictwo w powyższej sprawie i spowodowanie wycofania mojego wypowiedzenia lub w gorszym razie przesunięcie go o kilka miesięcy. Pozwoliłoby mi to na poszukanie sobie pracy odpowiedniej do mojego wykształcenia po powrocie z Wyprawy".

Prezydent prosi zakład o ponowne rozpatrzenie sprawy wypowiedzenia. Dyrektor musi mieć żal do Kukuczki, że poskarżył się u prezydenta Katowic za jego plecami. Kukuczka rozumie, że powinien się ukorzyć. Tym razem pisze do dyrekcji zakładu pracy: „Bardzo przepraszam za to, że odwołując się od wypowiedzenia, nie poinformowałem o tym Dyrekcji. Obecnie chciałbym przynajmniej w części naprawić ten nietakt, dołączając odbitkę mojego pisma do Wiceprezydenta Katowic".

Przeprosiny zostają przyjęte, decyzja o zwolnieniu wycofana, Kukuczka może spokojnie jechać do Afganistanu.

Koledzy już się wspinają na Kohe Tez (7015 m), a Jurek leży w bazie. Angina, wysoka gorączka. Przez pięć dni nie rusza się z namiotu. Słaby, chyba naprawdę nie nadaje się do wspinaczki w wysokich górach, szepczą organizatorzy wyprawy. Kukuczka się wścieka. Gdy gorączka opada, wspina się samotnie na szczyt Kohe Awal (5800 m). Przynajmniej tyle, bo Marek Łukaszewski, Janusz Skorek i Grzegorz Fligiel są już blisko wierzchołka Kohe Torez.

Nagle w bazie alarm. Łukaszewski spada, ciągnie za sobą Fligiela i Skorka. Przelatują około 200 metrów, próbują hamować czekanami. W powietrzu zataczają szeroki łuk nad piętnastometrowym serakiem i szczeliną pod nim. Zatrzymują się na stoku najeżonym penitentami, czyli lodowymi stożkami.

Andrzej Popowicz i Aleksander Pańków siedzą w obozie pośrednim. Widzą, co się dzieje, sznurują buty, pakują plecaki i przez lornetki patrzą na stok. Po kilku minutach podnosi się Skorek. Łukaszewski i Fligiel nie dają znaku życia. Po dwóch godzinach pierwsi ratownicy docierają do poszkodowanych. Łukaszewski wygląda okropnie, ciało poranione, otwarte złamanie nogi. Fligiel nieprzytomny. Skorek na szczęście tylko poobijany, ale w szoku. Resztkami sił mówi do krótkofalówki: – Baza, baza, wypadek! Baza, wypadek! Wypadek.

Poturbowanych kolegów trzeba rozplątać z lin, czekanami usztywnić złamania, wyrąbać w lodzie platformę i ułożyć na niej rannych w śpiworach. Nawodnić. Menażka za menażką. Herbata, rosół, zupa.

Chłopaków trzeba sprowadzić na dół, ale Popowicz i Pańków sami nie dadzą rady. Muszą przeczekać z rannymi noc, z bazy już idą na pomoc Janusz Baranek, Stanisław Cholewa i Jerzy Kukuczka. Z masztów namiotu Turnia i płachty konstruują tobogan.

Transport rannych do bazy trwa pięć dni. Ratownicy muszą czekanami torować przejście przez pole penitentów, omijać szczeliny lodowca. Słońce pali niemiłosiernie, wysysa resztki sił. Wreszcie są.

Rana Łukaszewskiego wygląda fatalnie, zaropiała, zaczyna cuchnąć. Michał Gliński, lekarz wyprawy, nie może czekać ani chwili dłużej, musi natychmiast operować. W namiocie urządza prowizoryczną salę zabiegową. Stół ułożony z kamieni. Narkoza, kroplówka, wygotowane narzędzia, gips. Asystuje mu Kukuczka. Gliński oczyszcza ranę, nastawia bark, na kark zakłada gipsową kamizelkę.

Dopiero w Polsce okazuje się, że Łukaszewski ma połamane wyrostki kolczaste kręgosłupa i pęknięte żebra. – Poskładali go lekarze w szpitalu w Piekarach Śląskich, przez długi czas utykał, chodził przygarbiony, ale potem się zregenerował, wyprostował i nawet jeździ na nartach – mówi Ignacy Walenty Nendza.

A Kukuczka? Nie chce wracać do Polski z niczym. Namawia Janusza Baranka, Stanisława Cholewę i Henryka Natkańca, by poszli z nim na Kohe Tez. 11 sierpnia stają na szczycie.

W katowickim Klubie Wysokogórskim do dzisiaj opowiadają anegdotę związaną z Kohe Tez. Niedaleko granica afgańsko-radziecka, więc po wypadku Tadeusz Kozubek, kierownik wyprawy, przez telefon Klimek próbuje nawiązać kontakt z Rosjanami. „Towarzysze radzieccy, mamy rannych, przyjdźcie z pomocą" – prosi do słuchawki.

W klubie się śmieją, że towarzysze radzieccy w końcu posłuchali Kozubka. Przybyli do Afganistanu, tyle że dwa lata później.

KĄPIĄ SIĘ TYLKO MĘŻCZYŹNI

Po Hindukuszu o Kukuczce mówi się już inaczej. Silny, odważny, nieustępliwy, ma parcie, by zdobyć górę. Nikogo nie dziwi, że w 1977 roku Adam Zyzak i Janusz Majer proponują mu udział w śląskiej wyprawie na Nanga Parbat. – Sprawdził się na Kohe Tez, wysokość mu nie szkodziła, a jak ściągali z góry Marka Łukaszewskiego, Jurek był jednym z najsilniejszych członków ekipy ratunkowej. Byłem pewien, że się sprawdzi na ośmiotysięczniku – mówi Majer.

⇦ W drodze do Karakorum, chwila wytchnienia od upału

Wyruszają z Katowic do Pakistanu na początku sierpnia 1977 roku ciężarowym jelczem. Przez Turcję, Iran, Afganistan. Podróż długa i nużąca, więc w skrócie (na podstawie dziennika Kukuczki):

W Wiedniu uzupełnienie sprzętu – trzeba dokupić karimaty.

Za jugosłowiańską granicą obiad w restauracji Prazdnik. Za jednego dolara liczą tu prawie 18 dinarów, czyli 16 szylingów austriackich.

W Bułgarii ropa po 15 stotinek za litr, do Sofii dobra droga.

Turcy na granicy żądają łapówki. Za pół litra koniaku i 40 dolarów w łapę przepuszczają transport bez kontroli.

W Stambule drogo. Winogrona 12 lirów, pomidory ponad 6, melon 7,5 lira.

Polska ambasada w Ankarze zamknięta na cztery spusty. Rządzi stróż. Dżinsy w sklepie po 300 lirów.

W drodze do Iranu nic ciekawego. Turek zabrany na stopa pracuje w hucie. Zarabia 9 tysięcy lirów, za mieszkanie płaci tysiąc. Przez 300 kilometrów droga szutrowa, w jelczu pęka dętka. Trzeba się spieszyć, słońce zachodzi już około godziny 19.

Kurdystan – niewysokie góry pokryte niskimi krzakami. Kurdowie mają cerę ciemniejszą niż Turcy, ale kobiety ubierają się kolorowo. Mężczyźni zaś nie noszą tych olbrzymich spodni upodabniających ich do kaczek. Drapanie w gardle, powietrze gorące i bardzo suche.

Za miejscowością Mus dzieci cieszą się na widok jelcza, ale nic nie dostają i obrzucają auto „czymś miękkim".

Bardzo dużo bocianów oraz ptaszków z niebieskimi brzuszkami. Stado owiec białych – im dalej na wschód, tym kolor wełny ciemniejszy.

Nad jeziorem Van biwak i wielkie pranie.

Paliwo w Iranie tanie jak woda. Litr ropy kosztuje 2,4 riala, a dolar to 70 riali.

Znowu dętka. Wymiana kosztuje 150 riali (właściciel warsztatu chciał 200). Coca-Cola – 10 riali.

W Tebrizie jest podobno pochowany jeden z Trzech Króli, miasto ma 520 tysięcy ludności. Cholerny upał. Biwak na przedmieściach Zandżan, w parku z sadzawką i fontanną. Na parkingu mnóstwo tirów, które nocą strasznie hałasują.

Piątek to muzułmańska niedziela, ale na budowie pracują ludzie.

Teheran. Niesamowity ruch na ulicach, hałas straszny, bo każdy kierowca trąbi. Po jasną cholerę!?

Mahmudabad nad Morzem Kaspijskim, chwila wytchnienia od upału. Kąpią się tylko mężczyźni. Kobiety, zakryte od stóp do głów, czekają na nich. Dzieci wszędzie podchodzą do obcych z taką samą ciekawością. Ktoś z naszych daje małemu Irańczykowi złotówkę. Przyłączają się dorośli. Każdy chce wymienić riale na nasze pieniądze. Za 3 złote dają 20 riali.

Taybad, ostatnie miasto przed granicą. Herbatka po 5 rialsów.

W Afganistanie azjatycki burdel. Bez łapówki czeka się nie wiadomo na co. Granica czynna od godziny 8 do 20 z przerwą na obiad od 12 do 14. Coca-Cola kosztuje 10 afgani. Co 200 kilometrów myto – 120 afgani.

Pustynia, upał i fatamorgana. W powietrzu widać duże jezioro, a nad nim drzewa i zabudowania.

Ceny w Afganistanie: paliwo – 8,5 afgani za litr; arbuz – 4 afgani za sztukę (dwa kosztują mniej). Pokój dwuosobowy w hotelu Mustafa w Kabulu – 100 afgani. Dolar to 44,5 afgani po kursie bankowym. 1000 szylingów to 2400 afgani, a za markę zachodnioniemiecką dają 19,25 afgani. Rubel tylko 11,5 afgani (przyjmują jedynie banknoty 50 i 100 rubli).

Miejscowi nieprzyjaźni. Plują na ciężarówkę i kradną światełko odblaskowe.

Wreszcie Islamabad. Na liczniku 8057 kilometrów. Przesiadka na samolot do Skardu. Wcześniej libacja ze studentami z Wrocławia. Mają 20 litrów spirytusu. Zygmunt [Krzechki] lata „po nagu" i straszy dziewczyny.

Wylot 28 sierpnia o 8.30. Po godzinie lotu inne powietrze. Kochane góry!

Największa, południowa ściana Nanga Parbat wznosi się 4500 metrów ponad doliną Rupal, w której Polacy założyli swoją bazę

OPĘTANI JEDNĄ MYŚLĄ: ZDOBYĆ JĄ!

Marek Pronobis, himalaista z Gliwic, profesor Politechniki Śląskiej, o wyprawie na Nanga Parbat: – Minęło niemal 40 lat, a ja wciąż mam w pamięci tamten tydzień. Zawsze też będę się zastanawiał, jak wyglądałoby nasze życie, gdybyśmy wtedy poszli o jeden żleb dalej. Lub gdyby w Pakistanie nie było zamachu stanu, który o miesiąc opóźnił wyprawę... Ale mimo wszystko nie żałuję, że tam byłem, bo jest to największa przygoda mojego życia. Wystarczy, że zamknę oczy, a znowu widzę ogromną białą ścianę pławiącą się w złotych promieniach wschodzącego słońca. Blask bijący od śniegu i lodu oślepia. Patrząc na tę cudowną i majestatyczną górę, można zrozumieć tych wszystkich, którzy od lat przybywali tutaj opętani jedną tylko myślą: zdobyć ją, stanąć na wierzchołku! Teraz kolej przyszła na nas.

A było tak (z relacji Pronobisa):

– Jeszcze nikt nie atakował Nanga Parbat w październiku. Warunki są praktycznie zimowe, a kolejne załamania pogody raz po raz zganiają nas z góry. Pogoda fatalna. Bez przerwy pada gęsty śnieg przy huraganowym wietrze. Wspinamy się nocami, które są piękne, choć przejmująco zimne. Po całodziennym opadzie dochodzimy do drugiego obozu zanurzeni w śniegu do pasa, a miejscami nawet po pierś. Cud, że nie spadliśmy z lawiną. Udaje się nam założyć obozy trzeci, na wysokości 7000 metrów, i czwarty – 450 metrów wyżej. Kolejne załamanie pogody zgania nas do bazy na prawie dwa tygodnie.

Śnieg, wiatr, mgła i lawiny uniemożliwiają wspinaczkę. Lawina w Himalajach to kataklizm, któremu nic nie jest w stanie się oprzeć. Potworne masy śniegu w niepowstrzymanym pędzie porywają za sobą ogromne bloki skalne, niszcząc wszystko na swej drodze. Towarzyszy temu ogłuszający grzmot, pył śnieżny przesłania słońce gęstą chmurą.

Tracimy nadzieję, że kiedykolwiek pójdziemy jeszcze do góry, kiedy niespodziewana zmiana pogody daje nową szansę. Ostatnią, bo za dwa dni kończy się pozwolenie na pobyt w bazie.

Jerzy Kukuczka w bazie, przed wspinaczką

W bazie panuje podniecenie. Po raz pierwszy pójdziemy nie po to, aby założyć kolejny obóz – teraz celem jest szczyt. Wszyscy raz po raz spoglądamy ku wierzchołkowi – jest tak odległy, że zuchwalstwem wydaje się sama myśl o zdobyciu go. Do góry idzie nas pięciu: Józef Kubik i Zygmunt Krzechki mają torować trasę. Za nimi grupa szturmowa: Jurek Kukuczka, Marian Piekutowski i ja.

Drogę do obozu pierwszego znamy prawie na pamięć – idziemy tędy już po raz siódmy. W obozie zaskoczenie – spotykamy grupę Adama, która wyszła dwa dni przed nami i powinna już nocować w „dwójce". Fatalna pogoda i głęboki śnieg zmusiły ich do zejścia. Czuję, jak rozwiewają się nasze marzenia o tym, by podchodzić do góry.

Huragan utrudnia oddychanie, śnieg zalepia szkła okularów. Dwa dni zajmuje im dotarcie do obozu trzeciego. W oblodzonym namiocie Kukuczka opowiada partnerom o grzybach z Istebnej. Huragan zatrzymuje ich w obozie na dwa dni. 12 października wiatr cichnie, wychodzi słońce, ale temperatura z każdą godziną spada. Japoński namiot, w którym nocują, nie przepuszcza powietrza. Rano wnętrze pokrywa centymetrowa warstwa szronu. Wreszcie docierają do ściany Diamir. Królestwo śniegu i lodu. Ogromne pola śnieżne, poprzecinane pasami gigantycznych seraków, czterokilometrowym urwiskiem spadają na pocięty szczelinami lodowiec. Nie da się przejść, muszą poszukać innej drogi, zejść w dół, a potem znów się wspiąć.

Jest coraz zimniej. Pronobis: „Po wyjściu z namiotu mam wrażenie, że oddech zamarza mi w płucach, jest co najmniej 40 stopni poniżej zera. Już po kilku minutach stwierdzam, że nie czuję ani rąk, ani nóg. Staram się je rozgrzewać, ale bez skutku".

Szczyt rośnie w oczach. Grań, po której idą, wydaje się łagodnie wznosić ku wierzchołkowi. Pronobis jest przekonany, że za parę godzin staną na górze. Nie wiedzą, że tuż przed szczytem przecina ją pionowy uskok. Kilkadziesiąt metrów brązowych skał. Strome, zalodzone płyty z kamienia. Nie mają sprzętu, to koniec.

Mogliby jeszcze spróbować przejść kolejnym żlebem, ominąć skalny uskok, ale w obozie okazuje się, że stopy Pronobisa

Rok 1977, wspinaczka na Nanga Parbat. Marek Pronobis (z lewej) i Jerzy Kukuczka w obozie pośrednim ⇨

i Piekutowskiego są odmrożone. Chcą natychmiast wracać.

Kukuczka się nie zgadza. – Zaczekajcie jeden dzień w namiocie, sam wejdę na wierzchołek – proponuje.

Zdrowie ważniejsze. Z każdą godziną odmrożenia się pogłębiają. Poza tym niebo ma barwę ołowiu, a w dolinie kłębi się wał gęstych chmur. Za parę godzin ucieczka może być niemożliwa. Schodzą w dół, 17 października docierają do bazy.

Lekarz ogląda stopy Pronobisa i nie ma dla niego dobrych wieści. Amputacje są pewne. W szpitalu potwierdzają: trzeba usunąć wszystkie palce i jeszcze kawałek prawej stopy – na szczęście nie tyle, żeby nie mógł chodzić. Piekutowski traci kawałek palca u ręki i nogi.

Kukuczka wychodzi bez szwanku. Pronobis: – Po Alasce tak bardzo bał się odmrożeń, że zabrał ze sobą buty o dziesięć numerów za duże, założył z dziesięć par skarpet i w tym przetrzymał.

JAK TE GŁUPKI

Kukuczka rozżalony. Pierwsza góra w Himalajach i pierwsza porażka. Wini kierownictwo wyprawy za dobór uczestników. – Myśleliśmy o wytyczeniu nowej drogi na wschodnim filarze, ale szybko się okazało, że w składzie, w jakim wyjechaliśmy, nie mieliśmy na to żadnych szans – mówi. – Pod ścianą większość uczestników wyprawy godziła się co najwyżej na atak najłatwiejszym szlakiem wytyczonym rok wcześniej przez Hansa Schella z Austrii.

Pronobis: – Poszliśmy pierwszym żlebem, bo było łatwo, po śniegu. Gdybyśmy poszli następnym, z pewnością zdobylibyśmy szczyt. Oczywiście jak te głupki nie zrobiliśmy rozpoznania, nie obejrzeliśmy żadnych zdjęć. Gdybyśmy je mieli, wiedzielibyśmy, że idziemy źle. Nie czas żałować róż. To jest sport, walczy się i albo się wygrywa, albo przegrywa.

Kierownictwo wyprawy zadowolone. Po pierwsze, nikt nie zginął. Po drugie, nikt nie wszedł tak wysoko na Nanga Parbat o tak późnej porze roku. Po trzecie, Polacy jako pierwsi przeszli cały lewy filar największej ściany górskiej na Ziemi – flanki Rupal – od dołu do grani.

Jest jeszcze jedna opowieść.

27 czerwca 1970 roku Reinhold Messner zdobywa Nanga Parbat, swój pierwszy ośmiotysięcznik. Na szczyt idzie sam, przez ścianę Rupal, jedną z najtrudniejszych na świecie. W bazie zostawia swojego młodszego brata Günthera. Nie wie, że chłopak rusza za nim.

Wersja oficjalna. Günther dogania Reinholda przed szczytem, jest wyczerpany. Bracia zdobywają górę, schodzą nieznanym, dziewiczym zboczem. Wysokość robi swoje, Günther zaczyna majaczyć. Reinhold nie jest w stanie się nim zaopiekować. Sam ledwo żyje, podczas schodzenia bracia dwie noce spędzają bez śpiworów, w temperaturze minus 40 stopni. Messner idzie przodem, jego brat

Janez Šušteršič, Jerzy Kukuczka i Michał Wroczyński wytyczyli nową drogę na Tiricz Mir Wschodni (7692 m n.p.m.)

zostaje z tyłu. Co się stało? Czy Günther spadł, zgubił drogę, zamarzł? Przepadł. Reinhold słyszy huk lawiny i krzyk brata. Ale czy naprawdę tak było, czy to tylko jego halucynacja?

Szuka Günthera przez kolejne dwa dni. Bezskutecznie. Ledwo żywy dociera do bazy. Głębokie odmrożenia. Lekarze muszą mu odciąć sześć palców u stóp i dwa opuszki w prawej dłoni.

Pogłoski: Günther zmarł już na pierwszym biwaku, przed wejściem na szczyt, ale Reinhold ukrył jego zgon, bo nie chciał rezygnować ze wspinaczki.

Dwa lata po wyprawie na Nanga Parbat Kukuczka po raz pierwszy spotyka Messnera na biwaku pod Namcze Bazar. Wrażenie robią na nim Szerpowie, którzy biegną przed włoską karawaną i krzyczą: Pan Messner idzie! Wyprawa pana Messnera! Rozbijają namiot dla wielkiego himalaisty, układają w nim posłanie. Messner przychodzi na gotowe. Kukuczka zaskoczony, bo Messner jest naturalny, otwarty, nie zadziera nosa. Polacy zapraszają go na herbatę, nie odmawia.

Zaczynają rozmawiać. Kukuczka ośmielony luźną atmosferą wspomina Nanga Parbat. Opowiada, że na przełęczy, blisko szczytu, na wysokości niemal ośmiu tysięcy metrów znalazł latarkę.

Bzdura, nieważne. A Messner milknie, twarz mu się zmienia.

– Latarkę? – pyta Kukuczkę.

– Tak, zwykłą latarkę – odpowiada Polak. Zdziwiłem się, skąd się tam wzięła, bo przecież nikt wcześniej tamtędy nie szedł.

Messner poruszony. – W 1970 roku doszliśmy do tej przełęczy z bratem, zginął w czasie zejścia ze szczytu. Właśnie tam zmieniał baterię. To musiała być jego latarka. Wiesz, będę ci wdzięczny, jeśli ją znajdziesz. Rozumiesz, pamiątka po bracie.

I dowód, że byli na szczycie razem, że go nie zostawił.

Messner: – Niestety, Kukuczka nigdy mi tej latarki nie pokazał.

Po powrocie do Polski Jurek przekopuje swoje rzeczy. Cholerna latarka, nigdzie jej nie ma.

⇦ 10 sierpnia 1978 roku. Jerzy Kukuczka na szczycie Tiricz Mir

AZS

ROZDZIAŁ 5

TLEN

Potrzebny jest milion złotych. Milion! 20 osób, żywność dla wszystkich na całą wyprawę, osiem ton bagażu, transport na miejsce, karawana z Katmandu... Milion, nie mniej, jeśli chce się w 1979 roku jechać na Lhotse.

Wyjazd organizuje gliwickie koło Polskiego Związku Alpinizmu. To pierwsza śląska wyprawa w Himalaje, każdy chce pomóc. Władze Gliwic wykładają 100 tysięcy złotych. Drugie tyle daje urząd wojewódzki. Fabryki, kopalnie i huty dokładają do koszyka, ile mogą. Wciąż mało.

Coś niesamowitego jest w górnośląskim krajobrazie. Dla kogoś stąd jest zwyczajny, surowy, nawet odstręczający. Trudno w nim dostrzec literackie natchnienie. Trzeba być Jarosławem Iwaszkiewiczem, wybitnym polskim pisarzem, tłumaczem i poetą, żeby zobaczyć go tak: „Siedem olbrzymich kominów, jak harfa siedmiostrunna, pomylona jakaś harfa pod niskim, jesiennym niebem. Na rdzawych szkieletach suną tam i z powrotem ruchome dźwigi. Cztery ruchy odbywają się jednocześnie: dwa w tył i naprzód, dwa w górę i w dół. Tworzy to jakiś rytmiczny zespół, podobny do rytmu ich dwu barw: czarnej i rdzawej". I dalej: „Na horyzoncie siwa olbrzymia fabryka wznosi się nierównymi dwunastu kominami.

⇦ W 1979 roku gliwickie koło Polskiego Związku Alpinizmu organizuje pierwszą śląską wyprawę w Himalaje. Na zdjęciu Jerzy Kukuczka w bazie pod Lhotse

Dymy mieszają się z obłokami, jak one niechętne, jak one poszarpane, tylko ciemne, aksamitne, dotykalne. Na tym sinym tle fabryki i dymów, podobnych do chmury gradowej, widnieją cieniutkie niebieskiej zjadliwej farby obłoczki, delikatne jak dotknięcie pastelu: to trujące dymy cynkowni szopienickich".

Iwaszkiewicz pisał to w okresie międzywojennym, ale w Polskiej Rzeczpospolitej Ludowej obraz nie traci aktualności. Wszędzie kominy fabryk, ciepłowni, rusztowania wież wyciągowych, chłodnie baterii koksowniczych. Sięgają wysoko w górę, ale trzeba o nie dbać – zdzierać rdzę, uzupełniać braki, malować.

Wyspecjalizowana państwowa firma stawia rusztowania, nie ma konkurentów i kolejkę chętnych. Za usługę bierze krocie i każe czekać rok, dwa. A komin rdzewieje.

Alpiniści deklarują, że potrafią wykonać tę samą robotę szybko i tanio. Nie muszą stawiać rusztowań, malują, wisząc na linach. Za komin biorą średnio 250 tysięcy złotych. Tylko że dyrektor państwowego przedsiębiorstwa nie może zlecać robót prywatnym osobom. W socjalistycznym państwie grozi za to kryminał.

Alpiniści znajdują sposób. W 1974 roku przekształcają Klub Wysokogórski w Polski Związek Alpinizmu – federację niezależnych klubów, każdy z własnym statutem, siedzibą i pozwoleniem zarabiania na działalność statutową. Kluby zrzeszone w PZA zakładają u siebie koła Związku Młodzieży Socjalistycznej i tworzą Fundusz Akcji Socjalnej Młodzieży, który ma prawo prowadzić działalność gospodarczą. A skoro tak, to dyrektor fabryki nie widzi już żadnych powodów, by nie zlecić alpinistom pomalowania komina.

Wszyscy alpiniści tak robią. Od połowy lat 70. na kominach wiszą profesorowie wyższych uczelni, docenci, prości robotnicy. Łączy ich jeden cel – zdobycie pieniędzy na wyjazd w wysokie góry. Opanowują wszystko, co wymaga uprawnień do prac wysokościowych.

Prof. Andrzej Paczkowski, historyk, przez lata prezes Polskiego Związku Alpinizmu, zakłada urządzenia odgromowe na domach Funduszu Wczasów Pracowniczych.

– A ja malowałem kominy i usuwałem szpary na wieżach kościołów – mówi Ignacy Walenty Nendza. – Płaciły za to kopalnie z funduszu szkód górniczych. Przed erą kominów musieliśmy żebrać w fabrykach o pieniądze. Na sto przedsiębiorstw tylko dziesięć udzielało odpowiedzi, z tego pięć pozytywnych. Od 1974 roku już żadnych pism nie pisaliśmy, szkoda było zachodu, łażenia, wycierania klamek. Wystarczyło „zrobić" komin, wyczyścić wieżę szybu kopalni albo wymalować jakiś most.

Marek Pronobis: – 15 lat z tego żyłem. W ciągu miesiąca zarabiałem tyle, co za rok pracy na uczelni.

Himalaista Ryszard Pawłowski: – Dużą część zarobionych pieniędzy przeznaczaliśmy na wyprawy, za resztę można było nieźle żyć.

Zdarzają się wypadki. Podczas prac wysokościowych w Hucie Katowice brat Pawłowskiego spada z kilku metrów i łamie kręgosłup. Sparaliżowany od pasa w dół. Pawłowski: – Każdy, kto się tym zajmował, był świadomy, że pieniądze dostaje za podjęcie ryzyka. Ja po tym wypadku straciłem serce do prac wysokościowych.

Fragment pamiętnika Jerzego Kukuczki z wyprawy na Lhotse

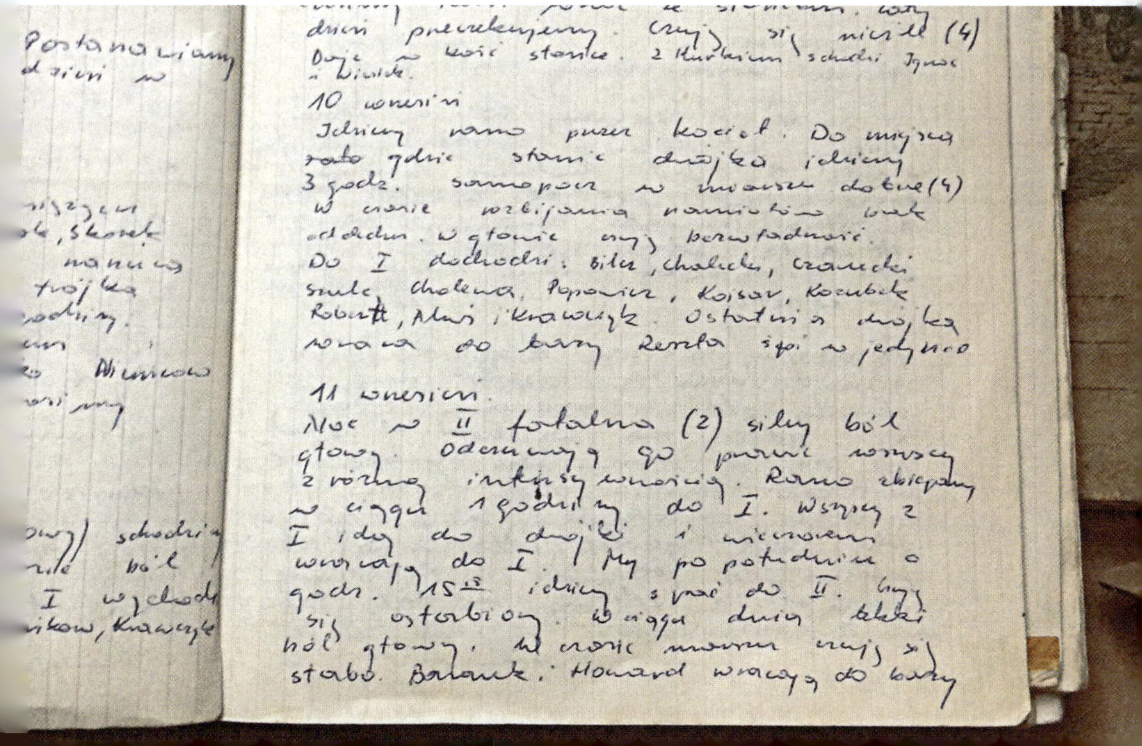

OGNISTE KULE NADZIANE SIARKĄ I TROTYLEM

Złotówki to nie wszystko. Potrzebne są jeszcze dewizy. Polski Związek Alpinizmu daje śląskiej wyprawie 8 tysięcy dolarów. Mało! Każdy uczestnik ma prawo kupić na zagraniczną podróż 150 dolarów po atrakcyjnym oficjalnym kursie – co daje w sumie 3 tysiące „zielonych". Mało. Do zespołu trzeba zaprosić alpinistów z zagranicy. Na ofertę wyjazdu odpowiadają Robert Niklas, Ślązak, do niedawna członek gliwickiego klubu, który w 1970 roku uciekł do Republiki Federalnej Niemiec, i nikomu bliżej nieznany Håvard Nesheim, student czwartego roku medycyny z Norwegii. Mają wpłacić po 3 tysiące dolarów i na początku sierpnia czekać na polską wyprawę w Katmandu.

Z Polski polecą: Adam Bilczewski, Tadeusz Kozubek, Janusz Baranek, Janusz Chalecki, Stanisław Cholewa, Leszek Czarnecki, Andrzej Czok, Andrzej Heinrich, Maria Kiełkowska, Jan Kiełkowski, Jan Koisar, Mirosław Krawczyk, Maciej Kurek, Jerzy Kukuczka,

W górach co 150 metrów temperatura powietrza spada średnio o stopień. Na szczycie Everestu jest zwykle minus 40 stopni. Niezbędna jest odpowiednia odzież

Wiesław Lipiński, Ignacy Nendza, Aleksander Pańków, Andrzej Popowicz, Janusz Skorek, Tadeusz Szulc.

Jeszcze drobiazg – trzeba podjąć dolary z konta. Potrzebne są zaświadczenia, zezwolenia. Alpinistka Maria Kiełkowska dwa razy jeździ do Warszawy po pieniądze, za każdym razem bank odsyła ją z kwitkiem. Do stolicy muszą pojechać Adam Bilczewski, kierownik wyprawy, i Tadeusz Kozubek, wiceprezes gliwickiego Klubu Wysokogórskiego. „Cztery razy kursowaliśmy pomiędzy dwoma bankami, odbijani jak piłki tenisowe – pisze we wspomnieniach. – Za czwartym razem nie wytrzymaliśmy. Przekształciliśmy się z piłeczek w ogniste kule nadziane siarką i trotylem. Podjęliśmy kasę. Kozubek, obłożony dolarami, szedł w kierunku dworca kolejowego przodem, a ja, w roli goryla, pół kroku za nim".

Wyprawa wydaje się dopięta. Można jechać. Bagaż płynie do Bombaju statkiem „Leningrad". Pierwsza trzyosobowa grupa wylatuje z Warszawy 7 lipca 1979 roku, 14 lipca kolejnych pięć osób, w ostatniej, 12-osobowej grupie, 29 lipca, leci Kukuczka. Wiadomo, co myśli. Napisze o tym w książce „Mój pionowy świat": „Proponując mi udział w tej wyprawie, klub gliwicki jakby przymykał oczy na wszystkie moje dotychczasowe problemy w wysokich górach. To przecież właśnie Adam Bilczewski czy Janusz Baranek najlepiej wiedzieli o tym, że na Alasce nie bardzo się sprawdziłem, bo »sieknęła« mnie tam choroba wysokościowa już na pięciu tysiącach metrów. Wiedzą, bo byli przy tym, a jednak pamiętali o mnie. Nie miałem większych złudzeń, że wpisując mnie na listę tej wyprawy, puszczono całkiem w niepamięć sugestie o mojej słabości. Przecież wystarczy tylko raz gdzieś coś o kimś powiedzieć, najlepiej na ucho, i taki »smrodek« wlecze się za człowiekiem uparcie. Lhotse może więc być moim ważnym argumentem. Wobec wszystkich. Zwłaszcza jednak dla tych, którzy też byli na Alasce, a teraz wiążą ze mną określone nadzieje".

Ignacy Walenty Nendza: – Przed wyprawą robili nam testy na Akademii Wychowania Fizycznego w Katowicach. Cały dzień kazali biegać po schodach, krew nam pobierali, kazali oddychać do worka

Douglasa, mierzyli w nim zawartość tlenu i dwutlenku węgla. Miałem świetne wyniki, ale Jurek mnie zakasował. Był w tak dobrej kondycji, że organizatorzy wyprawy musieli go ze sobą zabrać.

TRUDNO O EREKCJĘ

Romantyczne wizje zdobywania ośmiotysięczników studzą lekarze. – Niewiele wiedzieliśmy o medycynie wysokogórskiej – mówi profesor Paweł Lampe, chirurg z Katowic, uczestnik wypraw wysokogórskich. – Tyle, co przeczytaliśmy w zachodnich książkach, które przywoziliśmy z podróży.

Lekarze wypraw dobrze się znają, bo jest ich niewielu. Dzielą się informacjami, co może się stać w górach. Furorę robi opowieść Lampego o wspinaczce na szczyt wulkanu Tupungato w argentyńskich Andach. Niedaleko szczytu jeden z uczestników wyprawy skarży się na potworny ból brzucha. Perforacja wrzodu na dwunastnicy. Trzeba operować, ale jak to zrobić na wysokości około 6 tysięcy metrów? – Posłaliśmy tragarza, żeby wezwał śmigłowiec. Był piątek, w Argentynie trudno coś załatwić. Minęły trzy dni, zanim nadeszła pomoc – wspomina prof. Lampe. – Pilnowałem, żeby u chorego nie doszło do zapalenia otrzewnej, więc do żyły podawałem mu osoloną wodę, którą topiłem z lodowca. W plecaku miałem sondę, za pomocą której usuwałem mu soki z żołądka. Śmigłowiec w końcu przyleciał, człowieka udało się uratować.

Lekarze pierwszych wypraw zabierają ze sobą bębny pełne leków i narzędzi. Ogołacają szpitalne apteki. Wszystko się może przydać, muszą być przygotowani.

Wiadomo na pewno, że im wyżej, tym powietrze jest rzadsze, a ciśnienie niższe. Na dużej wysokości człowiek zaczyna oddychać szybciej i głębiej. Organizm wytworzy więcej czerwonych krwinek, które dostarczają krew do każdej komórki ciała, ale potrzebuje czasu, nawet do kilku tygodni. To aklimatyzacja. Kto gwałtownie przeskoczy z nizin w wysokie góry, z pewnością będzie miał kłopoty. Dlatego już po przekroczeniu poziomu 3 tysięcy metrów wysokość należy zdobywać stopniowo, każdej kolejnej nocy spać 300 metrów wyżej. Co dwa, trzy dni zejść niżej, odpocząć dzień, dwa i znowu wchodzić w górę.

Ale nawet to nie chroni przed Ostrą Chorobą Górską. Jeśli mamy: ból głowy, nudności, wymioty, zmęczenie, słaby apetyt, zaburzenia snu, wtedy trzeba schodzić. Zlekceważymy objawy – może się skończyć obrzękiem płuc lub mózgu.

Mózg zostawmy na potem, najpierw o płucach. U niektórych ludzi na dużej wysokości pęcherzyki płucne wypełniają się płynem. Oddech jest przyspieszony, duszność występuje nawet podczas odpoczynku; wilgotny kaszel z odpluwaniem krwawej wydzieliny, uczucie bulgotania w płucach, sine usta, język i paznokcie, apatia. Może się skończyć zatrzymaniem oddechu i śmiercią, więc lekarze radzą himalaistom: zostań z chorym partnerem, pomóż mu jak najszybciej zejść w dół, zadbaj, żeby mu było ciepło, podaj tlen i leki.

Teraz mózg, który z powodu braku tlenu może „spuchnąć". Objawy: silny ból głowy, zaburzenia równowagi, gwałtowna zmiana w zachowaniu, wymioty, zaburzenia widzenia, słuchu, zaburzenia świadomości, splątanie, senność, śpiączka. Najprostszy test na rozpoznanie obrzęku mózgu: Jeśli trudno trafić palcem w koniuszek nosa, trzeba uciekać w dół. Dla pewności można liczyć od stu do zera. Kłopoty z liczeniem – natychmiast zejdź niżej.

Inne niebezpieczeństwa. W górach co 150 metrów temperatura powietrza spada średnio o stopień. Na szczycie Everestu jest zwykle minus 40 stopni. Do tego wiatr. Im mocniej wieje, tym temperatura, jaką odczuwa człowiek, jest niższa. Przy minus 30 stopniach i wietrze, który ma prędkość 50 kilometrów na godzinę, odczuwa się minus 50 stopni. Na szczycie najwyższej góry świata może wiać tak mocno, że odczuwalna temperatura spada do minus 70 stopni. Wychłodzony organizm zadba o ogrzanie mózgu, serca, wątroby oraz nerek. Ręce i nogi sobie odpuści. Wychłodzonego partnera nie wolno rozgrzewać na siłę, stawiać na nogi, kazać mu się ruszać i skakać. Zimna krew z kończyn, wymieszana z cieplejszą w centrum ciała, obniży jej temperaturę. Serce może stanąć. Lepiej ułożyć partnera w śpiworze, niech dłonie trzyma na klatce piersiowej, nie ruszać go przez godzinę, rozpalić kuchenkę i ogrzać powietrze w namiocie, nie poić alkoholem, podać ciepły napój. Skóry raczej nie rozcierać, bo odmrożoną łatwo uszkodzić.

Ile było takich zdarzeń: Himalaista siada na zboczu, nie może dalej iść, staje się senny, nie chce już walczyć. W końcu zasypia. traci przytomność, oddech i tętno zwalniają, ciało sztywnieje. Serce przestaje bić. Tak wygląda śmierć z wychłodzenia.

A odmrożenia? Skóra staje się biała, twarda i pozbawiona czucia. Trzeba ją ogrzać. Jeśli to palec dłoni, prosta rzecz – włóż go pod pachę. Z odmrożeniem, jak z oparzeniem, są trzy stopnie. Na palcu widać pęcherze wypełnione białym lub krwistym płynem – to stopień drugi. Trzeci, gdy palec jest czarny, a to z reguły oznacza amputację.

Himalaistom, którzy jadą w góry, lekarze wbijają do głowy zasadę najważniejszą: Jesteśmy z wody. Jeśli nie będziecie pić, umrzecie. Bez wody krew zgęstnieje, efektem jest udar mózgu, zator naczyń krwionośnych, odmrożenia, bo gęsta jak miód krew nie dotrze do cieniutkich naczyń włosowatych, nie dostarczy tlenu, nie ożywi ich.

Pamiętajcie: w wysokich górach organizm produkuje więcej moczu, w suchym górskim powietrzu wydala więcej wody z każdym oddechem, nawet litr w ciągu pięciu godzin. Poci się obficiej. Kto nie wypije przynajmniej czterech litrów płynu dziennie, odwodnienie ma zagwarantowane.

Prof. Lampe: – Mówiłem wspinaczom, że powinni sikać co najmniej cztery razy dziennie i obserwować kolor. Mocz nie może być ciemnożółty, alc jasny, jak najjaśniejszy.

Z uwag drobniejszych: nos często będzie zapchany, wtedy człowiek oddycha zimnym i suchym powietrzem przez usta, może się przyplątać zapalenie gardła; niedotlenione jelita nie strawią całego pożywienia, bądźcie przygotowani na biegunki; trudno wam będzie zasnąć; niskie ciśnienie przyspiesza metabolizm, schudniecie w oczach; już na wysokości 4 tysięcy metrów gorzej się słyszy i widzi, zdarzają się zaparcia.

10 sierpnia uczestnicy wyprawy jadą ciężarówką i nysą do Lomosongu, oddalonego o 85 kilometrów od stolicy Nepalu. Dwa dni później rusza stamtąd karawana pod Lhotse ⇨

Baza Polaków pod Lhotse. Obok rozłożyli się Niemcy

A! Trzeba pamiętać o strefach wysokości: całkowitej aklimatyzacji – do 7 tysięcy metrów, adaptacji – od 7 do 7,8 tysiąca metrów. Powyżej 7,8 tysiąca metrów zaczyna się strefa śmierci. Przeciętny człowiek może tam przetrwać nie dłużej niż trzy dni.

Na choroby wywołane wysokością nie ma lekarstwa ani szczepionki uodparniającej.

Lekarze spierają się: kawa w górach pomaga czy szkodzi? (dzisiaj wiadomo, że pomaga – zwiększa częstotliwość i głębokość oddechów, zapobiega obrzękom płuc), odmrożone palce amputować od razu czy czekać? (teraz wiemy, że można o nie powalczyć).

Żeby nie było tak ponuro, medycy przypominają cechy idealnego alpinisty z podręcznika do turystyki z 1796 roku Baltazara Hacqueta: Powinien być niski i krępy, bo u wysokiego długie kości łatwiej się łamią. Niski człowiek potrzebuje też mniej jedzenia i lepiej utrzymuje ciepło. Ma być także kawalerem, żeby nie myślał o żonie i swoją nieobecnością w domu nie narażał kobiety na pokusy.

Zabawna sprawa z tą pokusą – dodają lekarze. – Na dużej wysokości trudno o erekcję.

PODRÓŻE SŁAWNYCH WOJAŻERÓW

Indie robią na Kukuczce złe wrażenie. Bombaj kolorowy, tętni życiem, buzuje, huczy, dusi spalinami. Jest brudny! Jak żyć w takim potwornym brudzie? Hotel po dwa dolary za dobę, pokoje to klitki z pryczami, roje karaluchów, po podłodze biegają szczury. Pora monsunu, ciągle pada. Jest upalnie i wilgotno. Sauna, z której nie można wyjść. „Leżę na lepkiej od brudu pryczy, w jakimś półśnie, szarpany ciągłym dudnieniem po parapecie. Zaczyna mnie nurtować niedobra myśl: To tak wyglądają wielkie podróże sławnych wojażerów?".

Zanim staną pod Lhotse, czeka ich długa jazda pociągiem do Patny, a stamtąd lot do Katmandu. Za oknami pociągu przesuwają się obrazy wiosek skąpanych w monsunowym deszczu, a na

Jerzy Kukuczka w bazie pod Lhotse, 1979 rok

kolejnych stacjach ludzie: młoda, piękna dziewczyna z dzieckiem na plecach błaga podróżnych o wsparcie, jakaś rodzina rozkłada na peronie cały swój dobytek, kobiety ubrane w schludne sari, a dzieci nagie, raczkują między spieszącymi się na pociąg ludźmi, mąż święty w przepasce biodrowej medytuje w tłumie, kikut ręki proszący o kilka rupii...

Uwaga, pasażerowie, za chwilę Patna. Stąd już tylko godzina lotu do Katmandu.

Adam Bilczewski tak wspomina stolicę Nepalu: „Miasto pełne uroku, o niespotykanej szalenie oryginalnej architekturze. W centrum starówki Durbar Square, wypełniony świątyniami o ornamentyce charakterystycznej tylko dla tego regionu. Drewniane odrzwia, okna i wsporniki dachów, nie tylko świątyń, ale też domów, są przepięknie rzeźbione. Na wzgórzu za miastem widać świątynię Swajanbu. Legenda głosi, że powstała wtedy, gdy formowała się Ziemia. Na pewno jedna z najstarszych w Nepalu, drugi lub trzeci wiek przed naszą erą. Z czworokątnej wieży wybudowanej na stupie patrzą w cztery strony świata wszystkowidzące oczy Buddy. Wśród ludzi poruszają się beztrosko małpy, uznawane tutaj za zwierzęta święte. Włażą do ołtarzy, pętają się pod nogami, obsiadają dachy, bacznie obserwując, gdzie pobożna ręka sypie ryż ofiarny. A Budda patrzy z dobrotliwym uśmiechem na małpie figle i nie ma nic przeciwko podkradaniu darów".

10 sierpnia uczestnicy wyprawy jadą ciężarówką i nysą do Lomosongu, oddalonego o 85 kilometrów od stolicy Nepalu. Dwa dni później rusza stamtąd karawana pod Lhotse. Imponująca, złożona aż ze 180 tragarzy. Idą powoli, w deszczu. Pierwsza niespodzianka – pijawki. Wpełzają pod ubrania, atakują nogi, spadają z drzew na głowy. Napojone krwią odpadają. Wstrzykują substancję znieczulającą i heparynę, z ranki leje się krew, której nie daje się zatamować. Trudno pijawkę odczepić, bo zachowuje się jak guma. Można oderwać ją od ciała końcówką noża, posypać solą, polać spirytusem albo zostawić w spokoju. Niestety, jednemu z tragarzy wciska się do gardła i niemal go dusi. Lekarz musi mu ją usunąć pęsetą.

Nie można się nawet spokojnie wypróżnić. Jeden z chłopaków przysiada w trawie i wraca z dwiema pijawkami na pupie. Sam nie da rady ich usunąć. Doprawdy, ale zabawne!

Przez pijawki uczestnicy wyprawy zapominają o innych przestrogach lekarzy. Nie wolno jeść surowych warzyw i owoców, bo ameba. Tylko Tadeusz Kozubek wszystko gotuje, parzy, oblewa wrzątkiem. Weźmy ananasa. Najpierw wrzuca go do gotującej się wody, potem obiera ze skóry, miąższ znów sparza wrzątkiem i na końcu zalewa spirytusem. Szkoda tego spirytusu. Gdy Kozubek nie widzi, ktoś wypija jego „amebówkę". Po kilku dniach i tak prawie cała karawana ma biegunkę.

Problemy z tragarzami. Chcą więcej pieniędzy, strajkują. Kierownik wyprawy ustawia ich w kolejkę, a w zeszycie wypisuje ich nazwiska – w pierwszej rubryce notuje rupie wypłacone w Lomosongu, w drugiej kolejną transzę. Niektórzy tragarze biorą pieniądze i odchodzą. Trzeba w ich miejsce nająć kolejnych. Jest ich za mało, bagaż trzeba rozłożyć na obecnych, postoje podczas kolejnych etapów wędrówki muszą być częstsze.

Ignacy Walenty Nendza: – Mieliśmy do przejścia około 480 kilometrów, szliśmy 23 dni. Ale pokonaliśmy po drodze kilka przełęczy pięciotysięcznych, więc jak doszliśmy do bazy, byliśmy już zaaklimatyzowani. Dwa dni zajęły nam działania w bazie, a już trzeciego ruszyła pierwsza grupa do zakładania obozu na stoku Lhotse. Bilczewski, który był kierownikiem, stosował wzór z wypraw angielskich. Organizacja wojskowa, każdy miał przydzielony numerek według ważności. W każdej grupie rządził zawsze ten, kto miał wyższy numer. Kukuczka dostał dziewiątkę, ja czternastkę. Ale góra szybko tę hierarchię zweryfikowała. Dwójka nawet nie doszła do bazy, a niższe numery wlazły na szczyt.

BUTLA OBNIŻA SZCZYT

Obok Polaków bazę mają Niemcy. Atakują Mt. Everest, kieruje nimi Gerhard Schmatz. Na obydwie góry, aż do Przełęczy

Jerzy Kukuczka (z lewej) i Andrzej „Zyga" Heinrich podczas wspinaczki na Lhotse

Południowej na wysokości 7400 metrów, prowadzi ta sama droga. Niemcy założyli już obóz pierwszy. Trzeba się z nimi ułożyć. Umowa jest następująca: Polacy mogą korzystać z ich poręczówek, ale muszą zadbać o utrzymanie drogi do obozu. Powyżej „jedynki" każdy radzi już sobie sam.

Kukuczka kombinuje – może udałoby się wejść na Lhotse, a potem przyłączyć się do Niemców i zdobyć od razu najwyższą górę świata? Dwa ośmiotysięczniki podczas jednej wyprawy. To byłoby coś!

W niemieckiej bazie jest Ray Genet. Kukuczka zna go z wyprawy na Alaskę. Niestety, stara znajomość nie ma znaczenia. O dołączeniu do Niemców nie ma mowy!

Polacy wspinają się błyskawicznie. 6 września, trzy dni po założeniu bazy, Heinrich, Baranek, Nesheim, Skorek, Czok i Kukuczka zakładają pierwszy obóz na wysokości 6050 metrów. Cztery dni później są już w obozie drugim, 500 metrów wyżej. Tydzień później meldują o kolejnym obozie na 7200 metrach, a ostatni, czwarty, 600 metrów wyżej zakładają 24 września. Wszystko gotowe, można atakować szczyt. Trzeba tylko poczekać w bazie na poprawę pogody.

Oczekiwania są ogromne. W 1974 roku Andrzej Zawada organizuje narodową wyprawę na Lhotse. Chcą jako pierwsi na świecie zdobyć ośmiotysięcznik zimą. Pod koniec października zakładają bazę na lodowcu Khumbu. Do 11 listopada wszystko idzie dobrze. „Trzy obozy w ciągu 12 dni, świetne tempo" – pisze Zawada w raporcie. Potem pogoda się zmienia. Spada temperatura, zaczynają się zimowe wichury. Himalaistom nie udaje się założyć czwartego obozu. „Byliśmy zmęczeni wiatrem, zesztywniali z zimna" – pisze Zawada.

Dochodzi do tragedii. Stanisław Latałło, operator filmowy, umiera z wyczerpania. Podobno jego ciało, przypięte do liny poręczowej, w godzinę zamienia się w bryłę lodu. Pogrzeb może się odbyć dopiero wtedy, gdy pogoda pozwala kolegom wejść w ścianę i podejść do zwłok.

W pierwszy dzień świąt Andrzejowi Heinrichowi i Andrzejowi Zawadzie udaje się dotrzeć na wysokość 8 tysięcy metrów. Zawada szczęśliwy. Nadają do bazy komunikat, że po raz pierwszy w historii człowiekowi udało się osiągnąć zimą taką wysokość. Już widzą

Lhotse, Jerzy Kukuczka w obozie trzecim na wysokości 7200 m n.p.m.

Jerzy Kukuczka i Andrzej Czok (na drugim planie) podczas zejścia z Lhotse. Weszli tam bez tlenu

grań szczytową Lhotse, jeszcze jakieś 260 metrów. Ale zrywa się huragan, który zmusza ich do odwrotu. Gdyby zdobyli Lhotse zimą, zapisaliby się w historii na trwałe.

Ślązacy muszą przynajmniej zdobyć szczyt, żeby się nie skompromitować. Kukuczka, Skorek i Czok proponują Bilczewskiemu, żeby nie powtarzać drogi już raz wytyczonej, tylko zrobić direttissimę zachodniej ściany. Bilczewski się nie zgadza. Mówi, że to pchanie się na siłę w trudności. Za duże ryzyko.

Jeszcze w Katowicach Andrzej Czok mówi kolegom, że samo wejście na Lhotse to za mało. Będzie próbował zdobyć górę bez tlenu. Naukowcy obliczyli, że himalaista, który korzysta z butli, „obniża" sobie szczyt nawet o 2 tysiące metrów. Czok nie chce iść na łatwiznę, zwłaszcza że wszyscy podziwiają Reinholda Messnera, który zdobywa Mt. Everest bez wspomagania tlenem.

Jego przetłumaczona relacja kopiowana na powielaczach krąży wśród polskich wspinaczy. Są zachwyceni zdaniami: „Gdy śpisz na wysokości 8000 metrów, nie możesz oczekiwać, że nazajutrz będziesz tym samym człowiekiem" albo: „Guzdranie się to nieszczęście, podobnie jak marnowanie sił, bo zawsze trzeba zachować zapas, na wszelki wypadek".

Wyczytują każdy fragment o wspinaniu bez butli: „Co kilka kroków regularnie wspieraliśmy się na czekanach i tak, szeroko otwierając usta i chwytając powietrze, odciążaliśmy górną część tułowia, aby pozostały sprawne każdy nerw i mięsień. A jednak miałem wrażenie, że się rozpadam. Nieco wyżej odczułem potrzebę położenia się, żeby móc dłużej oddychać".

Dyskutują o jego deklaracji „alpinizmu wyrzeczeń". Messner wzywa, by w dobie prymatu techniki i lotów na Księżyc przynajmniej w górach odrzucić wszelkie nowinki, które ułatwiają wspinaczkę, wrócić do doświadczeń pionierów, którzy zdobywali góry w sposób „czysty", bez asekuracji, wspomagania się tlenem. Proponuje, by liczyć na własną zręczność, instynkt, odporność na cierpienia.

Jerzy Kukuczka w ścianie Lhotse ⇨

4 października 1979 roku, Jerzy Kukuczka na szczycie Lhotse (8516 m n.p.m.). To jego pierwszy ośmiotysięcznik

Czok uważa, że to uczciwe podejście. Kukuczka myśli podobnie, przyłącza się Skorek. Ostateczną decyzję mają podjąć w dniu ataku, w zależności od samopoczucia.

Wieczorem 3 października Heinrich, Skorek, Czok i Kukuczka siedzą w czwartym obozie. O świcie mają ruszyć do góry. Czok bawi się tlenem. Ustawiają ze Skorkiem przepływ na dwa litry na minutę. Przykładają wężyk do ucha, nosa i sprawdzają, jaka jest różnica przy oddychaniu. Śmieją się, że nie ma żadnej. Do ujścia rurki przykładają ogień, omal nie wywołują pożaru, muszą przewietrzyć namiot, bo śmierdzi spalonym plastikiem. Żartują, że dobrze jest mieć gęstą brodę, bo pochłania parę wodną, która skrapla się pod tlenową maską.

Rano Czok czuje się świetnie, już wie, że nie zabierze ze sobą tlenu. A inni?

Skorek i Heinrich postanawiają, że nie będą ryzykować. Kukuczka się waha, ostatecznie pakuje butlę do plecaka. Po godzinie już wie, że nie musi korzystać ze wspomagania, zostawia butlę w śniegu.

Czok zaczyna się martwić. – Jeśli to potrwa kilkanaście godzin, nie wiem, czy wytrzymam. Czuję, że mi wymarzają palce u nóg, zaczynam tracić czucie. Zimne drewienko – mówi. Kukuczka go nie słucha, idzie do przodu.

Wiatr coraz silniejszy, dla Czoka to „orgia wichury". Wspiera się czekanem, potem idzie na kolanach. – Cholera, na górze ten wiatr nas zakatuje – krzyczy. Nikt go nie słyszy.

Skorek i Heinrich już są na szczycie, dołącza do nich Czok. – Halo, baza – melduje przez krótkofalówkę. – Jestem na szczycie, bardzo się cieszę, że bez aparatury tlenowej, że nam to wyszło, że się udało, pomimo tego piekielnego wiatru. Gdy kończy, na wierzchołek wdrapuje się Kukuczka. Z plecaka wyciąga proporczyk Harcerskiego Klubu Taternickiego i zostawia na szczycie swojego pierwszego ośmiotysięcznika.

Co za widok! Czok wspomina: „Nad Everestem dymiąca chorągiew śniegu, widać Makalu i Kanczendzongę. Niżej, na południowym zachodzie wznosi się Pumori i lodowe ściany Czo Oju".

W bazie radość. Tadeusz Kozubek prosi wszystkich zebranych o spokój, a tych na szczycie o uwagę. Zamiast przemówić, puszcza Mazurka Dąbrowskiego. Pewnie Kukuczka z Czokiem chcieliby słuchać hymnu na baczność, ale wiatr z boku, z góry, z dołu...

Nendza siedzi wtedy w bazie, ma zapalenie żyły. Dobrze pamięta, że po hymnie radiotelegrafista powiedział jeszcze do Kukuczki: – A teraz możecie sobie wybrać inną melodię.

– Puśćcie „Masz takie oczy zielone" Ewy Demarczyk – prosi Kukuczka.

Nendza: – Wysłuchali tej piosenki na Lhotse, dopiero potem zeszli.

DZIĘKUJĘ CI, MARYSIU

Butle pełne tlenu zostawione przez Czoka i Kukuczkę w najwyżej położonym obozie to szansa dla innych uczestników wyprawy. 9 października drugi atak. Bilczewski, Baranek, Cholewa, Czarnecki i Niklas próbują wejść na szczyt.

Czarnecki zostaje z tyłu. Niklas ma awarię zaworu butli, ale decyduje się iść dalej. Wchodzi na Lhotse z Cholewą, Bilczewskim i Barankiem. A co z Czarneckim? W sprawozdaniu z wyprawy sucha adnotacja, że na wysokości 8350 metrów zgubił tlen i wrócił do obozu.

Nendza pamięta inaczej: – Czarnecki został z tyłu. Gdy chłopaki schodzili ze szczytu, dochodził dopiero do żlebu, który prowadzi do grani. Stamtąd jest jeszcze spory kawałek drogi na szczyt. Bilczewski poprosił Leszka, żeby zawrócił do obozu. Czarnecki nie chciał posłuchać.

– Leszek, ja ci zakazuję. Jest już godzina 14. Nawet jeśli dojdziesz na Lhotse, już nie wrócisz – powiedział Bilczewski. Dopiero wtedy Leszek zrobił w tył zwrot i zlazł do namiotu. Kierownik dobrze postąpił, bo widział, że Czarnecki czuł się coraz gorzej. Z obozu czwartego do trójki ledwo szedł, był coraz słabszy. Do dwójki trzeba go było niemal znosić.

Nendza pakuje do plecaka termosy i mimo opuchniętej nogi pędzi na pomoc koledze. Wlewa w Leszka gorącą herbatę. Czarnecki wdzięczny. – Dziękuję ci, Marysiu – szepcze.

– Zaciągnąłem go do namiotu, przebrałem, położyłem w śpiworze. Przez cały czas nazywał mnie Marysią. Już coś złego działo się z mózgiem.

W trzy dni doszedł do siebie i skoczył do Bilczewskiego: – Bilczu, kurwa, pozbawiłeś mnie możliwości wyjścia na szczyt!

– Leszek, nie pierdol. Gdyby nie Bilczu, to ciebie nie byłoby wśród żywych. Już byś z aniołkami obcował – studzi go Nendza.

Historię opowiada po to, żeby uświadomić wszystkim, jak może być w górach. Ludzie zapominają, gdzie są. Jedni są w euforii, inni agresywni. Wszystko w mózgu, nie da się przewidzieć zachowania.

W niemieckiej wyprawie żałoba. Na szczycie Everestu staje osiem osób, wszyscy z butlami tlenowymi. Hannelore Schmatz, żona kierownika wyprawy, Ray Genet i dwóch Szerpów wchodzą wolniej niż pozostali. W drodze powrotnej kończy im się tlen. To tak, jakby kogoś przenieść nagle z wysokości 6 tysięcy na 8 tysięcy metrów. Organizm nie ma prawa tego wytrzymać, zwłaszcza w strefie śmierci. Genet dostaje ataku szału, wyrzuca plecak, chce się rozbierać, przytrzymuje go jeden z Szerpów, Ang. Błaga, by jak najszybciej schodzić, ale Genet nie słucha. Leniwie zaczyna wykopywać w śniegu jamę, zamierza w niej zostać na noc.

Szerpa próbuje uratować Hannelore, ale ona nie ma siły, chce zostać z Genetem. Ang schodzi do obozu po pomoc, z dwójką himalaistów zostawia 20-letniego Sundare.

Nendza: – Schmatz zaczął rozpaczać, powiedział przez radio, że kto sprowadzi jego żonę, dostanie 20 tysięcy marek. Szerpowie lecieli w górę na wyścigi.

Na pomoc jest za późno. Genet umiera w nocy. Hannelore rano zbiera resztki sił i próbuje schodzić z Sundare. Chłopak opowie potem, że po stu metrach usiadła i powiedziała cichutko: „Dajcie mi pić, bo umieram". Już nie wstała. Nikt do niej już nie doszedł.

Bilczewski w książce „Lhotse" pisze, że w akcji ratunkowej brali udział Polacy, a nasz lekarz miał ratować młodego Szerpę.

Zdaniem Kukuczki to konfabulacja. „Wiadomość o tragedii dotarła do nas, kiedy już było po wszystkim".

Nendza jest pewien: – Pierwsi, którzy spotkali Hannelore, to byli Krzysztof Wielicki i Leszek Cichy, gdy rok później zdobywali Everest zimą. Zdjęli z jej szyi aparat fotograficzny, łańcuszek i przesłali do Gerharda Schmatza.

MIĘDZY CZOSNKIEM I CEBULĄ

Polacy świętują zdobycie Lhotse. Bilczewski pisze w sprawozdaniu: „Cały zespół zasłużył na najwyższe uznanie, doprowadzając do wielkiego sukcesu ekspedycji". Ślązacy są czwartym zespołem na świecie, który zdobywa tę górę, na szczycie staje aż osiem osób, w tym trzy bez tlenu. Doskonały styl, bez żadnych problemów i bez korzystania z pomocy Szerpów.

Wszyscy zbierają się w głównym namiocie bazy. Jeszcze w Polsce Leszek Czarnecki włożył butelki z alkoholem do beczek. Ułożył je między czosnkiem i cebulą, żeby się nie potłukły. Chce zrobić wszystkim niespodziankę, ale w beczkach pusto. Ech, ci tragarze...

Zachodnia ściana Lhotse

Nendza: – Byliśmy pierwszą przymusową abstynencką wyprawą polską. Na szczęście przed wyjazdem z Polski Kukuczka dostał od doktora Michała Glińskiego butelkę koniaku. Jak zdobędziecie Lhotse, postaw chłopakom, powiedział. Jurek przyznał się, że parę razy go skręcało, żeby napić się wcześniej, ale wytrzymał. Starczyło dla każdego po łyczku, a ja nawet fraszkę ułożyłem: „W tej butelce, co z Jurkiem pół światu zjechała, wcale nie było koniaku, lecz serce Michała".

Przy koniaku wspominają wyprawę narodową z 1974 roku. Żartują z yeti, bo uczestnicy wyprawy wrócili z niesamowitą opowieścią.

Do bazy Polaków przypętał się kundel. Nazwali go Balu, karmili najlepszymi specjałami: szynką z puszki, golonkami, kiełbaskami. Pies przywiązał się do nowego „stada". Stał się członkiem wyprawy. Szerpowie wołali go w żartach Balu Sahib, czyli Pan Balu. Pewnej nocy Balu zaczął ujadać. Nigdy się tak nie zachowywał. Zaprowadził uczestników wyprawy na pobliskie lawinisko. Zobaczyli tam dziwne ślady. Odcisk wielkiej łapy, dłuższej niż trzon czekana. Yeti!

Sensacja o odkryciu śladów legendarnej w Himalajach istoty przykrywa informację o porażce wyprawy. Wszyscy pytają o yeti.

Teraz, w namiocie mesie śląskiej wyprawy Lhotse 1979 wszyscy się śmieją z tej historii. Nendza w dobrym nastroju, układa fraszkę: „Gdy w górach nie dajesz rady, pilnie potrzebne yetiego ślady".

Tylko Kukuczka markotny. Wejście na Lhotse drogą pierwszych zdobywców to jednak dla niego za mało. Pisze: „Tkwi we mnie coś takiego, co sprawia, że nie interesuje mnie gra o małe stawki. Dla mnie liczy się jedynie »naj«. Tylko to mnie bierze naprawdę".

A o używaniu tlenu tak: „Nie powinno się go stosować. To znaczy niech nie używa go ten, kto może sobie na to pozwolić. Kogo na to nie stać, niech bierze butlę albo niech nie wspina się w Himalajach. Nie wszyscy muszą to robić".

20 lat później Reinhold Messner przyznaje, że coś widział w jednej z himalajskich dolin: „Kiedy kroczyłem wśród popielatych krzewów jałowca, usłyszałem nagle niezwykły odgłos, gwizd przypominający ostrzegawcze wołanie giemz. Obejrzałem się i kątem oka uchwyciłem zarys dwunogiego stworzenia umykającego

na skraj polany, gdzie gęstwina kosodrzewiny porastała początek stromego zbocza. Stwór gnał przed siebie bezgłośnie, wychylony do przodu, znikł za drzewem, pojawił się ponownie jako coś olbrzymiego, ze światłem księżyca za plecami, zwracając głowę w moja stronę i trwając tak przez chwilę. Ponownie usłyszałem to gniewne prychanie, przypominające raczej gwizd, i przez mgnienie oka patrzyłem na jego twarz: widziałem oczy i zęby, niemal nie dostrzegając kształtów ani barwy. Twarz była tylko szarym cieniem, korpus jedynie czarnym zarysem, postać wznosiła się groźnie przede mną. Była całkowicie owłosiona, stała na dwóch krótkich nogach, a silne ramiona zwisały niemal do kolan. Oceniłem jej wzrost na ponad dwa metry. Ciało wydawało się znacznie cięższe od człowieka o porównywalnym wzroście, biegło jednak z taką lekkością i siłą w kierunku skraju kosodrzewiny, że odczułem tyleż lęku, co ulgi. W głębi, za drzewami, stwór znowu się zatrzymał. Jakby chciał zaczerpnąć oddechu. I już nie odwracając się, trwał tak w bezruchu w jasną, księżycową noc. Stał i nawet nie odwrócił łba. Byłem zbyt oszołomiony, aby sięgnąć do plecaka po lornetkę".

Messner latami pyta miejscowych o istotę, którą zobaczył, ale słyszy tylko legendy. Rozmawia także z dalajlamą. O dzikich zwierzętach w Tybecie: takin, dziki osioł, dzika owca i... chemong. Niedźwiedź, a jednocześnie nie tylko niedźwiedź.

Przytacza tę rozmowę w książce o yeti:

– Czyż chemong nie przypomina grizzly? – pyta dalajlama.

– Tak, wygląda podobnie – odpowiada Messner.

– I uprowadza kobiety?

– Tak mówią.

– Ależ to mieści się w legendzie o yeti – zauważa dalajlama.

– Owszem.

– Migiő, chemo i yeti oznaczają być może to samo? – domyślał się dalajlama.

– Nie tylko domyślam się tego, ale jestem pewny – odpowiada Messner i obydwaj kładą palce na swoich ustach, jakby należało dochować tajemnicy wobec innych.

ROZDZIAŁ 6

ZIMA

Kukuczka nie zdobędzie Mount Everestu zimą, choć Andrzej Zawada zaprasza. Zawada, pseudonim „Lider”! Legenda polskiego alpinizmu. W 1959 roku kierownik wyprawy, która zimą przeszła całą główną grań Tatr; człowiek, który powtórzył drogę Bonattiego i Gobbiego na Wielkim Filarze Narożnym Mont Blanc, pierwszy zdobywca szczytów w Karakorum i Hindukuszu, dzwoni do Kukuczki na początku grudnia 1980 roku. Mówi o pierwszym w historii wejściu zimowym na Everest. Wielka sprawa, silny zespół: Leszek Cichy, Krzysztof Cielecki, Walenty Fiut, Aleksander Lwow, Maciej Pawlikowski, Marian Piekutowski, Ryszard Szafirski, Krzysztof Wielicki...

Kukuczka bardzo chce jechać, ale wie, że nie powinien. Dopiero wrócił z Lhotse, Celina ma na dniach rodzić. Z drugiej strony to przecież Everest! Taka okazja może się długo nie zdarzyć. Co robić?

Zawada mówi o nowych wyzwaniach. Messner wchodzi na szczyty bez tlenu, wszystkie najwyższe góry zostały już zdobyte, ale nikt dotąd nie zdobywał ośmiotysięczników zimą. To nasza polska odpowiedź. Nowe wyzwanie. Polacy mogą otworzyć nowe horyzonty przed światowym alpinizmem. Zdobyte latem szczyty znów staną się dziewicze dla wypraw zimowych. To pomysł Zawady i chce mieć przy sobie najlepszych.

⇦ Istebna, 1980 rok. Jerzy Kukuczka z synem Maćkiem

Kukuczka się łamie, ale przecież musi być przy Celinie, kilka lat temu już stracili dziecko, córeczkę. Długo nie udawało im się zajść w ciążę. Teraz ma być chłopak. Nie może jechać.

Zawada mówi o wyprawie wiosennej. Jeśli uda się wejście zimowe, zostawi w bazie cały sprzęt i dwóch ludzi, wróci wiosną, żeby zdobyć górę nową drogą – filarem południowym.

– Wiosną możesz na mnie liczyć – oświadcza Kukuczka.

Zawada: – Ale jak zimą wejść się nie uda, wiosenna wyprawa może nie dojść do skutku...

Kukuczka: – Teraz na pewno nie pojadę.

MUSI PAN W TE GÓRY JEŹDZIĆ?

Celina Kukuczka: – Nasz Maciek urodził się w sylwestra o godzinie 10 rano. Jerzy był w szpitalu, czekał na korytarzu. Maćka zobaczył przez szybę w drzwiach, był bardzo szczęśliwy. Balowali z moją siostrą przez całą noc.

Jurek pomaga żonie zajmować się synkiem, ale w Emagu, gdzie pracuje, już próbuje załatwić urlop sportowy na wiosenną wyprawę. Dyrektor niezadowolony. – Musi pan tak bez przerwy w te góry jeździć? – pyta. – Nawet ja mam tylko dwutygodniowe wczasy, a pana nie ma czasem dwa, trzy miesiące.

Podpisuje podanie o urlop, ale niechętnie.

Kukuczka trzyma kciuki za zimową wyprawę. Śledzi informacje, które niemal każdego dnia docierają do Klubu Wysokogórskiego w Katowicach:

4 stycznia wszyscy są już pod Everestem, budują bazę – 18 namiotów, jest nawet prowizoryczna łazienka, w której można brać prysznic, dwa 20-metrowe maszty antenowe, najlepsza łączność w historii himalajskich wypraw, trzy radiostacje, osiem radiotelefonów, generator prądu na benzynę, akumulatory, zasilacze.

8 stycznia, gotowy obóz pierwszy, a już następnego dnia – drugi, na wysokości 6500 metrów.

15 stycznia – trzeci obóz w ścianie Lhotse na wysokości 7150 metrów. 11 dni i założone trzy obozy. Fantastycznie!

Fotografia grupowa w bazie pod Everestem. W pierwszym rzędzie od lewej: dowodzący Szerpami Pemba Norbu, Jerzy Kukuczka, kierownik wyprawy Andrzej Zawada, radiotelegrafista Konstanty Chitulescu, Janusz Kuliś, Eugeniusz Chrobak. W drugim rzędzie od lewej: Ryszard Gajewski, Krzysztof Cielecki, Lech Korniszewski, Andrzej „Zyga" Heinrich, Andrzej Czok i Wojciech Wróż. W trzecim rzędzie od lewej: Waldemar Kazimierz Olech, Marian Sajnog i Kazimierz Jacek Rusiecki

Załamanie pogody, na górze nieustająca wichura, wiatr spycha Krzysztofa Żurka z lodowej ściany, leci 20 metrów w dół, na szczęście lina wytrzymuje, haki też.

Nie da się nic zrobić, niemal miesiąc bezradności. Ludzie chorują, mają poodmrażane dłonie, stopy. Coraz mniej zdolnych do poprowadzenia ataku. Cholera!

11 lutego awantura. Krzysztof Wielicki i Walenty Fiut siedzą we dwójkę w jednoosobowym namiocie na Przełęczy Południowej, walczą z huraganem, muszą trzymać w rękach maszt, nie ma mowy o rozpaleniu maszynki, temperatura minus 40 stopni. Łączą się z bazą. Leszek Cichy apeluje do chłopaków, żeby atakowali szczyt. Ci na górze krzyczą, żeby się odwalił. Wielicki schodzi do obozu drugiego, mówi, że ma odmrożone nogi. Fiut od razu wraca do bazy, ma dosyć. Zawada myśli o przerwaniu wyprawy.

Zezwolenie na zdobycie Everestu zaraz traci ważność. Jeśli Polakom nie uda się wejść na szczyt do 15 lutego, mają zacząć likwidować obozy. Zawada prosi urzędników z ministerstwa turystyki Nepalu o przedłużenie terminu. Zgodzą się czy nie?

Jest zgoda, ale tylko na dwa kolejne dni.

17 lutego górę atakują Krzysztof Wielicki i Leszek Cichy. O 14.25 łączą się z bazą. – Zgadnijcie, gdzie jesteśmy? – pyta Cichy. – Gdyby to nie był Everest, nigdy byśmy tu nie weszli.

Sukces!

W Polsce wszyscy już wiedzą. Informację o pierwszym w historii zimowym wejściu na najwyższy szczyt ziemi podaje „Dziennik Telewizyjny" i wszystkie gazety. Do Polskiego Związku Alpinizmu nadchodzą listy gratulacyjne i telegramy. Papież Jan Paweł II pisze: „Cieszę się i gratuluję moim Rodakom, życzę dalszych sukcesów w tym wspaniałym sporcie, który tak bardzo ujawnia »królewskość« człowieka, jego zdolność poznawczą i wolę panowania nad światem stworzonym".

Z Nepalu do kraju wrócą bohaterowie.

Reinhold Messner przypomina, że sezon zimowy w Himalajach trwa tylko do 15 lutego. Polacy nie mieli prawa atakować szczytu po tym terminie. Czy można uznać to wejście?

Krzysztof Wielicki: – Byliśmy na niego wściekli. Nie wiedział, że przedłużono nam zgodę. Ale nawet gdyby tak się nie stało, to przecież zima na północnej półkuli nie kończy się 15 lutego, tylko 21 marca. I nikt, nawet Messner nie może tego zmienić.

Tyrolczyk planuje latem 1980 roku samotne wejście na Everest północną ścianą. Polacy chcą przyćmić jego ewentualny sukces. Wcześniej zamierzają wytyczyć nową, polską drogę na najwyższy szczyt świata. Zawada ma pełne poparcie Polskiego Związku Alpinizmu i władz. W bazie pod Everestem zostawia Andrzeja Heinricha i Waldemara Olecha, trzeba tylko dowieźć zapasy jedzenia, sprzętu i ludzi. Kukuczka i Andrzej Czok pakują plecaki i lecą do Katmandu.

OKULARY PRZYJMUJĘ, PIENIĘDZY NIE

W Nepalu problem. Zimą radiotelegrafista Bogdan Jankowski przekazuje informację o sukcesie wyprawy, pomijając miejscowe

⇦ Jerzy Kukuczka i Andrzej Czok gotowi do wspinaczki na Mt. Everest

W drodze z bazy do wyżej położonych obozów trzeba przejść przez Icefall. Masa lodu, która codziennie się zmienia, więc ciągle trzeba odtwarzać wcześniej wytyczone drogi, na których założono poręcze

ministerstwo turystyki. Nepalczycy obrażeni, teraz się odgrywają. Nie chcą wydać Polakom pozwolenia na wspinaczkę. Omijanie problemów to polska specjalność.

Kukuczka i Czok udają turystów. Na trekking nie trzeba mieć zezwolenia, a pod Everestem mnóstwo ludzi. Obok polskiej bazy namioty rozkładają Baskowie i Katalończycy. Nepalscy oficerowie nie panują nad wyprawami, nie zwracają uwagi na dwóch kolejnych wspinaczy.

Od 23 marca Kukuczka prowadzi dziennik, ale zapiski nieciekawe. Ciągłe wejścia i zejścia, z obozu drugiego do trzeciego, z czwartego do drugiego, z drugiego do bazy, z bazy do dwójki... Kto z kim i czym. O tym, że źle się czuje, że boli go głowa, ma stan podgorączkowy.

Ciekawiej o Baskach („częstują mnie różnymi łakociami"). Nie ma ochoty na pisanie, bo 31 marca o ratowaniu Szerpy zdawkowo: „Jeden z Szerpów wpadł do szczeliny lodowca, zaczyna się akcja, w której biorę czynny udział. W rezultacie w obozie drugim jesteśmy około godziny 23".

A powinien więcej, choćby tak: „W drodze z bazy do wyżej położonych obozów trzeba przejść przez Icefall. Masa lodu, która codziennie się zmienia, więc ciągle trzeba odtwarzać wcześniej wytyczone drogi, na których założono poręcze. Góry lodowe są w ciągłym ruchu, łamią się, walą, wyrastają na ich miejsce nowe. Jeden z Szerpów nie wie, że pod cienką warstwą śniegu otworzyła się lodowa szczelina. Spadł na głębokość około 20 metrów. Niedaleko od bazy, więc lekarz jest na miejscu, zjeżdża do Szerpy po linie, koledzy ich wyciągają. Ranny mężczyzna jest przytomny, choć całą głowę ma we krwi. Z bazy zabiera go helikopter".

Nieco więcej o wizycie trekkingowców w polskiej bazie. „Jeden z nich mówi po polsku i ma około 22 lat. Mając 13 lat, wyjechał razem z ojcem z Polski. Nazywa się Maciek Zajączkowski. Maciek ze swoim kolegą wyciągają mnie na Icefall. Niechętnie godzę się na ten spacer, chłopcy są uszczęśliwieni. Po powrocie Maciek daje mi okulary lodowcowe i 20 dolarów. Okulary przyjmuję, pieniędzy nie".

19 maja 1980 roku Jerzy Kukuczka staje na szczycie najwyższej góry świata (8848 m n.p.m.)

Andrzej Czok (drugi z lewej), Janusz Skorek (trzeci z lewej) i Jerzy Kukuczka na stokach Mt. Everestu

Drobne spostrzeżenia: „4 kwietnia – święta! Piekielnie zimno, minus 35 stopni", albo: „21 kwietnia [Ryszard] Gajewski wpada do jeziorka na Icefall. Tak solidnie się suszył, że oparzył sobie na słońcu plecy i dupę".

16 kwietnia znów zdawkowo: „Ze ściany Lhotse schodzi lawina, która zmiata czwarty obóz Katalończyków i zabija jednego z Szerpów". A przecież wszyscy zszokowani, gdy Katalończycy opowiadają o wypadku. Akurat schodzili z Lhotse. Jeden z Szerpów, szybszy, odskoczył od grupy. Zasypały go walące się masy śniegu, został tak zmasakrowany, że po 34 godzinach zmarł. Reszta o włos unika śmierci, a Polacy przypominają, że dokładnie w tym samym miejscu rozbili obóz rok temu, w czasie śląskiej wyprawy na Lhotse.

W pamiętniku ani słowa o zakładaniu ostatniego obozu, piątego. Skała zagradzająca drogę do szczytu ma jakieś 200 metrów. Kukuczka opowie potem: „To najtrudniejszy odcinek, jaki kiedykolwiek pokonywałem w Himalajach. Zrobienie go na tej wysokości kosztowało mnie tak dużo siły, że w pewnym momencie z wysiłku po prostu zlałem się w spodnie".

Ani o zebraniu w bazie, gdy Czok deklaruje: – Idziemy z Jurkiem na szczyt, bez tlenu.

Pozostali uczestnicy odradzają. – Odpada, bez tlenu nie macie szans, poniesiecie porażkę, a z wami cała wyprawa.

W namiocie doświadczeni alpiniści, wiele gwiazd. Eugeniusz Chrobak i Wojciech Wróż to zdobywcy Kanczendzongi, Andrzej „Zyga" Heinrich podobnie, a zdobył jeszcze Lhotse. Każdy może wejść na Everest. Kto zostanie wyznaczony? Padają nazwiska: – Powinni iść Wojtek Wróż i Gienek Chrobak albo Kazik Olech i „Zyga" Heinrich.

Kukuczka odważnie: – Powinienem iść z Andrzejem Czokiem, a za nami zespół pomocniczy, który zaatakuje górę, gdyby nam się nie udało.

Jerzy Kukuczka i Andrzej Czok zabierają z Everestu baskijską flagę z symbolami ETA (Baskowie wchodzą na szczyt wcześniej, drogą pierwszych zdobywców)

Pozostali nie chcą o tym słyszeć. Dlaczego Kukuczka z Czokiem? Lepsi od innych? Dyskusję przerywa Heinrich. Przypomina, że Kukuczka i Czok są najbardziej aktywni, najsilniejsi, wyprawa najwięcej im zawdzięcza. Powinni iść.

Co powie Andrzej Zawada? To on podejmuje decyzję. Przysłuchuje się dyskusji, a gdy w namiocie zapada cisza, mówi: – Uważam... Uważam, że jako pierwsi powinni pójść Kukuczka z Czokiem, a w drugim zespole Heinrich z Olechem, bo im się to należy.

ŚCIANA JAK ZIELONA ŚMIERĆ

Do najwyżej położonego obozu piątego dochodzą bez problemu. Wspinaczkę ułatwiają założone wcześniej liny poręczowe. W namiocie gadają o tlenie. Jeszcze w bazie koledzy proszą, żeby nie próbowali wchodzić na szczyt bez butli. Co z tego, że udało im się na Lhotse, ale tam jest łatwiej. Na Evereście dostęp do szczytu na ostatnich metrach zagradza bariera skalna, wysoka, niemal pionowa. Trudno ją pokonać bez wspomagania.

Kukuczka mówi, że sporo w tym racji. – Jak nie wejdziemy z powodu tego tlenu, nikt nam tego nie wybaczy – mówi. Czok macha ręką, ale trudno mu się z tym pogodzić.

Ważniejsza jest polska droga na Everest. Jest jeszcze inny argument. O filarze południowym myślał także Messner. Podobno wysłał na rekonesans Szerpów. Powiedzieli, że tędy nie pójdą, bo ściana pokryta jest lodem, jak zielona śmierć.

No to pójdą Polacy.

W notatniku Kukuczki zapis o zdobyciu szczytu można przeoczyć – drobny maczek w rogu strony: „19 maj – fatalny nocleg w zasypującym namiocie. Wstajemy o 1, wychodzimy o 5. Początkowo idzie się dobrze. Później hamuje nas śnieg. Na wierzchołku południowym o 12.40, na głównym o 16. Schodzimy o godzinie 16.50. Decyzja o likwidacji wyprawy".

Wiosna 1980 roku w bazie pod Everestem. Nadchodzi monsun, w górach zaczyna padać gęsty śnieg i robi się niebezpiecznie. Andrzej Zawada, kierownik wyprawy, podejmuje decyzję o jej zakończeniu. Na zdjęciu opuszczenie polskiej i nepalskiej flagi. Od lewej: Andrzej Czok, Jerzy Kukuczka, Andrzej Zawada i Konstanty Chitulescu ⇨

A przecież nie było tak łatwo. Muszą pokonać pola śnieżne, przykryte cienką warstwą lodu. Po kilku krokach skorupa się łamie i zaczyna się pływanie w sypkim śniegu. Potem wejście na pierwszą grań i 25-metrową ścianę o stopniu trudności porównywalnym z klasyczną drogą na tatrzańskiego Mnicha. Kukuczka dociera do jej krawędzi tak wyczerpany, że na półce skalnej się dusi. Odkręca zawór butli tlenowej na maksimum, po kilkunastu sekundach oddech zaczyna się wyrównywać. Na Wierzchołek Południowy docierają o godzinie 14. Koniec tlenu, rzucają butle w śnieg, są o 9 kilogramów lżejsi, ale do szczytu mają jeszcze około 170 metrów w pionie.

Muszą pokonać trudne, kilkudziesięciometrowe garby śnieżne. Każdy wydaje się wierzchołkiem, ale zawsze pokazuje się następny garb. W końcu szczyt. Kukuczka zostawia na Evereście czekan z biało-czerwoną i nepalską flagą, herb Katowic i proporzec gliwickiego Energopomiaru. Pamiątkowe zdjęcia, ale niewyraźne, bo migawki aparatów zacinają się na mrozie.

Kukuczka: „Meldunek, że już jesteśmy na szczycie, że pozdrawiamy, jakieś milion słów bez ładu i składu, bo przecież minęło 11 godzin od wymarszu, a głód tlenowy coraz bardziej dawał się we znaki". Zabierają z Everestu baskijską flagę z symbolami ETA (Baskowie wchodzą na szczyt wcześniej, drogą pierwszych zdobywców) i schodzą do obozu.

W obozie radość, tworzą się nieformalne zespoły, kto następny w kolejce do zdobycia Everestu? Zawada nieoczekiwanie: – To koniec wyprawy, zwijamy bazę.

Na pretensje jest głuchy. Nadszedł monsun, w górach zaczyna padać gęsty śnieg. Robi się niebezpiecznie. Pogoda szybko się psuje, członkowie wyprawy głośno przyznają, że Zawada ma rację, ale Kukuczka zauważa „ten pierwiastek zazdrości wobec mnie i Andrzeja Czoka. Takie rzeczy się czuje, nie potrzeba słów. Na naszej radości ciążyło to, że innym się nie udało".

Messner w wywiadach o swoim wejściu na najwyższą górę świata bez tlenu: – Gdy rozmawiałem z lekarzami i specjalistami, byli przeciwni. Silna choroba wysokościowa, krwotoki, uszkodzenia mózgu, nawet szaleństwo – nikt nie wiedział, czy ludzki organizm przeżyje na takiej wysokości, co się będzie z nim działo. Ani ja, ani mój partner Peter Habeler też nie wiedzieliśmy. Ale wchodzenie na Everest z tlenem nie było dla nas żadnym wyzwaniem.

W Polsce furorę robią zimowi zdobywcy Everestu. Odznaczeni medalami udzielają wywiadów, mają spotkania z publicznością w domach kultury, zakładach pracy. O Kukuczce i Czoku drobne wzmianki w gazetach.

Kukuczka po urlopie wraca do pracy. Nie wie, że czeka tam na niego wypowiedzenie. Ale pod bramę zakładu podjeżdża ekipa z telewizji. Chcą rozmawiać ze zdobywcą najwyższej góry świata. Gratulują dyrektorowi tak wybitnego pracownika. Pytają, jak go zamierza nagrodzić.

Dyrektor nie ma wyjścia, nie może go teraz wyrzucić. Przykleja uśmiech do twarzy i przed kamerami ściska Kukuczce dłoń.

Warszawa, 1980 rok. Pierwsi polscy zdobywcy Everestu na wspólnym zdjęciu: Jerzy Kukuczka, Krzysztof Wielicki, Wanda Rutkiewicz, Andrzej Czok i Leszek Cichy

ROZDZIAŁ 7

BIEDRONKA

W Głównym Komitecie Kultury Fizycznej i Sportu czytają list od zaniepokojonego obywatela: „Teraz, kiedy kraj jest w potrzebie, alpiniści robią sobie za społeczne pieniądze wycieczki do Nowej Zelandii. A przecież każdy wie, że taka wyprawa nie ma sensu, bo tam nawet nie ma gór".

Sytuacja w Polsce coraz bardziej napięta. Gospodarka ledwo dyszy. Gazety donoszą: „Kolejki, kolejki, kolejki. Po wszystko. Za chlebem, jarzynami, masłem, słodyczami, za alkoholem. Pusty sklep – nie warto wchodzić, bo wiadomo, że niczego w nim nie ma. Wszędzie zdenerwowani klienci – jedni czasem trwania zakupów, inni do znudzenia powtarzaną litanią: nie ma, nie przywieźli, nie wiadomo, kiedy będzie towar...".

Na Wybrzeżu wybuchają strajki, w sierpniu dochodzi do przewrotu w partii. Edward Gierek nie wytrzymuje napięcia. Z objawami zawału zostaje odwieziony do szpitala. Zbiera się Biuro Polityczne, towarzysze jednogłośnie decydują o odwołaniu Gierka z funkcji I sekretarza KC PZPR. Jego miejsce zajmuje Stanisław Kania, ale to niczego nie zmienia.

Z „Dziennika Zachodniego": „Z kiosków zniknęły ostatnio papierosy. Jeśli chodzi o oddziaływanie w sensie zdrowotnym na społeczeństwo – nie byłoby to jeszcze tak straszne. Wyparowały

⇦ Rok 1981. Wojciech Kurtyka, Jerzy Kukuczka i Alex McIntyre mają w sumie 2300 dolarów. Himalaiści z innych wypraw nie dowierzają. Za takie śmieszne pieniądze nie da się zdobyć żadnej góry. Ale Polacy i Anglik rozbijają bazę pod Makalu

jednak również i zapałki, zaś niektórzy kioskarze prowadzą, we własnym zakresie, ograniczenia sprzedaży tego ostatniego artykułu do jednego pudełka na głowę".

W tej polskiej beznadziei Ryszard Warecki marzy o górach Indonezji, Nowej Gwinei, Australii i Nowej Zelandii. O swoich planach mówi Kukuczce.

Czy Jurek byłby chętny pojechać? Jasne!

Kto jeszcze? Krzysztof Wielicki, Ryszard Pawłowski, Janusz Mikołajczyk, Ludwik Musioł, lekarz Marek Rudnicki, Stanisław Wyleżałek i Roman Trzeszewski, operator Polskiej Kroniki Filmowej. Wszyscy z Katowic.

Przez kilka miesięcy wiszą na kominach, żeby zdobyć pieniądze, Warecki zajmuje się logistyką i organizacją. Zdobywa tanie bilety na lot dookoła świata, ale wszyscy nie mogą lecieć jednym samolotem, nie ma miejsc. Muszą się podzielić. Zbiórka w Melbourne na początku grudnia. Stamtąd polecą na wyspy.

Rząd wprowadza kartki na mięso. Trzeba je zarejestrować w sklepie w miejscu zamieszkania lub w zakładzie pracy. Można wymieniać wędliny na mięso w proporcji jeden do jednego, ale nie wolno wymieniać mięsa na wędliny. Kto woli kotlet, może poświęcić szynkę na rzecz schabu lub cielęciny, ale nie odwrotnie. Na kartki jest też masło (pół kilograma miesięcznie dla osoby dorosłej), mąka (4 kilo miesięcznie), ryż i kasza (po 2,5 kilograma co miesiąc na głowę). Bez problemów można dostać ocet.

Urzędnicy GKKFiS czują dysonans. Wszystkiego brakuje, ludzie się burzą, a ci marzą o antypodach. Fanaberia. Skreślają wyprawę z kalendarza imprez. Bez zgody urzędu nikt nie wyda alpinistom paszportów.

Kukuczka wsiada w pociąg do Warszawy. Ma ze sobą albumy o Nowej Zelandii. Pokazuje urzędnikom, że na wyspie są góry. Strome, wysokie, o ośnieżonych wierzchołkach. Urzędnicy machają ręką, mają jednak ważniejsze rzeczy na głowach. Przybijają pieczątkę na podaniu o wyjazd.

ZDERZENIE Z POWSZECHNOŚCIĄ SEKSU

Podróż życia. Po drodze Bombaj, Bangkok, Singapur. Krzysztof Wielicki nie zapomni poczucia wolności, jakie towarzyszyło wyprawie. – Mieliśmy czas, bilety dookoła świata, czuliśmy się wspaniale – mówi. Oglądają miasta, dla przeciętnego obywatela Polski Ludowej niedostępne. Bangkok. – Dla mnie było to pierwsze zderzenie z powszechnością seksu, ogromną liczbą klubów, gdzie za drobne pieniądze można było sobie popatrzeć na dziewczyny – wspomina. – Tam seks był na ulicy, co dla nas stanowiło nowość. Jeździliśmy, owszem po różnych klubach, ale nie było nas stać na ekscesy. Mogliśmy tylko popatrzeć.

W Nowej Zelandii nikogo nie znają. Przeglądają książki adresowe w budkach telefonicznych i szukają polsko brzmiących nazwisk. Sporo ich.

Historia drugiej wojny światowej: 1 września 1939 roku Polskę atakuje Trzecia Rzesza, 17 dni później od wschodu wchodzą

Fragment pamiętnika Jerzego Kukuczki z wyprawy na Makalu

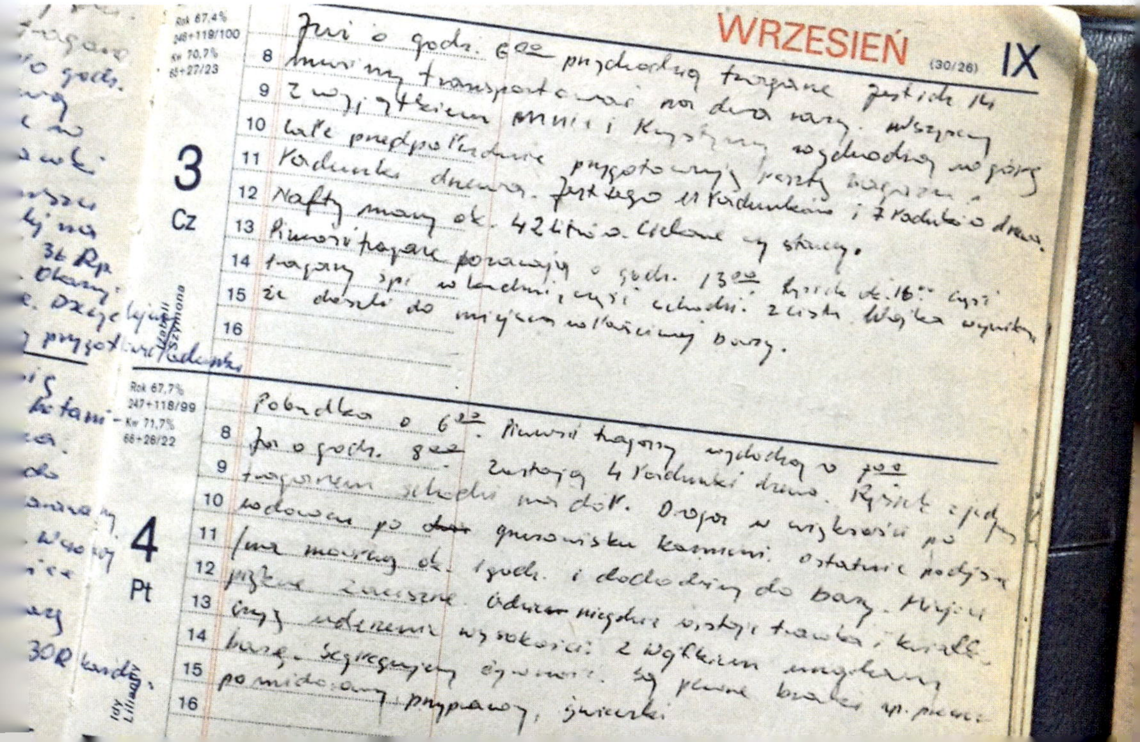

Rosjanie. Sowieci wywożą na Syberię całe rodziny. W 1941 roku polski rząd na uchodźstwie podpisuje ze Stalinem umowę o utworzeniu polskiej armii na terenie ZSRR, jednak Rosjanie nie potrafią wyżywić żołnierzy. Polska armia głoduje, w marcu 1942 roku jej dowódca generał Władysław Anders wyprowadza oddziały do Iranu, pod komendę brytyjską. Wraz z armią idzie prawie 40 tysięcy cywilów. Co z nimi? Peter Fraser, ówczesny premier Nowej Zelandii, zgadza się udzielić schronienia 733 polskim dzieciom. Teraz to już dorosłe osoby, chętnie pomagają alpinistom ze starego kraju.

W Polsce trwa karnawał „Solidarności". Wolne związki zawodowe wysuwają żądania polityczne, wybuchają strajki, może uda się skruszyć komunę? Polonusi z Nowej Zelandii uważnie śledzą sytuację, przybyszów z ojczyzny pytają o Lecha Wałęsę i o rosyjskie czołgi, które podobno czekają już na granicy, żeby zdławić polską rewoltę.

Trochę się dziwią, że alpiniści ze starego kraju grają w karty na pieniądze i nie bardzo orientują się w sytuacji. Dają im worek ziemniaków, marchew, piwo, morele, jabłka. Organizują loterie fantowe i przekazują pieniądze na pobyt. Błogosławią na drogę i życzą wytrwałości w walce przeciwko komunie.

– A my myśleliśmy tylko o górach i czekającej nas wspinaczce – mówi Wielicki.

APETYT NA ZDOBYWANIE

Muszą zmienić plany. Lato przełomu 1980 i 1981 roku jest gorące i suche. W lodowcach otwierają się wielkie szczeliny, które bronią dostępu do ścian.

Mount Cook to najwyższy szczyt Alp Południowych. Z kształtu podobny do piramidy. Niewysoki (3754 m n.p.m.), ale groźny. Pogoda gwałtownie się tu zmienia. Ważny szczegół: na jego zboczach wspinaczkę trenowali słynni himalaiści, w tym pszczelarz z Auckland sir Edmund Hillary, pierwszy zdobywca Everestu.

Z notatnika Kukuczki: „Zaatakowaliśmy szczyt z Ryśkiem Pawłowskim wschodnią granią. Wyszliśmy o 3 rano. Padał lekki deszcz. Gdy koło południa byliśmy blisko szczytu, deszcz zamienił się w śnieg, grad, w końcu z nieba leciały wielkie kule lodu. Rozpętała się niesamowita burza, a my z Ryśkiem ubrani jak na wyjście latem w Tatry: koszulka, sweter i anorak. Na szczęście wzięliśmy płachtę biwakową. Czekaliśmy pod nią 20 godzin na zmianę pogody. Rano zaczęliśmy się wspinać dalej. Przyleciał helikopter z ratownikami, którzy chcieli sprawdzić, czy żyjemy".

Polacy sygnalizują, że wszystko w porządku. Zmęczeni, ale idą na szczyt.

Warecki: – Podczas tej wyprawy można było zobaczyć, jaki apetyt na zdobywanie miał Jurek.

Atakują ścianę Malte Brun, z sukcesem. Wracają do bazy trudnym szlakiem. Są na lodowcu, gdy niebo ciemnieje. Na horyzoncie pojawia się wał czarnych chmur. Kończy im się żywność, mają tylko dwie zupy, trochę czosnku, konserwę. Muszą szybko poszukać schronienia. Kukuczka jakby nie widział niebezpieczeństwa. – Skoro już tu jesteśmy, można zdobyć jeszcze inną górę – mówi. Koledzy protestują, pokazują na chmury. Kukuczka: – Pogoda może się załamać, ale przecież nie musi, kwestii braku jedzenia nie można dramatyzować, w końcu silny, sprawny mężczyzna może spokojnie wytrzymać dobę bez posiłku.

Koledzy czują, że to niebezpieczne. Przy zmianie pogody mogą zostać w ścianie, ale Kukuczka upiera się, że ryzyko nie jest wielkie. Reszta mu ulega, nie chcą wyjść na tchórzy. Pokonują ścianę, schodzą we mgle, wracają do bazy nad ranem, na granicy wyczerpania. Wszyscy cali.

O tym wypadku Kukuczka nie wspomina. Trzeba pytać Wielickiego. – Z Jurkiem poszliśmy na Mount Hicks trudną, skalną drogą – wspomina. – Na przełęczy zastał nas zmierzch, rano rozpoczęliśmy zjazdy. Zjechaliśmy z Ryśkiem Pawłowskim i czekaliśmy na Jurka, a on poleciał ze stanowiskiem. Wyrwał blok, o który zaczepił linę. Usłyszeliśmy tylko łomot i zobaczyliśmy, że leci na dół. Po około 12 metrach wylądował plecami na półce skalnej. Nie spadł z niej w czeluść. Uratował go pewnie plecak, który

Baza wyprawy pod Makalu. Wojciech Kurtyka chce zdobywać szczyt w stylu alpejskim, bez zakładania stałych obozów pośrednich i wnoszenia do nich sprzętu. Ma dystans do dużych wypraw narodowych, które tygodniami oblegają góry

zamortyzował uderzenie. Zastaliśmy go jęczącego, najbardziej narzekał na ból stopy i ręki. Nie mogliśmy się połączyć z ratownikami, więc musieliśmy go opuszczać na linie. Sześć 70-metrowych zjazdów zajęło nam aż siedem godzin. Potem musieliśmy jeszcze przejść przez spękany lodowiec. Doszliśmy do schroniska i wezwaliśmy pomoc. Rano po Jurka przyleciał śmigłowiec.

Protokół badania lekarskiego z 1 lutego 1981 roku: „Jerzy Kukuczka, potrącony przez spadające kamienie, stracił przytomność i odpadł od ściany. Utrata przytomności bardzo krótka. Głowa na opukiwanie niebolesna, przy ucisku okolicy potylicznej pobolewanie. Krwiaka w tej okolicy nie stwierdzono. Źrenice równe, okrągłe, prawidłowo reagują na światło. Duży krwiak lewego ramienia z otarciem naskórka, upośledzający ruchomość tej kończyny. Po stronie bocznej prawego kolana stłuczenie, bolesność uciskowa lewej pięty, bez uszkodzenia ścięgna. Krwiak lewego pośladka, otarcie naskórka prawego podudzia".

Kukuczka do kolegów: – Ani słowa Celinie.

WSZYSTKO, CZEGO DUSZA ZAPRAGNIE

W domu na Kukuczkę czeka list od Wojciecha Kurtyki. Kto go nie zna? Doskonały alpinista, 30-latek z wielkimi wyczynami na koncie – wytycza nowe drogi w Tatrach i Alpach, zdobywca Dhaulagiri w Himalajach, w stylu alpejskim. Teraz pisze z Nepalu: „Jurek, przyjeżdżaj. Byłem pod zachodnią ścianą Makalu z Alexem MacIntyre'em, René Ghilinim i Ludwikiem Wilczyńskim. Nie powiodło się, byliśmy tylko na 6700 [metrach]. Ale wierzę, że jest to do pokonania. A może południowa Lhotse? Zostało mi trochę pieniędzy na koncie krakowskiego klubu, resztę musisz jakoś zdobyć i przywieźć do Katmandu. Liczę na Ciebie! Wojtek".

Kukuczka prosi o pomoc Wareckiego. Złotówki to nie problem. Szybko załatwiają dofinansowanie w Wojewódzkim

Jerzy Kukuczka notuje w pamiętniku: „Wojtek narzeka na przymrożone nogi, a we mnie dojrzewa myśl samotnego wejścia na górę granią północną lub drogą normalną" ⇨

Komitecie Kultury Fizycznej i Sportu w Katowicach. Wyzwaniem jest zdobycie prowiantu dla wyprawy. Zaprzyjaźnieni urzędnicy odsłaniają przed nimi tajemnicę. W sklepach nie ma nic, ale w magazynach...

Kukuczka może wejść do jednego z takich miejsc – magazyn Powszechnej Spółdzielni Spożywców „Społem" w katowickiej dzielnicy Janów. Ogromna hala zawalona towarami. Na półkach puszki rybne i mięsne, różne gatunki kawy i herbaty, kasze, cukier, mąka, makarony. Owoce suszone, orzechy, słodycze. Wszystko, czego dusza zapragnie. A w chłodniach Supersamu, jednego z największych katowickich sklepów, różne gatunki mięsa i wędlin. Można przebierać.

Kukuczka podjeżdża swoim fiatem 126p. Ciągnie z magazynu wózek pełen specjałów. Ludzie na ulicach przecierają oczy ze zdumienia. Co to ma znaczyć? Skąd to ma!? Kukuczka szybko upycha towar w maluchu i odjeżdża. Do piwnicy, gdzie urządza skład, wnosi towar w workach, nocą.

W sierpniu wszystko gotowe, można jechać. Maciek ma niecały roczek, bawi się plastikową biedronką. Ojciec żegna się z synkiem i wrzuca do plecaka maskotkę.

Kurtyka czeka na granicy indyjsko-nepalskiej. Ma wszystkie potrzebne dokumenty, ale ani grosza przy duszy. Potrzebne są dolary na opłacenie tragarzy. René Ghilini i Alex McIntyre mają wnieść po 2 tysiące dolarów. Niestety, obydwaj rezygnują z przyjazdu. Polacy siedzą w hotelu w Katmandu i kombinują: może uda się zaatakować Makalu we dwójkę? Trzeba jakoś dotrzeć pod górę, wynająć tragarzy, ale nie ma za co.

Alex McIntyre przysyła telegram. W ostatniej chwili udaje mu się zdobyć pieniądze. Przylatuje. Mają w sumie 2300 dolarów.

Wieści szybko roznoszą się po stolicy Nepalu. Himalaiści z innych wypraw nie dowierzają. Za takie śmieszne pieniądze nie da się zdobyć żadnej góry. Kpina! W bułgarskiej gazecie artykuł o Polakach. „Makalu za 2300 dolarów. Wyprawa czy awantura?".

KHATKA MUSI WYPIJAĆ PIWO

W pamiętniku Kukuczki przewija się jedno nazwisko: Khatka – oficer łącznikowy przydzielony do polskiej wyprawy przez ministerstwo turystyki Nepalu.

Khatka zmęczony, niezadowolony, żąda prezentów, nie podobają mu się ciepłe ubrania, które każda wyprawa musi zapewnić oficerowi łącznikowemu. Khatka mówi, że jego przyjaciel dostał od Amerykanów doskonałe ubrania i magnetofon stereo. Liczy, że współpraca z Polakami będzie równie owocna. Khatka coraz bardziej rozdrażniony, podburza tragarzy, żądają zapłaty z góry, Khatka nie pozwala przeprawić się przez lodowatą rzekę, bo niebezpiecznie. Khatka musi codziennie wypijać jedno piwo i prosi, żeby to życzenie uwzględnić w kosztorysie wyprawy.

A Polacy nie mają pieniędzy.

Na szczęście to pierwsza wysokogórska wyprawa Khatki i szybko zaczyna go boleć głowa. Khatka marudzi, „zachowuje się jak panienka", żąda dodatku za pobyt na dużej wysokości, jest „ciężko chory". Kukuczka z Kurtyką losują, kto ma go wyciągać z namiotu. Wypada na Kukuczkę.

Khatka nie wygląda dobrze, łapczywie wciąga powietrze, żąda, żeby bazę rozbić niżej. Polacy dają mu żywność na drogę, namiot i proponują oficerowi, żeby wracał do Katmandu. Khatka chętnie się zgadza.

Kurtyka chce zdobywać Makalu w stylu alpejskim, bez zakładania stałych obozów pośrednich i wnoszenia do nich sprzętu. Ma dystans do dużych wypraw narodowych, które tygodniami oblegają góry. Mały zespół, dwu-czteroosobowy może działać szybciej, a przez to ograniczać tzw. niebezpieczeństwa obiektywne jak lawiny, zmiana pogody, skrócić szkodliwy wpływ wysokości na organizm, oczywiście jeśli ma dobrą aklimatyzację lub drogę dół – góra – dół pokona bardzo szybko, nim wysokość zacznie dokonywać spustoszenia.

Zabierają tylko to, co najbardziej potrzebne, ale i tak każdy plecak waży 25 kilogramów. Liny, haki dopasowane do charakteru

Wojtek Kurtyka, Jerzy Kukuczka i Alex MacIntyre w bazie pod Makalu

ściany, jedzenie na sześć dni – tyle maksymalnie może im zająć wejście na szczyt i powrót. Na pierwszym biwaku Kukuczka śmieje się z Kurtyki. Jego partner, wegetarianin, dobiera się do kabanosów. Kurtyka z powagą oznajmia, że w górach bez mięsa nie można niczego dokonać.

Wspinają się szybko, trzeciego dnia są już na wysokości 7800 metrów, przed nimi tylko trudna skalna bariera o wysokości 400 metrów, potem szczyt. Skała się opiera. Pierwszy rusza Kurtyka, ale – jak zapisuje Kukuczka w pamiętniku – „robi to niemrawo". Zmienia go Alex MacIntyre, przez cały dzień pokonuje 30 metrów. Mało! W tym tempie nie zdobędą szczytu. Jedzenia wystarczy najwyżej na dwa dni.

Kurtyka podejmuje decyzję: – Nie mamy szans, nie zrobimy tego.

Kukuczka: – Może spróbujemy inną drogą? Albo pokonajmy jeszcze kilkanaście metrów, może wyżej będzie łatwiej?

Kurtyka: – Nie, nie ma sensu, schodzimy.

Kukuczka notuje: „Wojtek narzeka na przymrożone nogi, a we mnie dojrzewa myśl samotnego wejścia na górę granią północną lub drogą normalną".

Na razie schodzą razem do bazy. Kurtyka wysyła gońca po bagaże, czas się pakować. Zresztą wszystkie inne wyprawy wracają już spod Makalu do Katmandu. Czy w tym roku góra ma być niezdobyta? Kukuczka nie może się z tym pogodzić. Kalkuluje. Tragarze dotrą do bazy za tydzień, to sporo czasu. Można spróbować jeszcze raz.

– Wojtek, zrobimy to szybko, mogą nam wystarczyć trzy, cztery dni, może będziemy mieli szczęście do pogody.

Kurtykę trudno przekonać, w zasadzie nie ma takiej możliwości.

Kukuczka: – A więc spróbuję wejść na szczyt sam.

– Chcesz iść, to idź – odpowiada Kurtyka. – Możesz zabrać z bazy wszystko, czego potrzebujesz.

Kurtyka potem napisze: „Był spokojny, nie trapił się nawałnicą szarpiącą w nocy namioty ani śpiewem wichru na graniach. Czasem wydawało się, że działa przeciwko logice, faktem jest jednak,

Kukuczka po sprzeczce z Kurtyką: „A więc spróbuję wejść na szczyt sam"

że rządził nim jakiś wyższy wewnętrzny imperatyw prowadzący go zawsze do szczęśliwych rozwiązań".

Kukuczka w swojej książce „Na szczytach świata": „Wojtek od pewnego czasu jeździł w góry z Anglikami i jego osobisty sprzęt, a zwłaszcza ubranie, było dużo lepsze od mojego. Dał mi wtedy wiele rzeczy. Wyszedłem więc na moją wielką drogę życia w pożyczonych gaciach, spodniach i butach".

Nie wie, czy dobrze robi. Opuszcza obóz przed południem. Późno, ale planuje dojść tylko do ściany i tam zanocować. Jeśli następnego dnia będzie pogoda, zacznie się wspinać. Gdyby było paskudnie – wróci do bazy.

Pod ścianą jest o godzinie 15. Myśli: I tak planuję biwak. Wszystko jedno, czy zanocuję u podstawy ściany, czy wyżej, na jakiejś półce skalnej.

Zaczyna się wspinać. Przed północą znajduje płaskie miejsce, może zasnąć.

Wiatr wieje coraz mocniej. Kukuczka w pamiętniku: „Nie wiem, co robić, czy iść w górę, czy w dół. Dopiero po godzinie 13 decyduję się wbrew wróżbom iść w górę, na przełęcz. Trzymam się blisko grani. Pogoda zapowiada najgorsze. Od zachodu wieje, że łeb urywa, od wschodu nadciągają śnieżne chmury". Postanawia iść do przełęczy. Gdy wspinali się z Kurtyką, zostawili tam namiot. Obietnica odpoczynku i osłona przed wiatrem.

Rano niespodzianka: „Pogoda dobra, lekkie podmuchy wiatru". A więc w górę. Jeszcze jeden biwak, Kukuczka z trudem rozbija namiot. Proste czynności zajmują godziny. W końcu może odpocząć, rozpalić maszynkę, zagotować wodę na herbatę.

Coś się dzieje. „Czuję, że nie jestem sam, że gotuję dla dwóch osób. Mam silne poczucie czyjejś obecności, łapię się na przemożnej chęci rozmawiania z nim. Jestem tak skonany, że wszystko mi jedno, czy gotuję dla siebie, czy dla dwóch osób. Zasypiam".

Już niedaleko. Z namiotu zabiera tylko aparat fotograficzny, dziesięć metrów liny, trzy haki, dwie śruby lodowe i plastikową biedronkę Maćka. „Idę ciężko, jestem zmęczony i chyba nie najlepiej zaaklimatyzowany, ale idę do przodu. Wreszcie około 16 jestem przed kopułą szczytową". Pół godziny później staje na Makalu.

Czuje, że słabnie. Szybko w dół, następnego dnia o godzinie 17 wita się z Kurtyką w obozie.

– Jak tam było? – pyta partner.

– Byłem na szczycie – odpowiada Kukuczka.

– Przyznam szczerze, nie spodziewałem się, że dojdziesz. Gratuluję.

TROCHĘ DZIWNY ŻÓŁW

Oficer łącznikowy Khatka nie daje o sobie zapomnieć, czeka na Polaków w Katmandu. Bardzo niezadowolony ze współpracy, nic z niej nie ma, poza garstką rupii. Chce więcej pieniędzy, nie podpisze rozliczenia, a bez tego papierka – wiadomo – himalaista jest spalony, nigdy więcej nie dostanie żadnej zgody na zdobywanie góry, nie ma po co wracać do Nepalu.

Kurtyka składa skargę na oficera w ministerstwie turystyki, ale urzędnicy rozkładają ręce. Pan Khatka pochodzi z wpływowej rodziny, lepiej się z nim ułożyć, bo może zaszkodzić.

Polacy płacą, ale Khatka ciągle zły. W ministerstwie turystyki składa oświadczenie, że żadna wyprawa nie weszła na Makalu, w tym roku było to niemożliwe, Polak Kukuczka najpewniej też nie był na szczycie.

Słowo przeciwko słowu. Urzędnicy rozkładają ręce. Nie podpiszą się pod zaświadczeniem o zdobyciu góry, dopóki nie będzie twardych dowodów.

W 1982 roku Kukuczka dostaje list z Korei Południowej. Himalaista Heo Young Ho informuje, że na szczycie Makalu znalazł plastikową zabawkę w kształcie żółwia. Trochę dziwny, bo czerwony w czarne kropki.

ROZDZIAŁ 8

BIBUŁA

Ponad 30 tysięcy żołnierzy strzeże granic Polskiej Rzeczpospolitej Ludowej. Prawie każdy obywatel pragnie się stąd wyrwać, ale nawet wyjazdy do bratnich krajów socjalistycznych są reglamentowane.

Paszport to przywilej dla nielicznych. Biura paszportowe kontroluje Służba Bezpieczeństwa. Każdy, kto składa wniosek o wydanie dokumentu podróży, jest skrupulatnie sprawdzany. Wymogi surowe. Do wniosku paszportowego trzeba dołączyć zgodę zakładu pracy i zaproszenie z zagranicy ze zobowiązaniem pokrycia kosztów utrzymania gościa z Polski.

Ale i wtedy nie można mieć pewności, że policja polityczna wyda zgodę na wyjazd z Polski. Liczba odmów jest wysoka (w 1970 roku na 77 tysięcy podań o wyjazd na Zachód władze wydają tylko 4 tysiące pozwoleń). Nieliczni, którzy dostaną paszport, po wyjeździe muszą go natychmiast zwrócić.

Kto ma pieniądze, może wyjechać na wycieczkę z Biurem Podróży „Orbis" – wtedy nie trzeba zaproszenia. Turyści raczej nie dostają paszportów do ręki. Przechowuje je kierownik wycieczki albo grupa ma paszport zbiorowy. I tak nie wszyscy wracają. W latach 1976-1978 Służba Bezpieczeństwa raportuje, że na Zachodzie zostaje 35 tysięcy polskich turystów.

Jest wiele sposobów ucieczki: wypłynąć łódką w morze, ukryć się w ładowni ciężarówki, porwać jeden z latających na trasach

⇦ Na Śląsku władza dumna, że Kukuczka jest z Katowic. Nigdy nie ma problemu z wyjazdem za granicę

krajowych samolotów. Maszyny lądują potem na zachodnioberlińskim lotnisku Tempelhof. Berlińczycy żartują, że skrót LOT należy czytać jako „Landet Oft in Tempelhof" (ląduje często na Tempelhof).

Największy problem na Górnym Śląsku. Wielu mieszkańców ma krewnych w RFN. W 1975 roku przywódca PZPR Edward Gierek dogaduje się z kanclerzem RFN Helmutem Schmidtem. Za około 2,3 miliarda marek nisko oprocentowanej pożyczki władze polskie pod hasłem łączenia rodzin zgadzają się wypuścić do Niemiec 133 tysiące osób w cztery lata. Ostatecznie wyjeżdża 147 tysięcy mieszkańców Śląska, Mazur i Śląska Opolskiego. W województwie katowickim przeliczają, ile Gierek dostał za głowę Ślązaka.

Ostatnia fala emigracji to tak zwani późni przesiedleńcy. Pod koniec lat 80. firmy autokarowe kursujące ze Śląska do zachodnich Niemiec tak układają trasy przejazdów, by na liście przystanków był Friedland, miasteczko tuż za granicą NRD i RFN. Działa tam największy obóz przejściowy.

Śląsk zasypany paczkami z Reichu. Szare pudła wypełnione czekoladami z „Aldika", szynką w workach próżniowych, pachnące kawą i cytrusami. Niemieckie marki ukryte w czekoladowym złotku. W paczkach listy: „U nas na stacji benzynowej zaopatrzenie jest lepsze niż w delikatesach w Zabrzu. Czekamy na was, tęsknimy, przyjeżdżajcie". To rozpala wyobraźnię.

Alpiniści nie mają takich kłopotów. – Jurek Kukuczka w latach 80. miał paszport w domu, nie musiał go oddawać – mówi Andrzej Paczkowski. – Takie sprawy załatwiało się w komendach wojewódzkich Milicji Obywatelskiej, obowiązywały tam lokalne układy.

Na Śląsku władza dumna, że Kukuczka jest z Katowic. Nigdy nie ma problemu z wyjazdem za granicę.

Alpiniści nie są jednak pieszczochami władzy. – Byli niepokorni, zorientowani demokratycznie, ale w sumie niegroźni. Doskonale wiedzieliśmy, że politykę traktują jako zajęcie mniej godne od wspinania. Z wypraw wracali zwykle do kraju. Nie ze strachu przed reżimem, ale z poczucia odpowiedzialności za rodziny. Zresztą, gdzie mieli zostać? W Katmandu? – pyta retorycznie prezydent Aleksander Kwaśniewski, w PRL-u przewodniczący Komitetu Kultury Fizycznej i Sportu.

Ale okazji było sporo. W Himalaje wyprawy jeżdżą ciężarówkami przez Europę i Azję. Andrzej Machnik z Klubu Wysokogórskiego w Gliwicach w 1982 roku podczas powrotu z wyprawy chce zostać w Wiedniu. Wie, że w Treiskirchen znajduje się obóz dla uchodźców z krajów komunistycznych, ale nie wie, jak do niego trafić. Błąka się po mieście. „Gdzie transparenty witające bohaterskich uchodźców z Polski? Nie ma żadnych znaków, które mogłyby wskazywać człowiekowi drogę i dać jakiś impuls do działania. Trzeba by się chyba zgłosić się na policję" – napisze potem we wspomnieniach. W końcu macha ręką, zrezygnowany wsiada do ciężarówki i wraca z kolegami do Polski. Więcej nie próbuje.

DZIEWCZYNA GRUBA JAK CHOLERA

Dla komunistów sportowcy są wyjątkowi. Propaganda wykorzystuje ich sukcesy, w myśl zasady: zamiast chleba są igrzyska. Muszą jeździć po świecie, więc dostają paszporty. Z grupami sportowców zawsze jedzie ktoś z SB. Czuwa, żeby wszyscy wrócili do kraju.

Nie każdego udaje się upilnować. W 1966 roku Polonia Bytom jedzie do Szwecji na mecz Pucharu Intertoto. Przed spotkaniem z IFK Norrköping z hotelu polskiej drużyny ucieka trzech piłkarzy, w tym Heinz-Dieter Banas, syn Niemca i Polki. Zawodnicy przedostają się do Republiki Federalnej Niemiec. Marzą o grze w Bundeslidze, ale to niemożliwe. Polskie władze zawieszają piłkarzy na dwa lata – zakaz jest ważny we wszystkich krajach skupionych w FIFA. Skruszony Banas wraca do Polski i zmienia nazwisko na Jan Banaś. Jest dobrym piłkarzem, wojewoda śląski Jerzy Ziętek broni go przed więzieniem. Banaś się odwdzięcza. Strzela gole najpierw w Górniku Zabrze, potem w reprezentacji Polski.

Podczas wyjazdów w Alpy wspinacze spotykają się z przedstawicielami emigracji. Czytają paryską „Kulturę" oraz „Zeszyty Historyczne". Na zdjęciu podczas obozu w Chamonix: Jerzy Kukuczka, Eugeniusz Krajcer, Marek Głogoczewski i Barbara Kozłowska

Jest gwiazdą kadry, ale nie jedzie ani na igrzyska olimpijskie, ani na mistrzostwa świata. Nie dostaje paszportu. SB boi się, że znowu da nogę.

Do RFN wyjeżdża także tyczkarz Władysław Kozakiewicz, złoty medalista olimpijski i jedna z największych gwiazd polskiego sportu. Podczas igrzysk w Moskwie pokazuje gwiżdżącym radzieckim kibicom rękę zgiętą w łokciu. Walcie się! Komunistyczne władze nie mogą przymknąć oczu na taki afront, Kozakiewicz staje przed komisją dyscyplinarną, ale jeździ na zawody. W Hanowerze prosi o azyl polityczny, dostaje niemieckie obywatelstwo. Dla rządzących Polską komunistów to zdrajca.

Sportowcy są atrakcyjni dla władz także z innego powodu. Partyjni działacze mogą z nimi tanio zwiedzać świat. Kiedy drużyna piłkarska jedzie na turniej na Zachód, liczba działaczy, członków delegacji zwykle przewyższa liczbę zawodników. Z alpinistami też tak bywa.

Harcerski Klub Taternicki z Katowic organizuje wyprawę w góry Atlas w Maroku. Sekretarz Komitetu Miejskiego PZPR w Katowicach dopisuje do składu dwie osoby – byłą córkę ambasadora w Rabacie oraz syna jednego z generałów sztabu generalnego Ludowego Wojska Polskiego.

– Dziewczyna była gruba jak cholera, nigdy wcześniej się nie wspinała, ale sekretarz oświadczył, że zna język, ludzi i się przyda. Miała nam pomóc załatwiać benzynę i oprowadzać alpinistów po Rabacie – wspomina Walenty Ignacy Nendza. Na miejscu okazuje się, że dziewczyna nikogo w Maroku nie zna. Nie opuszcza wyprawy na krok. – Musieliśmy utrzymywać dwóch leserów, wyprawa się kompletnie nie opłaciła – wzdycha Nendza.

Miejsca, które wybierają alpiniści, są jednak mało atrakcyjne dla przedstawicieli władz. – Samolotem do Rawalpindi, potem tydzień jeepem i kolejny tydzień piechotą po kamieniach. W dodatku zimno i nudno. Szybko zrozumieli, że nasze wyprawy nie są dla nich – wspomina profesor Paczkowski. Tylko raz jakiś urzędnik Głównego Urzędu Kultury Fizycznej i Sportu zainteresował się alpinistycznym obozem we francuskich Alpach. Dopytywał o termin wyjazdu, sugerował, że też by pojechał. Usłyszał, że trzeba mieć własny namiot, i zrezygnował.

GIEREK RĘKI NIE PODAJE

Każdy związek sportowy musi mieć wiceprezesa do spraw społeczno-wychowawczych, koniecznie członka Polskiej Zjednoczonej Partii Robotniczej. Alpiniści wybierają do zarządu Polskiego Związku Alpinizmu Władysława Bieńkowskiego, byłego towarzysza partyjnego Władysława Gomułki. – Przed II wojną światową Bieńkowski lubił spacerować w okolicach Morskiego Oka. Od biedy można go było uznać za taternika – mówi profesor Paczkowski.

Wspinacze mają święty spokój, bo Bieńkowski nie chodzi na zebrania. Nie chce mu się.

Środowisko, choć niepokorne, przed władzą nie afiszuje się ze swoimi poglądami. – Gdy szedłem do Głównego Komitetu Kultury Fizycznej i Sportu po pieniądze, moje przekonania chowałem głęboko do kieszeni płaszcza – przyznaje Andrzej Paczkowski. Zostaje prezesem PZA, ale w tym samym czasie z powodów politycznych zwalniają go z pracy w Polskiej Akademii Nauk. Kara za publikację artykułu w zachodnim wydawnictwie. Paczkowski lojalnie informuje o tym dyrektora departamentu sportów nieolimpijskich GKKFiS. – Podziękował mi za zaufanie i zapowiedział, że jak dostanie jakieś wytyczne w tej sprawie, to mnie powiadomi. Nigdy się nie odezwał, bo alpinizm przez długi czas był niszowym sportem, dla władzy bez wielkiego znaczenia – wspomina profesor.

W 1980 roku Polacy zdobywają Mt. Everest – pierwsze w historii alpinizmu zimowe wejście na ośmiotysięcznik. Leszek Cichy i Krzysztof Wielicki zostawiają na szczycie różaniec i krzyżyk. Andrzej Zawada, kierownik wyprawy, jeszcze z Nepalu wysyła telegram do Jana Pawła II. Polscy alpiniści dostają list gratulacyjny od Ojca Świętego. Obrażony Edward Gierek podczas powitania na lotnisku Okęcie nie podaje Zawadzie ręki.

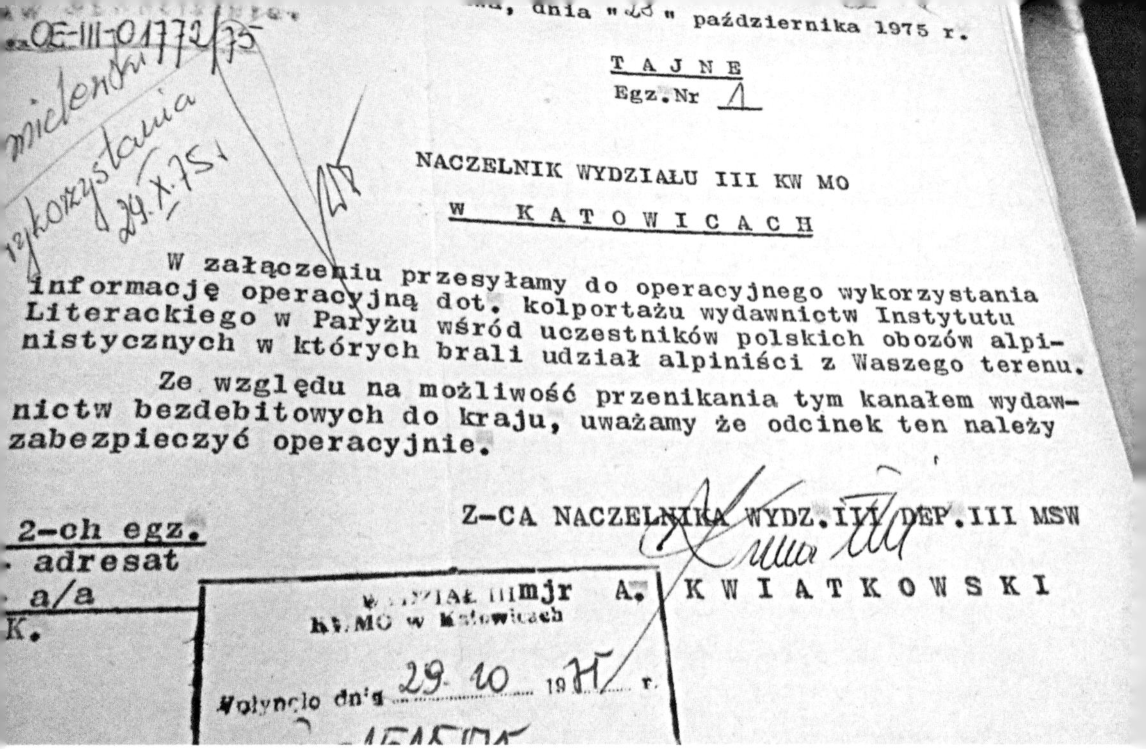

OE-III-01772/75

..., dnia "28" października 1975 r.

TAJNE

Egz. Nr 1

NACZELNIK WYDZIAŁU III KW MO

W KATOWICACH

W załączeniu przesyłamy do operacyjnego wykorzystania informację operacyjną dot. kolportażu wydawnictw Instytutu Literackiego w Paryżu wśród uczestników polskich obozów alpinistycznych w których brali udział alpiniści z Waszego terenu.

Ze względu na możliwość przenikania tym kanałem wydawnictw bezdebitowych do kraju, uważamy że odcinek ten należy zabezpieczyć operacyjnie.

Z-CA NACZELNIKA WYDZ.IV DEP.III MSW

mjr A. KWIATKOWSKI

2-ch egz.
adresat
a/a
K.

Wydział III KWMO w Katowicach
Wpłynęło dnia 29.10 1975 r.

Notatka SB o kolportażu paryskiej „Kultury" wśród polskich alpinistów. Dokument z zasobów Instytutu Pamięci Narodowej

Jesienią 1981 roku w gdańskiej hali Olivia odbywa się I zjazd „Solidarności". Doradcą do spraw wydawnictw związkowych zostaje Andrzej Paczkowski. Rzecznik prasowy związku to Janusz Onyszkiewicz, zdobywca Gaszerbrumu II i III, uczestnik pierwszej polskiej wyprawy na K2. Delegatem z Gdańska jest Krzysztof Dowgiałło, też alpinista. – Śmialiśmy się, że środowisko wspinaczkowe na tym zjeździe to piąta międzynarodówka. Nasi chłopcy byli prawie w każdej komisji – wspomina profesor Paczkowski.

Podczas wyjazdów w Alpy wspinacze spotykają się z przedstawicielami emigracji. Czytają paryską „Kulturę" oraz „Zeszyty Historyczne". – Prawie każdy z nas ma taką fotografię – mówi Eugeniusz Krajcer, były prokurator z Katowic, taternik. Pokazuje czarno-białe zdjęcie. Na pierwszym planie alpiniści trzymają emigracyjne wydawnictwa Instytutu Literackiego, a w tle masyw Mont Blanc.

Alpiniści wiedzą, że są rozpracowywani przez Służbę Bezpieczeństwa?

Himalaista Janusz Majer po latach: – Na ten temat nic nie mogę powiedzieć, nie miałem takich doświadczeń.

Krzysztof Wielicki: – Nie sądzę.

Ryszard Warecki: – Na pewno nie było wśród nas esbeków. Jeśli już ktoś donosił, to z zawiści, że nie pojechał na wyprawę. Po powrocie z Tiricz Mir (7706 m n.p.m.), najwyższego masywu Hindukuszu, zostałem wezwany na SB na przesłuchanie. Ktoś im zameldował, że w linach przemycamy złoto z Pakistanu. Każdy alpinista wiedział, że liny zawsze sprzedawaliśmy w Pakistanie. Do kraju nie przywieźliśmy nawet metra.

Himalaiści się mylą. SB ma całkiem niezłe rozpoznanie w ich środowisku. Bezpiekę najbardziej niepokoją międzynarodowe kontakty wspinaczy. W 1969 roku jeden z informatorów donosi służbom o przerzutach emigracyjnych wydawnictw przez Tatry. Zatrzymani zostają: Maciej Kozłowski, Maria Tworkowska, Krzysztof Szymborski, Jakub Karpiński i Małgorzata Szpakowska. Prokuratura oskarża ich o „wejście w porozumienie z obcą organizacją w celu działania na szkodę państwa".

Notatka SB dotycząca obozu w Chamonix. Sporządzono ją na podstawie rozmów z informatorami w środowisku alpinistycznym

- 5 -

Ponadto w Chomonix w okresie lipiec sierpień 1975 r. przebywał
grupą polskich alpinistów obywatel australijski Dick SEMANOW.
rzed przyjazdem do Chomonix przebywał on przez okres 3 miesięcy
Polsce u rodziny zamieszkałej w Sosnowcu. Z alpinistów polskich
ał Marka PRONOBISA - prac. naukowego Wydziału Energetycznego
litechniki Sl. w Gliwicach. Również obóz polksich alpinistów
wiedział obyw. RFN polskiego pochodzenia - NIKLAS z żoną.
ał się dobrze z Jerzym KUKUCZKĄ i Markiem ŁUKASZEWSKIM.
. mgr KM nadmienił, iż wiadomym mu było o czytaniu przez uczes
skich obozów wydawnictwa Instytutu Literackiego z Paryża, m.i
amiocie M. ŁUKASZEWSKIEGO, Tomasza CZARSKIEGO i Andrzeja
ZEJEWSKIEGO. Trudno rozmówcy jest wskazać osoby, które wyda
tutu Literackiego przewoziły do Polski.

Proces taterników to pokazówka. Kozłowski zostaje skazany na trzy lata, Karpiński na dwa lata i osiem miesięcy, Tworkowska na rok i dziewięć miesięcy, Szymborski na dwa lata i cztery miesiące, a Szpakowska na półtora roku więzienia. Surowa kara ma odstraszać innych wspinaczy przed działalnością wywrotową.

Na Śląsku donosi tajny współpracownik, zwerbowany w 1973 roku przez podporucznika Jana Juźwę. „Na propozycję współpracy ze Służbą Bezpieczeństwa przystał bez oporów i napisał zobowiązanie o współpracy, obierając pseudonim »Andrzej«. (...) Poinformował mnie następnie, że wszedł w skład polskiej ekspedycji alpinistycznej, która w 1974 roku wyjechać ma na Alaskę. Ma to być propagandowa wyprawa polska".

SB sprawdza nowego współpracownika. Okazuje się, że wyjeżdżał już do Włoch na wyprawy alpinistyczne. Wspinał się tam m.in. z Jerzym Kukuczką.

Raporty „Andrzeja" niegroźne. Po powrocie z Alaski pisze tak: „Stan Borucki z Anchorage, jeden najbardziej rzutkich biznesmenów w tym mieście. Jest on przedstawicielem amerykańskiej firmy produkującej narzędzia gospodarstwa domowego. Mankamentem jest to, że opuścił Polskę w sposób nielegalny w 1959 roku. Robił naprawdę wszystko, aby pomóc nam na terenie Alaski. Opiekował się odmrożonymi kolegami. Między innymi utrzymał kolegę Kukuczkę przez kilka tygodni, zanim z Wartą nie było załatwione przewiezienie go do kraju" .

28 października 1975 roku robi się groźnie. Do katowickiej siedziby SB wpływa szyfrogram z warszawskiej centrali Departamentu III.

„Przesyłamy do operacyjnego wykorzystania informację dotyczącą kolportażu wydawnictw Instytutu Literackiego w Paryżu wśród uczestników polskich obozów alpinistycznych, w których brali udział alpiniści z Waszego terenu. Ze względu na możliwość przenikania tym kanałem wydawnictw bezdebitowych uważamy, że odcinek ten należy zabezpieczyć operacyjnie".

Opatrzony klauzulą „tajne” szyfrogram wywołuje poruszenie w śląskiej SB. Rozpoczyna się operacja o kryptonimie „Alpiniści”. Oficerowie służb specjalnych uruchamiają agenturę w środowisku wspinaczy. Kilka dni później powstaje pierwszy meldunek: „W sezonie letnim 1975 roku w masywie Mont Blanc na pograniczu Francji i Włoch przebywało około 80 alpinistów z Polski. Ponad połowa z nich zamieszkiwała na campingu w Chamonix, po francuskiej stronie masywu. W Chamonix przebywał m.in. obóz Federacji Akademickich Klubów Alpinistycznych, którego uczestnicy rekrutowali się ze studentów uczelni z Krakowa, Gliwic, Katowic, Wrocławia i Warszawy. W m-cu sierpniu dołączył obóz Polskiego Związku Alpinistycznego. W tym samym okresie przebywali w Chamonix i brali udział we wspólnych wyprawach alpinistycznych z uczestnikami polskich obozów Barbara Kozłowska (siostra oskarżonego w procesie taterników Macieja Kozłowskiego) oraz Marek Głogoczewski z Krakowa, zamieszkali obecnie na stałe w Szwajcarii.

Głogoczewski powiązany jest z redakcją paryskiej »Kultury«, gdzie wydał swoją książkę »Niezbyt boska komedia«. Książka ta ukazała się w języku angielskim. Kolportował on wśród uczestników polskich obozów wydawnictwa Instytutu Literackiego w Paryżu, m.in. ostatnie numery »Kultury«, »Zeszyty Historyczne« oraz tomiki poezji Jacka Bierezina pt. »Wam«. Książki rozdawał Polakom bezpłatnie i krążyły one po wielu namiotach czytane m.in. przez Janusza Czarneckiego, studenta IV roku chemii Uniwersytetu Śląskiego, Janusza Skorka z Gliwic, Marka Łukaszewskiego, pracownika naukowego Uniwersytetu Śląskiego, a także przez Tomasza Czarskiego.

Na obozie tym zaistniał wypadek dokonania przez jednego z uczestników, Wojciecha Myszkowskiego, drobnych kradzieży produktów spożywczych w jednym ze sklepów samoobsługowych w Chamonix. Kierownictwo obozu postanowiło wydalić go karnie z obozu i nakazać natychmiastowy powrót do kraju, lecz o fakcie dokonania przez niego kradzieży nie powiadamiać władz w kraju”.

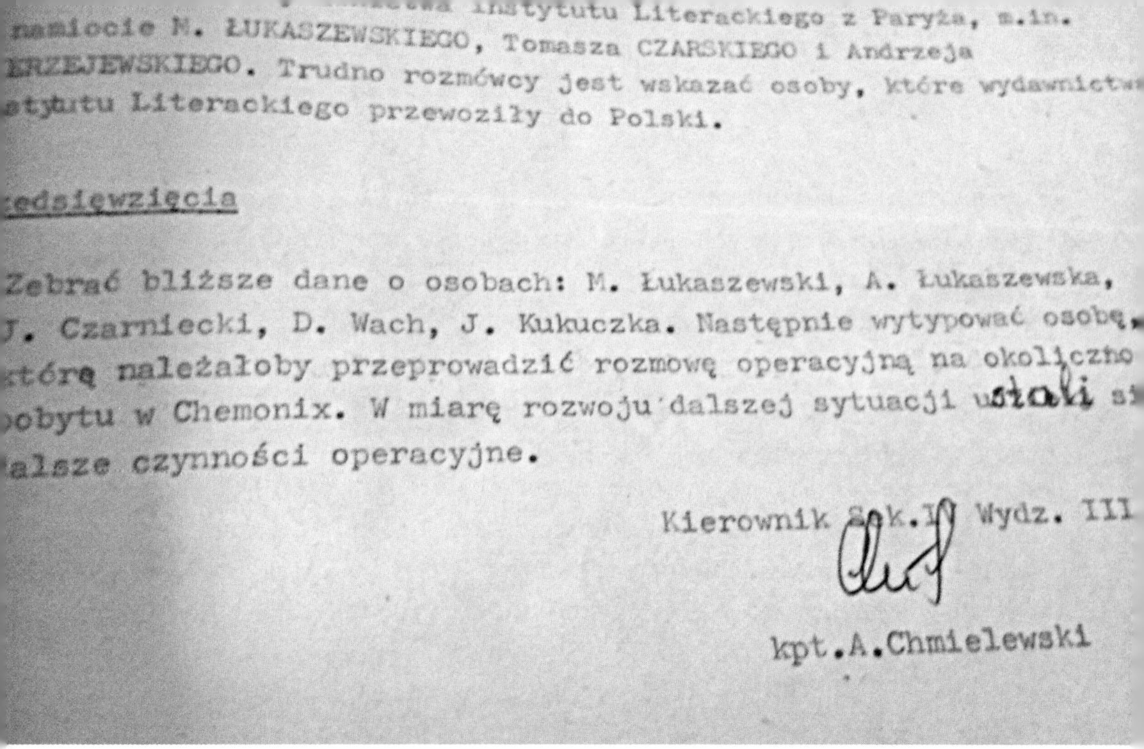

...instytutu Literackiego z Paryża, m.in.
pamiocie M. ŁUKASZEWSKIEGO, Tomasza CZARSKIEGO i Andrzeja
...RZEJEWSKIEGO. Trudno rozmówcy jest wskazać osoby, które wydawnictw...
...stytutu Literackiego przewoziły do Polski.

...zedsięwzięcia

Zebrać bliższe dane o osobach: M. Łukaszewski, A. Łukaszewska,
J. Czarniecki, D. Wach, J. Kukuczka. Następnie wytypować osobę,
którą należałoby przeprowadzić rozmowę operacyjną na okoliczno...
...pobytu w Chemonix. W miarę rozwoju dalszej sytuacji ustali si...
...alsze czynności operacyjne.

Kierownik Sek.IV Wydz. III

kpt.A.Chmielewski

Zalecenia wewnętrzne SB o metodach rozpracowania środowiska alpinistów. Dokument z zasobów Instytutu Pamięci Narodowej

KAŻDY ZOSTAJE PRZEŚWIETLONY

Służby są przekonane, że trafiły na nielegalny kanał przemytu literatury emigracyjnej. Porucznik Sylwester Dobień zleca podwładnym ustalenie nazwisk uczestników obozu oraz wszystkich, którzy kontaktowali się z Głogoczewskim. Chce wiedzieć, kto kolportuje w Polsce „Kulturę". Jego rozkaz: „Zebrać szczegółowe dane o następujących osobach uczestniczących w obozie: M. Łukaszewski, A. Łukaszewska, J. Czarnecki, D. Wach, J. Kukuczka. Następnie ustalić, czy znane są pozostającym na naszym kontakcie operacyjnym osobowym źródłom informacji".

Esbecy wykorzystują tajnego współpracownika zarejestrowanego jako „Andrzej" oraz dwa kontakty operacyjne o kryptonimie „KM" i „CJ". Wiadomo, że to uczestnicy obozu w Chamonix. Kontakty operacyjne zapewniają, że nikt z polskich alpinistów nie wwiózł do kraju nielegalnych wydawnictw.

TW „Andrzej" donosi: „Paczka z książkami, było ich chyba ok. 8-10, pojawiła się w obozie po przyjeździe M.G. Prócz

»Zeszytów Historycznych« był tam tomik poezji, który po pewnym czasie M.G. wziął ze sobą. Nie każdy z uczestników obozu mógł widzieć te książki: częste wyjścia w góry, trwające nieraz tydzień lub wyjazdy na autostop – kolega Z. Terlikowski, M. Szymik po przejściu filara Bonattiego na Dru pojechali na tydzień lub 1,5 tygodnia do Cannes autostopem. Uniemożliwiało to moim zdaniem niektórym osobom zetknięcie się z tą literaturą. Na koniec obozu spaliłem śmieci, osobiście spaliłem egzemplarze »Zeszytów Historycznych«. Tajny współpracownik SB dodaje, że podczas obozu »kolega P. ukradł aparat fotograficzny Markowi Głogoczewskiemu«.

Oficer prowadzący odnotowuje: „»Andrzej« przybył na spotkanie punktualnie i po wstępnym omówieniu zadań przystąpił do pisania informacji. Spotkanie trwało od godziny 14.15 do 15.30. Podczas spotkania omówiłem z nim zasady konspiracji oraz zachowania tajemnicy".

Informatorzy donoszą, że w Chamonix kontakty z grupą polskich alpinistów utrzymuje też australijski wspinacz Dick Semanov, który ma rodzinę w Sosnowcu. Krewnych na Śląsku ma też obywatel RFN Thomas Niklas – w Alpy przyjechał z żoną. Oficer SB melduje przełożonym: „Niklas znał się dobrze z Jerzym Kukuczką i Markiem Łukaszewskim".

Esbecy mają listy uczestników obozów alpinistycznych. Każdy z nich zostaje prześwietlony. Notatki operacyjne są bardzo dokładne. O Kukuczce: „matka pracuje w Fabryce Sprzętu i Narzędzi Górniczych w Katowicach, siostra jest pielęgniarką w Katowicach, a brat robotnikiem w firmie spedycyjnej Polsped".

Kontakty operacyjne „KM" i „CJ" na prośbę oficerów SB przygotowują charakterystyki niektórych alpinistów. Piszą: „Marek Łukaszewski jest bardzo dobrym moim kolegą, bardzo go poważam. Myślę, że jest dobrym naukowcem, choć często »buja« w obłokach. Sprawia na mnie wrażenie »mitomana«, ale niegroźnego. Należy do PZPR i podchodzi do tego poważnie (np. kiedyś nie wyjechał w góry, co mu proponowałem, gdyż szedł na zebranie

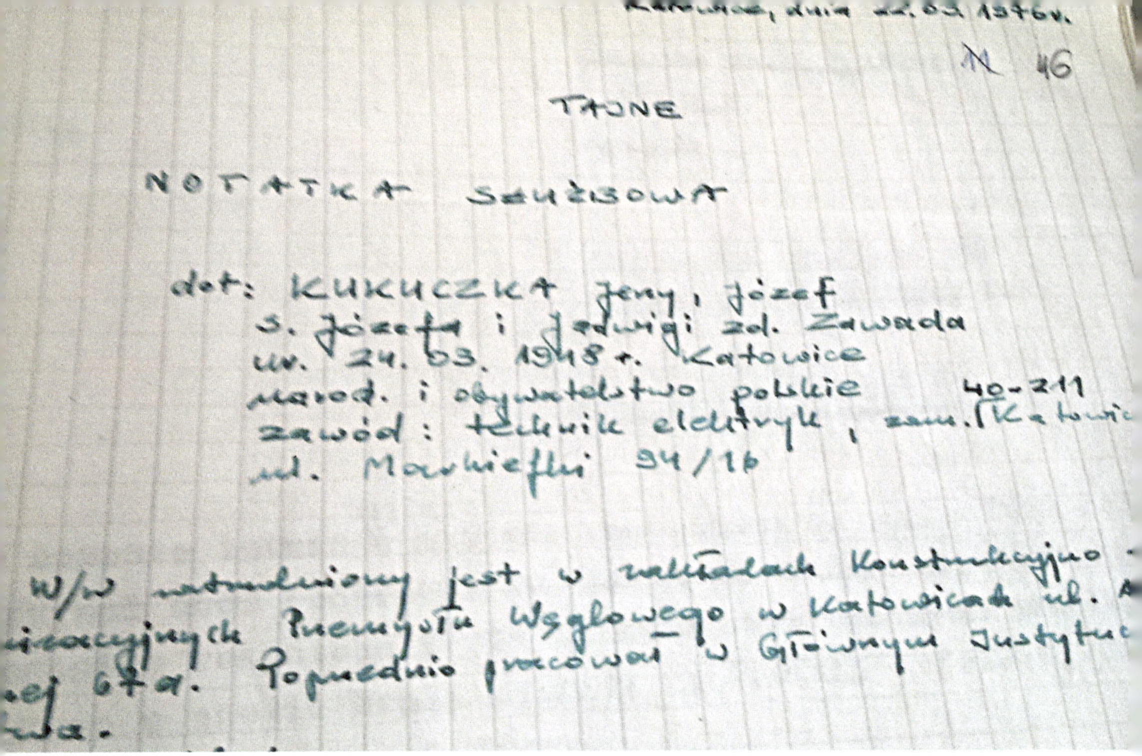
Katowice, dnia 22.03.1976 r.

N 46

TAJNE

NOTATKA SŁUŻBOWA

dot: KUKUCZKA Jerzy, Józef
s. Józefa i Jadwigi zd. Zawada
ur. 24.03.1948 r. Katowice
narod. i obywatelstwo polskie 40-211
zawód: technik elektryk, zam. Katowic
ul. Markiefki 94/16

W/w zatrudniony jest w zakładach Konstrukcyjno-
...izacyjnych Przemysłu Węglowego w Katowicach ul. A
...cej 67a. Poprzednio pracował w Głównym Instytuc
...wa.

Notatka SB z operacyjnego rozpoznania Jerzego Kukuczki i jego rodziny

partyjne; czułem, że robi to z przekonania). Jest człowiekiem nerwowym, łatwo wpada w stresy (na tle naukowym).

Jerzy Kukuczka pracuje w GIG-u, jest z wykształcenia technikiem, bardzo dobry wspinacz, bardzo koleżeński i spokojny. Ostatnio pracuje jako trener AKA (Akademicki Klub Alpinistyczny). Na wyjeździe w 1975 roku w Chamonix specjalnie się nim nie interesowałem bliżej (mieszkał w namiocie z Szymikiem i Terlikowskim). Na podkreślenie zasługuje jego koleżeńskość w górach.

Zbigniewa Terlikowskiego znam od 14 lat, kontakt odnowiłem po wstąpieniu do AKA. Razem się wspinaliśmy. Moje zdanie o nim, że jest człowiekiem nieodpowiedzialnym z natury. Opisując obrazowo – sprawia wrażenie maskotki klubu. Przeżywa niesamowicie wesołe historie związane z jego naturą (np. w Chamonix znalazł puszkę wazeliny, nie potrafiąc odczytać etykiety po francusku, używał wazeliny jako smalcu). Jest obiektem tego typu opowiadań, ma pseudonim »Krowa« z powodu podobieństwa fizjonomii. Studiuje górnictwo w Dąbrowie Górniczej.

Marek Pronobis – asystent na Politechnice Śląskiej, Zakład Kotłów. Uderzający jest jego egoizm i »wyliczanie« z każdego grosza siebie i innych. Przez to nie jest zbyt lubiany, choć poważany jako dobry wspinacz. Podobne cechy ma W. Dzik – trzymają się razem".

Służba Bezpieczeństwa nie znajduje dowodów, że alpiniści szmuglują „bibułę". Wiosną 1976 roku informatorzy donoszą, że w Chamonix odbędzie się kolejny obóz PZA. 9 czerwca 1976 roku TW „Andrzej" składa raport: „W ostatnich dwóch tygodniach wśród kolegów i na uczelni nie stwierdzono żadnych komentarzy odnośnie »Kultury Paryskiej«. Kolejny obóz do Chamonix został przyśpieszony o trzy dni, wyjazd nastąpi 27 czerwca. Skład obozu się nie zmienił, kolega M. Łukaszewski i kolega J. Kukuczka jadą na wyprawę w Hindukusz z Gliwickim Klubem Wysokogórskim".

Bezpieka zaleca służbom granicznym dokładne sprawdzenie bagażu wspinaczy. Nic nie znajdują. Pod koniec 1976 roku sprawa o kryptonimie „Alpiniści" zostaje zamknięta.

Notatka SB z operacyjnego rozpoznania Jerzego Kukuczki i jego rodziny

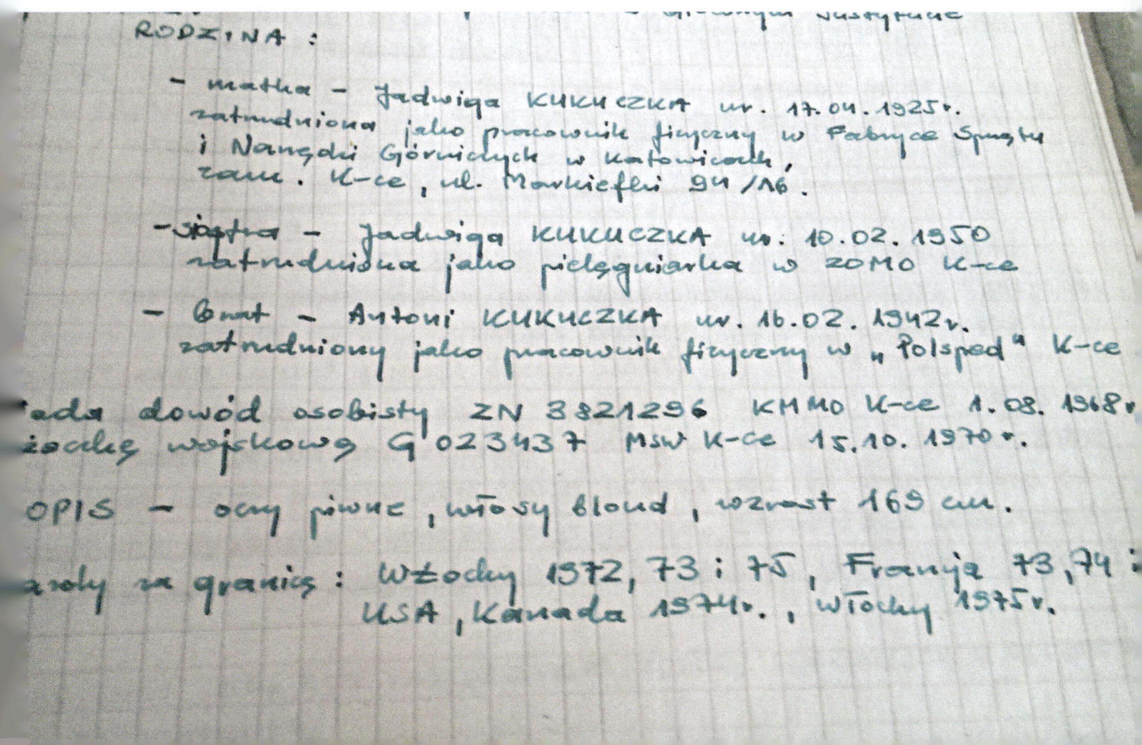
RODZINA :

- matka – Jadwiga KUKUCZKA ur. 17.04.1925 r. zatrudniona jako pracownik fizyczny w Fabryce Sprzętu i Narzędzi Górniczych w Katowicach, zam. K-ce, ul. Markiefki 94/16.
- siostra – Jadwiga KUKUCZKA ur. 10.02.1950 zatrudniona jako pielęgniarka w ZOMO K-ce
- brat – Antoni KUKUCZKA ur. 16.02.1942 r. zatrudniony jako pracownik fizyczny w „Polsped" K-ce

ada dowód osobisty ZN 3821296 KMMO K-ce 1.08.1968 r.
żeczkę wojskową G 023437 MSW K-ce 15.10.1970 r.

OPIS – oczy piwne, włosy blond, wzrost 169 cm.

azdy za granicę: Włochy 1972, 73; 75, Francja 73, 74; USA, Kanada 1974 r., Włochy 1975 r.

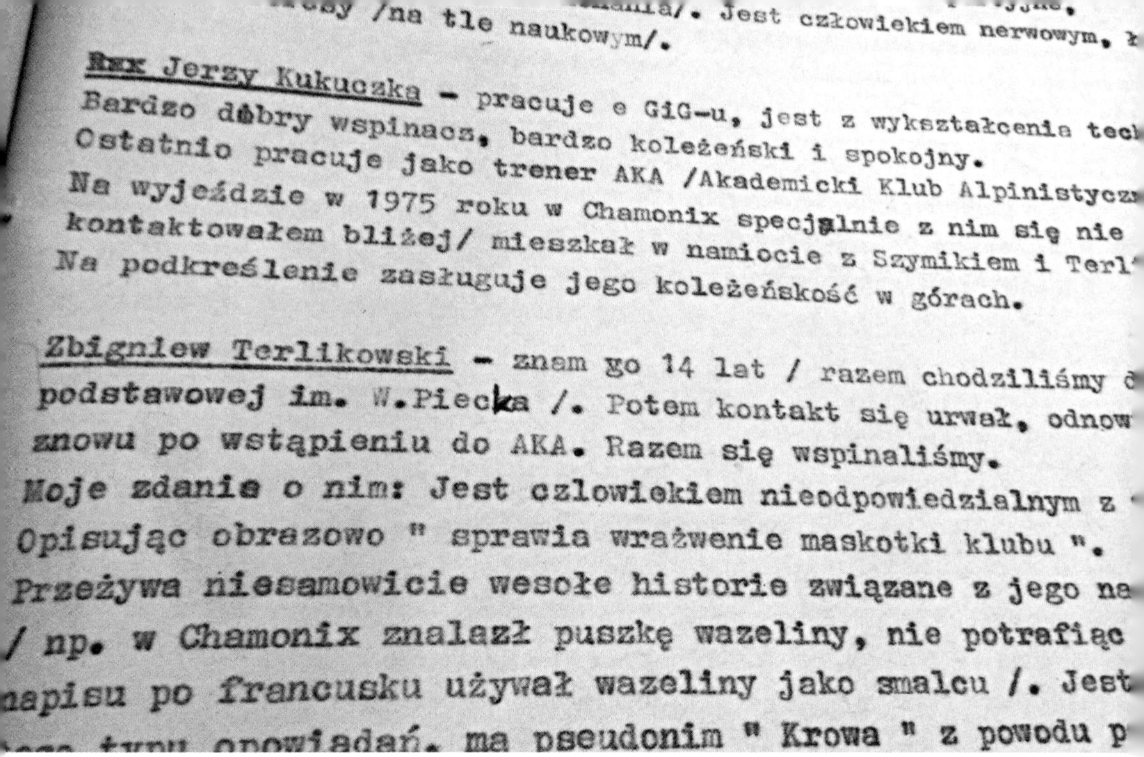
...esy /na tle naukowym/. ...ania/. Jest człowiekiem nerwowym, ż...

Rmx Jerzy Kukuczka - pracuje e GiG-u, jest z wykształcenia tec...
Bardzo dóbry wspinacz, bardzo koleżeński i spokojny.
Ostatnio pracuje jako trener AKA /Akademicki Klub Alpinistycz...
Na wyjeździe w 1975 roku w Chamonix specjalnie z nim się nie
kontaktowałem bliżej/ mieszkał w namiocie z Szymikiem i Terl...
Na podkreślenie zasługuje jego koleżeńskość w górach.

Zbigniew Terlikowski - znam go 14 lat / razem chodziliśmy d...
podstawowej im. W.Piecka /. Potem kontakt się urwał, odnow...
znowu po wstąpieniu do AKA. Razem się wspinaliśmy.
Moje zdanie o nim: Jest człowiekiem nieodpowiedzialnym z ...
Opisując obrazowo " sprawia wrażwenie maskotki klubu ".
Przeżywa niesamowicie wesołe historie związane z jego na...
/ np. w Chamonix znalazł puszkę wazeliny, nie potrafiąc
napisu po francusku używał wazeliny jako smalcu /. Jest
...typu opowiadań. ma pseudonim " Krowa " z powodu p...

Charakterystyki polskich alpinistów sporządzone dla Służby Bezpieczeństwa przez tajnego współpracownika „Andrzeja”. Dokument z zasobów Instytutu Pamięci Narodowej

We wrześniu 1985 roku Jerzy Kukuczka przygotowuje się do wyprawy na Kanczendzongę, w tym samym czasie w Himalaje wyjeżdża czteroosobowa wyprawa Klubu Wysokogórskiego z Bielska-Białej. Karol Sopicki (kierownik), Bogusław Janczała i Krzysztof Przystał planują wejście na Ganesh IV (7104 m n.p.m.). Towarzyszy im lekarka Ewa Bancer, anestezjolog z Gdańska. Alpiniści są już w górach, gdy tajny współpracownik bezpieki o kryptonimie „Zdzisław” melduje: „Podczas organizacji tej wyprawy doszło do nieprawidłowości, w góry pojechali ludzie bez uprawnień”.

SB rozpoczyna operację „Himalaje”.

Pierwsze ustalenia – członkowie wyprawy mieli problemy ze zdobyciem dewiz oraz zezwolenia nepalskich władz na wspinaczkę. Janczała nie ma stopnia samodzielnego taternika, a Bancer żadnego doświadczenia wspinaczkowego.

„Wobec powyższej sytuacji – zgodnie z uchwałą zarządu – prezes klubu obywatel Jan Weigel odmówił podpisania składu ostatecznego wyprawy zawierającego nazwiska wyżej wymienionych członków i zwrócił się z pismem do Zarządu PZA w Warszawie, w którym poinformował o uchwale Zarządu Klubu, a także przesłał wypełnione przez kierownika wyprawy formularze składu ostatecznego z prośbą o zajęcie stanowiska i podpisanie składu zgodnie z propozycją kierownika Sopickiego, skreślenie osób nieposiadających wymaganych regulaminem kwalifikacji i wyrażenie zgody na wyjazd 4-osobowej wyprawy lub wstrzymanie wyjazdu wyprawy. Asekurancka postawa zarządu klubu wynikała z faktu, że kierownik wyprawy obywatel Karol Sopicki posiadał szerokie i ugruntowane nieformalne kontakty w PZA w Warszawie i byłby w stanie załatwić tę sprawę poza wiedzą Klubu Wysokogórskiego z Bielska-Białej, narażając tym samym prestiż i autorytet członków jego zarządu. Przewidywania zarządu okazały się słuszne – mimo przedstawionych zastrzeżeń i zwrócenia uwagi na występujące niedociągnięcia w organizacji wyprawy Zarząd PZA w Warszawie wyraził pisemną zgodę na wyjazd wyprawy w Himalaje, w składzie której były osoby nieposiadające odpowiednich kwalifikacji oraz doświadczenia technicznego. Wyjazd ekipy nastąpił 13 września 1985 roku" – raportują oficerowie SB. Do meldunku dołączają listę uczestników wyprawy. Jest błędna. Zamiast Krzysztofa Przystała jest na niej Tadeusz Popiel.

Służby czekają na uczestników wyprawy. Mają wrócić 30 listopada 1985 roku. Z Nepalu przychodzi jednak tragiczna wiadomość. Podczas ataku na szczyt Ganesh IV ginie trzech polskich alpinistów.

Bezpieka ustala: Sopicki, Przystał i Janczała atakują szczyt bez krótkofalówki. Pozostająca w bazie doktor Bancer nie ma z nimi żadnej łączności. Kiedy 12 listopada nie wracają do bazy, zawiadamia służby ratownicze i dyplomatów. Szerpowie wchodzą na 6000 metrów i znajdują obóz Polaków. W opuszczonym namiocie leży butla z gazem oraz resztki jedzenia. Po alpinistach ani śladu. Wszystko wskazuje na to, że porwała ich lawina, ciał nie odnaleziono. Do Polski wracają tylko ich paszporty.

Naprawdę zginęli czy uciekli? Bielska SB prosi centralę o zgodę na podjęcie czynności operacyjnych w Polskim Związku Alpinizmu. Odpowiedź jest krótka: „Z analizy materiałów w PZA dotyczących wyżej wymienionej sprawy nie wynika, żeby wyprawa odbyła się niezgodnie z obowiązującymi przepisami. Jednocześnie informujemy, że Polski Związek Alpinizmu jest instytucją centralną i podlega operacyjnej ochronie Wydziału IX, Departamentu III MSW". W nieformalnym języku służb: Odpieprzcie się, to nie wasza sprawa.

Zimowe Igrzyska Olimpijskie w Calgary to dla Służby Bezpieczeństwa wyzwanie. „Odbędą się w trudnej i skomplikowanej sytuacji międzynarodowej, uwarunkowanej konfrontacyjnym kursem polityki zagranicznej państw kapitalistycznych, głównie USA, rzutującym bezpośrednio na jakość i zwartość światowego ruchu sportowego. Istotny wpływ na występy polskiej reprezentacji w Kanadzie mieć będzie liczne i silne skupisko zamieszkującej w Calgary emigracji z naszego kraju, po 1980 roku zdecydowanie wrogo ustosunkowanej do socjalizmu i obecnej rzeczywistości w Polsce. Istnieje duża możliwość wystąpienia w czasie trwania imprezy wielu zagrożeń w postaci prowokacji politycznych, namawiania członków polskiej ekipy do pozostania na Zachodzie, aktów terroru fizycznego i innych wynikających z realizacji określonych celów i zadań przez zachodnie służby specjalne. W związku z tym planuje się podjęcie systematycznych działań operacyjnych mających na celu zabezpieczenie uczestników naszej ekipy" – czytamy w analizie sporządzonej w SB kilka tygodni przed igrzyskami olimpijskimi.

Do Calgary jedzie 42-osobowa ekipa polskich sportowców i działaczy. Międzynarodowy Komitet Olimpijski planuje uhonorowanie medalem Jerzego Kukuczki, zdobywcy Korony Himalajów.

Kierownictwo SB wyznacza funkcjonariuszom zadania: mają sprawdzić skład ekipy, uruchomić kontakty wśród zawodników i nawiązać współpracę ze służbami innych krajów socjalistycznych zabezpieczającymi imprezę.

Kilka dni przed wylotem oficerowie bezpieki spotykają się z kontaktem o kryptonimie „HG". To członek ekipy Polskiego Związku Hokeja na Lodzie. Piszą meldunek: „Poinformowaliśmy go, że z uwagi na rangę imprezy w kierownictwie ekipy jest uplasowany pracownik SB – pan Piotr, z którym powinien kontaktować się w razie konieczności. Kontakt operacyjny stwierdził, że nie zaobserwował negatywnych faktów oraz zagrożeń. Nie spodziewa się również, aby ktorykolwiek z zawodników planował pozostanie w trakcie wyjazdu do Kanady. Ewentualnym zamiarom tego typu nie sprzyja poziom sportowy reprezentowany przez naszych zawodników w kontekście umiejętności Kanadyjczyków. Możliwe są natomiast nieprawidłowości w czasie powrotu ekipy pod kątem omijania lub łamania przepisów celno-dewizowych. Najbardziej obrotnymi w tych sprawach są zawodnicy Klubu Sportowego Polonia Bytom oraz lekarz ekipy".

Na podstawie doświadczeń z igrzysk w Sarajewie bezpieka sporządza charakterystykę członków ekipy wyjeżdżającej do Kanady. Wynika z niej, że jeden z dziennikarzy TVP to „bufon o manierach sztywniaka, trudny, lecz dyskretny, niechętny, przyjazny, jeśli ktoś stawia mu alkohol, groszorób".

Inny dziennikarz jest „tchórzliwy, wymaga kontroli, udziela obiektywnych danych pod naciskiem pytań". O jednym z zawodników esbecy piszą: „mało towarzyski, mrukliwy, skryty, solidny i wiarygodny".

Ale mają rację – polska ekipa wraca z Calgary do kraju w komplecie.

TRENER AUSTRALIJSKICH WSPINACZY

Jerzy Kukuczka też nie sprawia kłopotów, nie angażuje się w politykę. Nie jest członkiem partii, nie należy do „Solidarności". Nie afiszuje się ze swoimi poglądami. – Może był ostrożny, a może go to po prostu nie interesowało. Miał swoje góry, które traktował poważnie. Na pewno nie był prorządowy – mówi Andrzej Paczkowski.

Myśli o wyjeździe za granicę, ale na krótko. Chce zarobić, ustawić się i wrócić. Koresponduje z Dickiem Semanovem, australijskim wspinaczem. „Nie masz pojęcia, jak bardzo bym chciał Cię odwiedzić. Jest to moim marzeniem. I jeżeli nie sprawi Ci to wielkiego kłopotu, zrobię wszystko, aby doszło to do skutku. Nie jest to jednak prosta sprawa. Ja wiem, że dużo Polaków wyjeżdża za granicę na dłuższy czas, pracuje, a później wraca z kupą pieniędzy (jak na nasze warunki), ale najczęściej jest to ich wyjazd ostatni. Nasze władze bardzo nie lubią, kiedy Polak pracuje za granicą na paszporcie turystycznym. Pewno tego nie rozumiesz, ja też nie i nie umiem tego wytłumaczyć. Nie chciałbym sobie odciąć drogi na wyjazdy zagraniczne ze względu na góry. W Polsce nie ma ich za dużo. Mnie z kolei nie stać na wyjazd do Ciebie i niepracowanie. Zupełnie inna sytuacja jest z wyjazdem oficjalnym" – pisze Kukuczka.

Proponuje, aby Semanov załatwił mu zaproszenie z jakiegoś australijskiego klubu wspinaczkowego. Prosi, żeby w dokumencie było zaznaczone, że przez 12 miesięcy będzie się zajmował trenowaniem młodzieży, a klub pokryje koszty utrzymania i mieszkania.

Do Australii nie zamierza jechać z pustymi rękami. „W Pakistanie są piękne, ręcznie robione meble. Często są to antyki, na niektórych można by dużo zarobić, ale nie orientuję się, jaka jest cena przewozu tych rzeczy i cło w Australii. W Afganistanie za 60 dolarów można dostać ładny, bardzo lekki wyszywany kożuch (z tym że nie są one najlepiej wykończone, bardzo prymitywnie, często szyte ręcznie). Ile u was kosztują kryształy? Powiedz mi po prostu, co warto przywieźć z Polski, a co ze Wschodu do Australii" – prosi Kukuczka. W Australii nigdy nie zostanie na dłużej, będzie tam tylko przejazdem.

Mógłby zostać na Zachodzie. Podczas pobytu na Alasce mieszka u Stana, Amerykanina polskiego pochodzenia. Stan prowadzi otwarty dom. Kukuczka poznaje wielu Polaków, którzy wyjechali z kraju. Jednym powodzi się lepiej, innym gorzej. Wszyscy przyznają, że bardzo tęsknią za Polską.

„Kiedyś zadzwonił do Stana jakiś Bułgar mówiący po rosyjsku. Uciekł z Bułgarii przez Austrię, teraz błąka się po całym świecie, nie mając żadnych znajomych. Żal mi go, a z drugiej strony go podziwiam. Jak mógł zdecydować się na coś takiego, będąc architektem, zostawiając żonę, dziecko, rodzinę, znajomych, przyjaciół. Bez prawa do powrotu. Pracuje tu w przetwórni rybnej za 5,35 dolara na godzinę. Nieźle. Mieszka w domu, gdzie płaci 180 dolarów miesięcznie z wyżywieniem (bardzo mało jak na tutejsze stosunki) i nie ma do kogo gęby otworzyć. Znalazł w książce telefonicznej słowiańskie nazwisko i tak trafił do Stana" – notuje Kukuczka w pamiętniku.

Nie, emigracja nie jest dla niego. Po latach mówi w wywiadach: – Gdybym mieszkał na Zachodzie, nazwałbym się zawodowym alpinistą. Ale mieszkam w Polsce, jestem więc technikiem elektrykiem pracującym w górnictwie, 40-letnim, z tendencją do tycia, żoną i dwójką dzieci.

ROZDZIAŁ 9

DZIEWCZYNY

Himalaiści o kobietach:

Baba do gór nie pasuje, nie nadaje się.

Jest słaba, trzeba ją za sobą ciągnąć.

Kobieta, która się wspina, to coś pośredniego między babą a chłopem. Kobieton, babozwierzak. Albo jeszcze śmieszniej: koń.

„Konie" zżerają więcej, niż są w stanie wnieść na górę w plecaku.

Nie myślą jak faceci, pokłócą się o szminkę.

Chcą się podobać zawsze, także na wyprawach. Pawłowski: „Nawet w Himalaje zabierają bieliznę erotyczną, żeby w odpowiedniej chwili się nią pochwalić. Na jednej z wypraw, na Ama Dablam, na wysokości ponad czterech tysięcy metrów znaleźliśmy w namiocie eleganckie damskie szpilki! Takie zabiegi działają na mężczyznę jak czerwona płachta na byka".

Dzieci zostawiają i lezą po śmierć. Matki zbrodniarki. Wynaturzenie.

Wkurwiają.

PIERWSZA WANDA, ZA NIĄ CAŁA BANDA

Rok 1977. Wanda Rutkiewicz dostaje zaproszenie do udziału w niemiecko-francuskiej wyprawie na Mount Everest. Najwyższa góra świata, jeszcze żaden Polak na niej nie stanął.

⇦ Rok 1982, w Polsce trwa stan wojenny. Wandzie Rutkiewicz (na zdjęciu) udaje się zorganizować wyprawę na K2. Zabiera ze sobą Jerzego Kukuczkę (na zdjęciu) i Wojciecha Kurtykę

Warunek: Każdy uczestnik wyprawy musi wnieść co najmniej 6 tysięcy marek zachodnioniemieckich. W Polsce to góra pieniędzy. Średnia płaca wynosi około 3900 złotych miesięcznie – niecałe sto marek po kursie czarnorynkowym. Żeby uzbierać 6 tysięcy marek, trzeba by pracować pięć lat. Nie jeść, nie płacić rachunków, nic nie kupować. Albo sprzedać na czarnym rynku dwa małe fiaty.

Wanda negocjuje z Karlem Herligkofferem, kierownikiem wyprawy. Zamiast gotówki może wnieść 25 kurtek i spodni z gęsiego puchu. Jesienią 1978 roku ląduje w Katmandu.

Jest jedyną kobietą w zespole, który ma zaatakować szczyt. Na dodatek zostaje mianowana drugim zastępcą kierownika wyprawy. Nie wszystkim się to podoba. Hubert Hillmaier mówi bez ogródek: – Kobiety na wyprawach to bezsens.

Każde słowo, gest Wandy są komentowane. Robert Allenbach i Bernd Kullmann donoszą, że nie wyciągnęła kamery, żeby ich sfilmować w czasie podejścia do obozu trzeciego. Sigi Hupfauer, pierwszy zastępca kierownika, krzyczy do Wandy: – Jesteś niczym!

Stres, napięcie? Kurt Diemberger, himalaista z Austrii, wyjaśnia: – Który z naszych kolegów, nawet ja, byłby zachwycony, gdyby w górach miała nimi kierować kobieta?

Rutkiewicz wchodzi na wierzchołek Mount Everestu 16 października 1978 roku. Anna Czerwińska, himalaistka: – Fajnie, że dokopała facetom.

W Polsce wywiady, telegramy gratulacyjne, kwiaty, spotkania z wielbicielami. Hanna Wiktorowska, sekretarz generalny oraz szefowa biura Polskiego Związku Alpinizmu: – A mimo to po zdobyciu Everestu Wanda była pełna obaw. Bez przerwy pytała, „Haniu, a co powiedzieli koledzy, jak oni to przyjęli?".

– Wanda wszystkich polskich chłopów wyprzedziła. Pierwsza weszła na Everest i K2 – mówi Ignacy Walenty Nendza. Układa fraszkę: „Pierwsza była Wanda, za nią cała banda".

– Parę osób zgrzytało zębami. Znokautowała wszystkich – mówi Andrzej Paczkowski, przewodniczący Polskiego Związku Alpinizmu.

Faceci tego nie wybaczają. Ryszard Pawłowski: „Opowiadano mi kiedyś, jak ekipa Wandy Rutkiewicz szła przez wioski do podnóża góry w Hindukuszu. Przed nią do tego samego celu zmierzała polska, męska wyprawa. Postanowili zrobić Wandzie niespodziankę. Poświęcili sporo czasu i wysiłku, aby nauczyć dzieci powitalnego pozdrowienia. Pracowicie ćwiczyli. Kiedy kilka godzin później szła ekipa Wandy, cała wioska wyległa na drogę. Dzieci i dorośli radośnie machali rękami, skandując: Wanda-cipa! Wanda-cipa!".

13 grudnia 1981 roku w telewizji i radiu od rana słychać hymn narodowy. Spiker zapowiada: „Rozpoczyna się szczególny dzień w historii naszego państwa i naszego narodu. Za chwilę przed mikrofonami wystąpi generał armii Wojciech Jaruzelski".

Stan wojenny. Partia komunistyczna ma już dość układania się z „Solidarnością". Władzę w Polsce przejmuje Wojskowa Rada Ocalenia Narodowego. Administracja państwa i strategiczne sektory gospodarki, jak komunikacja, energetyka, górnictwo zostają zmilitaryzowane, a nadzór nad nimi obejmuje wojsko. Telefony nie działają, zostaje wprowadzona cenzura korespondencji. Od godziny 22 do 6 rano godzina milicyjna, bez przepustki nie wolno wychodzić na ulice. Bez zgody władz nie można zmieniać miejsca pobytu. Nie ma mowy o wyjeździe za granicę.

Po ogłoszeniu stanu wojennego Kukuczka wspomina: – Wszystko nieczynne, wszystko pozamykane, wydaje się, że wszystko trzeba zaczynać od początku. Czuję się jak w klatce.

Nie interesuje się polityką, nie działa w „Solidarności", choć jest jej członkiem. O związku pisze tak: „Po Sierpniu tak jak większość moich dorosłych rodaków złożyłem swój podpis pod deklaracją członka »Solidarności«. Podpisałem, poparłem i... wyjechałem na wyprawę".

Wyjazd w Himalaje organizuje Janusz Kurczab, mistrz Polski w szpadzie, olimpijczyk, organizator wypraw wysokogórskich i instruktor Kukuczki. Niestety, ma już skompletowany zespół. Kukuczki nie zabierze.

Wyprawę na K2 przygotowuje także Wanda Rutkiewicz. Jak to możliwe w stanie wojennym?

Ona: – Władze starają się tworzyć pozory normalności.

Jerzy Kukuczka na tle K2

Koledzy: – Wszystko spacyfikowane, a grupa pań urządza sobie wycieczkę w góry, uciekając od problemów, jakie tu wszyscy mamy na co dzień. I na jakie ustępstwa wobec władz musiały te panie pójść, żeby zrealizować swoje plany?

Rutkiewicz nie przejmuje się gadaniem. Znajduje sponsorów we Włoszech, pomaga jej Reinhold Messner. Zaprasza ją na swoje tournée po największych miastach północnych Włoch. Na prelekcje przychodzi po tysiąc osób. Sponsorzy otwierają portfele. Messner poleca im Wandę.

DZIEWCZYNA MUSI BYĆ EFEKTOWNA

Kukuczka rozmawia z Wojciechem Kurtyką: – Może podłączymy się do jej zezwolenia na K2? To okazja.

Wanda zgadza się dopisać chłopaków do składu kobiecej wyprawy, ale zawierają umowę. Oficjalnie będą fotografami, muszą się sami utrzymać, zajmą się organizacją karawany. I punkt najważniejszy: Dziewczyny zdobywają szczyt same, drogą pierwszych zdobywców. Kukuczka z Kurtyką mogą się wspinać na ścianie południowej lub wschodniej. Obydwa zespoły nie wchodzą sobie w drogę.

Kukuczka po raz pierwszy widzi K2. Dla miejscowych to „Rozległa góra", albo „Wspaniała Góra". Dla wielu himalaistów jest prześliczna. Jeśli poprosić dziecko, by narysowało dowolną górę, nakreśli kształt piramidy. Właśnie tak wygląda K2. Kukuczka we wspomnieniach: „Gdy patrzy się na nią z Concordii – miejsca, w którym spotykają się dwa lodowce – widzi się całą południową ścianę. Trudną, bardzo stromą. Ta góra przytłacza. Jej widok budzi we mnie niepokój, którego do tej pory nie zaznałem".

Kurtyka chce się wspinać wschodnią ścianą. Od kilku lat myśli o tej drodze. Kukuczka zafascynowany ścianą południową. Pisze: „Jest szalenie efektowna. To się dla mnie liczy. Pierwsze wrażenie. Zupełnie jak z dziewczyną, która na początku musi być przede wszystkim efektowna, dopiero później te wrażenia ustępują innym. A piękno tej ściany przykuwa wzrok. Takie sprawy przy wyborze drogi są istotne".

Zanim wybiorą drogę – aklimatyzacja. Kukuczka i Kurtyka chcą przyzwyczajać się do wysokości na klasycznej drodze, ale kobiety protestują.

Kukuczka: „Wanda była prekursorką czysto kobiecej działalności w górach. Uważała, że wspinaczka w wyprawach mieszanych uwłacza kobiecie, odbiera jej szanse wykazania, że jest zdolna do tego samego co mężczyzna. (...) W środowisku było to przyjmowane różnie. Najczęściej z lekkim uśmieszkiem. Tak samo patrzę na to i ja".

Ale pod K2 nie ma żartów. Anna Okopińska stawia sprawę jasno. Pyta dziewczyny: – Albo jesteśmy wyprawą kobiecą, albo nie.

Wszystkie się zgadzają, że dla facetów nie ma miejsca. Muszą sobie poszukać innej drogi. Po drugiej stronie lodowca Godwin-Austen wznosi się Broad Peak. Wierzchołki obydwu gór dzieli odległość 9 kilometrów. Kukuczka z Kurtyką nie muszą pytać o zgodę na wspinaczkę. Zezwolenie wystawione przez władze Pakistanu obejmuje zgodę na swobodne poruszanie się po okolicach K2 w celu robienia zdjęć i zdobywania aklimatyzacji.

Czwartego dnia zakładają obóz na zboczach Broad Peak, na wysokości 6400 metrów, szóstego dnia kolejny – na 7300 metrów. Siódmego dochodzą do przełęczy na wysokości 7800 metrów. Do szczytu 250 metrów. Blisko, ale Kukuczka jeszcze słaby. Siada na przełęczy, wyżej chyba nie da rady. Kurtyka czuje się dobrze. Ma Broad Peak na wyciągnięcie ręki, dobrą pogodę, a przed sobą w miarę łagodne podejście. Wiadomo, że nie odpuści.

– Jak tam? – pyta Jurka.

– Kiepsko się czuję, będę chyba wracał.

– Cholera, szkoda. Jesteśmy tak blisko. Chyba pójdę dalej.

– Dobra, idź.

Kukuczka widzi Kurtykę na grani, przyjaciel zmierza prosto na szczyt. Jeśli nie spróbuje pójść za nim, nigdy sobie tego nie wybaczy. Podnosi się z trudem, brakuje mu tchu, przed oczami czarne kręgi. Dziesięć kroków, siada. Wstaje, kolejne dziesięć kroków. Siadanie i wstawanie za bardzo męczy, podczas postoju lepiej opierać się na czekanie. Jeszcze około pół godziny i będzie na górze, zaciska zęby, idzie.

Kurtyka wraca ze szczytu, zadowolony. Spotykają się na grani. Jurek źle wygląda. – Może byś zawrócił? – pyta Kukuczkę.

– Jest za blisko, jakoś się dokulam...

Na szczycie robi zdjęcie swojego czekana, fotografuje księżyc, który wschodzi nad granią. Do kieszeni wkłada kamyk na pamiątkę i powoli schodzi do obozu, na wysokość 7300 metrów. Wymiotuje ze zmęczenia, nie jest w stanie ruszyć ręką. Czuje, jakby miał zaraz umrzeć. Zapamięta, że organizmu nie da się oszukać – czasu potrzebnego na aklimatyzację nie da się skrócić.

CZY MOŻNA RZĄDZIĆ GÓRĄ?

Za pozwolenie na zdobycie szczytu Broad Peak władze Pakistanu żądają 2 tysięcy dolarów. Kukuczka i Kurtyka rozmawiają w namiocie o tym, że:

– pozwolenia na zdobywanie szczytów to głupota,

Kurtyka z Kukuczką siódmego dnia dochodzą do przełęczy na wysokości 7800 metrów. Do szczytu Broad Peaku mają tylko 250 metrów ⇨

Na Broad Peak normalną drogą wspina się Reinhold Messner. Na wysokości 6400 metrów mija schodzących Polaków. Na zdjęciu obok Jerzego Kukuczki

– to nie są góry pakistańskie, nepalskie czy chińskie, tylko ich, bo czują się w nich jak u siebie,

– śmieszne, że jakiś urzędnik zza biurka decyduje, że tędy można iść, a tamtędy już nie,

– to tak, jakby powiedzieć, że powietrze nade mną jest moje i nikt inny nie może nim za darmo oddychać,

– no, chyba że kilkanaście wypraw jednocześnie będzie chciało zdobyć górę, wtedy zakazy mają sens,

– czy w ogóle można „rządzić" górą?

Nie mają wyrzutów sumienia. Ukradli Broad Peak Pakistańczykom i co z tego? To ich góra, bo ją zdobyli i wcale nie muszą się tym chwalić. Górę porównują do kobiety i tak ją traktują. „Jeśli ją masz, jeśli jest ci z nią dobrze, nie czujesz potrzeby opowiadania o tym wszystkim dookoła. To jest twoja i jej tajemnica".

Weszli na szczyt nielegalnie, będą trzymać język za zębami, ale satysfakcji nikt im nie odbierze. Tylko że w Himalajach trudno utrzymać tajemnicę.

Na Broad Peak, normalną drogą, wspina się Reinhold Messner. Towarzyszą mu dwaj Pakistańczycy: Nazir Sabir i Shere Khan. Na wysokości 6400 metrów mija schodzących Polaków.

– Skąd wracacie? – pyta.

– Okolice szczytu, aklimatyzacja – odpowiada Kurtyka.

– Byliście na szczycie?

Kurtyka z naciskiem: – W okolicach szczytu.

– Tak, tak – macha ręką Messner.

Kurtyka: – Proszę, nie mów nikomu, że nas tutaj spotkałeś.

– Dobra, dobra... Wiecie, że jedna z waszych dziewczyn zginęła w drodze na K2?

30 lipca 1982 roku Halina Krüger-Syrokomska i Anna Okopińska na zboczu K2 docierają do obozu drugiego. Wspominają kobiecą wyprawę z 1975 roku. Polski Związek Alpinizmu wysyła też grupę męską, dla bezpieczeństwa. Gaszerbrum III był wtedy najwyższym jeszcze niezdobytym szczytem na Ziemi. Umowa była jasna – panie wchodzą na lewo, na Gaszerbrum III, a panowie na prawo, na Gaszerbrum II.

Ale już w bazie zaczynają się tarcia, wzajemne pretensje, żale. Uczestnicy uważają, że Wanda Rutkiewicz wyprawą kieruje jak dyktatorka, nie liczy się z opinią większości zespołu, zmienia ustalenia. Nie ufają jej. Okopińska będzie potem opowiadała: – Od początku Gaszerbrum III miały atakować kobiety i nie było mowy o tym, że mają brać w tym udział mężczyźni. Nagle zobaczyliśmy przez lornetkę, że na szczyt idą cztery osoby, a nie dwie: Alison Chadwick-Onyszkiewicz, Wanda Rutkiewicz i dwaj faceci: Janusz Onyszkiewicz i Krzysztof Zdzitowiecki. Nie tak miało być!

W filmie dokumentalnym Jerzego Porębskiego „Panie w górach" (jeden z cyklu sześciotomowego projektu „Polskie Himalaje") więcej szczegółów.

Baza wywołuje grupę na górze: – Halo Wanda, Halo Wanda...

– Wszystko u nas w porządku, ryzykujemy zdobycie szczytu.

– Potwierdź, czy idziecie całą czwórką do końca?

– W tej chwili decydujemy się iść czwórką do końca.

W namiocie konsternacja: – No więc do końca kamuflowała to wszystko.

Okopińska: – Było nam strasznie przykro. Zostałyśmy wykiwane.

BAŁWAN Z BIUSTEM

Okopińska nieraz słyszy od kolegów: – Myślisz, że cię wyniesiemy na szczyt?

Teraz, pod K2, dziewczyny są w świetnych humorach. – To nie Gaszerbrumy, pani Aniu. Tu trzeba się wspinać – żartują.

Śmieją się z facetów, wspominają pakistańskiego oficera łącznikowego, który na jednej z wypraw w pobliżu bazy ulepił wielkiego bałwana płci żeńskiej, z ogromnym biustem. Kobiety się odwdzięczają. Rano przed swoim namiotem Pakistańczyk znajduje bałwana ze stojącym członkiem. Ale było śmiechu.

– Jaką pogodę przewidujecie na jutro? – pada pytanie z bazy, w czasie codziennej łączności.

– Zapytajcie Pana Boga – odpowiada Halina.

Wczesnym popołudniem Okopińska bierze aspirynę, bo czuje, że dopada ją przeziębienie. Zasypia. Budzi się około godziny 17.

– Jak się czujesz? – pyta Halinę. Chwilę potem Krüger-Syrokomska traci przytomność i przestaje oddychać. Okopińska reanimuje koleżankę, pomagają jej Austriacy, którzy niedaleko rozbili swój obóz, oraz ich oficer łącznikowy. Krüger-Syrokomska nie odzyskuje przytomności. Jej ciało z obozu drugiego pomagają znosić uczestnicy wyprawy Janusza Kurczaba, którzy też zdobywają K2. Kukuczka i Kurtyka dołączają do konduktu.

Prosty krzyż na grobie i napis wyklepany na blaszanej pokrywce bębna. Imię, nazwisko i data śmierci. Wspólna modlitwa.

Co dalej?

Rutkiewicz zarządza głosowanie. Poza Okopińską wszystkie są za kontynuowaniem wyprawy.

W obozie na zboczu K2 Halina Krüger-Syrokomska traci przytomność i przestaje oddychać. Mimo reanimacji nie odzyskuje przytomności. Jej ciało z obozu drugiego pomagają znosić uczestnicy wyprawy Janusza Kurczaba, którzy też zdobywają K2. Kukuczka i Kurtyka dołączają do konduktu ⇨

Na K2 ścianą wschodnią czy południową? Kukuczka i Kurtyka wciąż nie podjęli decyzji. Oglądają obie drogi. Na wschodniej ścianie lodowa bariera, przewieszona, nie do pokonania. A więc ściana południowa. Kukuczka zadowolony. „Bardziej mi się podobała" – przypomni w pamiętniku. Ale tam też lodowe przeszkody, uskoki, przewieszenia, granie. Dotarcie na wysokość 6400 metrów zajmuje chłopakom dwa dni. Potem teren łatwiejszy, ale psuje się pogoda. Zakładają biwak na wysokości 7200 metrów.

Kukuczka czuje, że Kurtyka chce się wycofać. Jego partner nie wierzy w poprawę pogody. Gęsty śnieg pokrywa wszystko coraz grubszą warstwą. Kukuczka namawia przyjaciela na nocleg, następnego dnia zdecydują.

Rano pogoda jeszcze gorsza. Zrywa się silny wiatr. W każdej chwili może zejść lawina, lodowe seraki niebezpiecznie trzeszczą. Negocjacje – poczekać czy schodzić – trwają do południa, w końcu Kurtyka podejmuje decyzję: – Schodzimy.

Próbują jeszcze pokonać górę kilka razy, ale pogoda nie pozwala. W tym roku nikt nie stanie na szczycie K2.

Nie udaje się utrzymać tajemnicy zdobycia Broad Peak. Kukuczka przypuszcza, że źródłem przecieku jest francuski dziennikarz, który towarzyszył wyprawie, ale kobiety też nie są bez winy. Notuje: „Dziewczyny traktowały Francuza jak pewien dodatek, a on patrzył na nie tylko jak na kobiety, a nie jak na wielkie alpinistki. Bardzo się to nie podobało, zwłaszcza Wandzie. Trochę się pokłócili, Francuz spakował manatki i opuścił wyprawę wcześniej. Zaczął na lewo i prawo opowiadać różne rzeczy".

Wanda musi się tłumaczyć w ministerstwie turystyki Pakistanu.

– Ci dwaj byli na szczycie Broad Peak czy nie?

– Byli w okolicy, musieli się zaaklimatyzować, robili zdjęcia. O zdobyciu szczytu nic nie wiem.

Polski Związek Alpinizmu przyjmuje sprawozdanie polskich wypraw na K2. „Wyprawa kobieca doszła do wysokości około

6800 metrów, na czym poprzestała ze względu na niepogodę. Wyprawa męska pod kierownictwem Janusza Kurczaba doszła na 8300 metrów i ze względu na złe warunki pogodowe też musiała się wycofać. Była również trzecia wyprawa [Kukuczki i Kurtyki], z góry skazana na niepowodzenie, bo przecież dwuosobowy zespół nie ma najmniejszych szans na takiej ścianie".

Sprawozdanie zostaje przyjęte, nie ma w nim słowa o zdobyciu Broad Peak. Wkrótce potem Reinhold Messner, który w rok zdobywa trzy ośmiotysięczniki, wydaje książkę pod tytułem „3x8000". Każdy może przeczytać: „W drodze na Broad Peak, gdzieś na wysokości 6400 metrów spotykamy wracających ze szczytu Wojtka Kurtykę z jeszcze jakimś Polakiem".

Kukuczka nie jest zły za to złamanie tajemnicy. Kobiety wróciły z niczym, oni zaliczyli nieoficjalne wejście na ośmiotysięcznik. We wspomnieniach napisze: „Oficjalnie mówiło się o wyjeździe wyprawy kobiecej, a te dwie najsilniejsze »dziewczyny« to Wojtek i ja".

SPECIAL

ROZDZIAŁ 10

TRELE-MORELE

Wojciech Kurtyka doskonale zna język angielski.

Jerzy Kukuczka dopiero się uczy, mozolnie zapisuje w notesie słówka:

Someone (samłan) – ktoś
It's delicious (its deliszes) – to jest doskonałe
I found – ja znalazłem
Mend – naprawiać
Paint – malować
Late – jest już późno
Perhaps – być może.

Kukuczce podoba się „Król szczurów" Jamesa Clavella, szczególnie fragment, który zapisał sobie w notesie: „Przechodząc przez pokój, zauważył dwóch pederastów. Powinien kazać się im rozejść i oddać pod sąd wojenny. Ale był zbyt zmęczony, machnął ręką".

Kurtyka, syn Tadeusza Kurtyki, reportażysty i pisarza [używał pseudonimu literackiego Henryk Worcel – przyp. aut.], autora m.in. „Zaklętych rewirów" i „Odwetu", preferuje trudniejsze lektury.

Kukuczka, absolwent zawodówki przy Zakładach Wytwórczych Urządzeń Sygnalizacyjnych w Katowicach i technikum dla pracujących przy Śląskich Technicznych Zakładach Naukowych.

⇦ Późna wiosna 1983 roku. Kukuczka i Kurtyka jadą do Pakistanu pod Gaszerbrumy – masyw górski złożony z siedmiu szczytów, w tym trzech ośmiotysięcznych. Nikomu nie zdradzają prawdziwego celu wyprawy

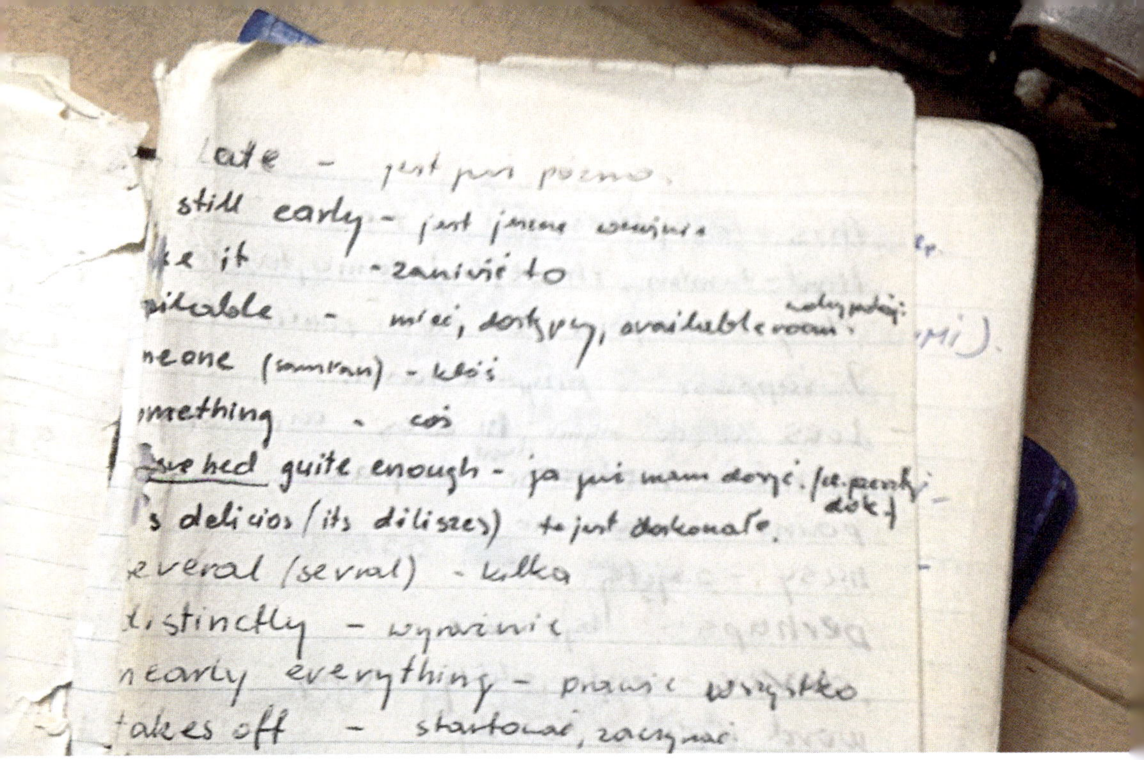

Fragment notesu Jerzego Kukuczki, w którym zapisywał angielskie słówka

Kurtyka, inżynier elektronik, absolwent Politechniki Wrocławskiej, kierownik ośrodka obliczeniowego w biurze projektów elementów lotniczych.

Kukuczka relaksuje się przy piosenkach Maryli Rodowicz i Zdzisławy Sośnickiej. Kurtyka niekoniecznie.

Kukuczka lubi dowcipy o Masztalskim. Na przykład taki: Masztalski ze swoją Karolinką, pół metra od niego wyższą, wybrał się wieczorem na randkę. Położyli się przy dróżce i się kochają. Karolina co jakiś czas woła „ha, ha". Dobrze ci? – pyta Masztalski. Nie, tylko mi co chwila jakiś sukinsyn rowerem po szyi przejeżdża – odpowiada dziewczyna.

Kurtyki taki humor nie bawi.

Kukuczka wierzący katolik, Kurtyka zafascynowany religiami Wschodu.

Jeden niski, krępy, uwielbia golonkę. Drugi wysoki, żylasty, nie tyka mięsa.

Kurtyka: – Nie było niczego, co pozwalałoby nam znaleźć wspólny język.

– A stworzyli najlepszy zespół wspinaczy w historii polskiego himalaizmu – mówi Janusz Majer, alpinista.

Krzysztof Wielicki dodaje: – Gdyby było dwóch Jurków, pewnie z powodu brawury szybko by się zabili. A przy dwóch Wojtkach, z ostrożności niczego wielkiego by nie osiągnęli. Dopełniali się idealnie.

TAM NIE ZGINIEMY

Późna wiosna 1983 roku. Kukuczka i Kurtyka jadą do Pakistanu pod Gaszerbrumy – masyw górski złożony z siedmiu szczytów, w tym trzech ośmiotysięcznych. Nikomu nie zdradzają prawdziwego celu wyprawy.

Ministerstwo turystyki w Islamabadzie wydaje im pozwolenie na wspinaczkę na Gaszerbrum I i przydziela oficera łącznikowego. Pirsa bin Shah jest uśmiechnięty, uprzejmy, życzliwy. Przeciwieństwo Khatki.

Wojciech Kurtyka: – Jadąc na Gaszerbrum I i II, mieliśmy zezwolenie tylko na pierwszy, ale z góry planowaliśmy zdobyć obydwa

23 lipca 1983 roku. Jerzy Kukuczka na szczycie Gaszerbrumu II (8035 m n.p.m.). Wraz z Wojciechem Kurtyką wytyczają nową drogę południowo-wschodnią granią

W bazie pod masywem odkrywają karty.

Kurtyka w filmie „Jurek" Pawła Wysoczańskiego: – Jadąc na Gaszerbrum I i II [8080 i 8035 m n.p.m.], mieliśmy zezwolenie tylko na pierwszy, ale z góry planowaliśmy zdobyć obydwa. Kiedy doszliśmy do bazy, trzeba było jakoś przekonać oficera łącznikowego, że powinniśmy pójść najpierw na Gaszerbrum II. Pakistańczycy z bezwzględnością traktowali przypadki nielegalnego wejścia na wierzchołek. Wymyśliliśmy sprytny sposób. Wytworzyliśmy wrażenie śmiertelnego zagrożenia na Gaszerbrumie I. Oficer łącznikowy tak się przejął sytuacją, że zaczął ze szczerym zaangażowaniem uczestniczyć w tym naszym trudnym położeniu.

– Pirsa bin Shah, słuchaj, a może w tej sytuacji spróbować wejścia na Gaszerbrum II? Spójrz, tam jest grań, tam są skały, tam nie zginiemy – zagaduje Kurtyka.

– Ależ oczywiście! Idźcie na Gaszerbrum II! Nie ma sprawy!

– Ale będziemy mieli problemy...

– Jakie problemy? Ja tu jestem gospodarzem, ja decyduję. Możecie iść na Gaszerbrum II.

Kukuczka: „Gdybyśmy w Islamabadzie wystąpili o pozwolenie na dwie góry, zgodę otrzymalibyśmy od ręki, ale kazaliby nam zaraz za to zapłacić. A my tej forsy nie mamy. Gramy więc roztargnionych milionerów, którzy tylko przez przeoczenie zapomnieli wystąpić o zezwolenie także na drugą górę".

Pirsa bin Shah nie czuje się dobrze na wysokości, wraca do Islamabadu, tam zaczeka na Polaków. Kurtyka wysyła mu list z prośbą, by pozytywnie zaopiniował podanie o zezwolenie na Gaszerbrum II i przesłał je dalej, do ministerstwa turystyki. Polacy są przekonani, że przy alpejskim stylu wspinaczki uwiną się w kilka dni. Zanim nadejdzie odpowiedź, będą już na szczycie. Metoda faktów dokonanych.

Gaszerbrum II zdobywają w cztery dni. Wytyczają nową drogę południowo-wschodnią granią. Czas na Gaszerbrum I, ale psuje się pogoda. Śnieg pada dzień, tydzień...

Warecki: – Wojtek pilnował, żeby na wyprawie nie było za dużo bagażu, bo to oznacza koszty – trzeba płacić tragarzom. Mówił więc tak: zupka grochowa, to może weźmiemy cztery, bo to kalorii jest tyle i tyle... Albo może sześć, wrzućmy sześć do bębna. Jak nie patrzył, to my z Jurkiem wrzucaliśmy do bębna 30 takich zup. Kurtyka: budyniu z 15 paczek, to my z Jurkiem chlast, chlast do bębna, ile się da. Na koniec Kurtyka zdziwiony: – O, wyliczyłem, że będą 62 beczki, a jest 87. Chłopaki, dobrze to spakowaliście? Tak, tak, dobrze. Zawsze wychodziło na nasze, bo już po dwóch tygodniach na wyprawie zaczyna czegoś brakować, a po miesiącu to już klęska totalna, nie ma nic do żarcia, a siedzieć pod górą trzeba.

Teraz też nie można wyjść w góry, śnieg pada już dwa tygodnie. W obozie nuda, brakuje towarzystwa. Szwajcarzy, którzy wcześniej zdobywali masyw, są już w drodze do Islamabadu. Na szczęście zostawiają 300 kilogramów jedzenia.

Kukuczka: – Posiłki są naszą jedyną atrakcją. Tarzamy się w jedzeniu, wymyślamy przeróżne rzeczy. Ciapaty, czyli indyjskie chlebki, z sardynkami, szwajcarskim serem albo ryba z puszki na gorąco.

Co może robić w bazie dwóch mężczyzn, którzy poza górami nie mają wspólnych zainteresowań?

Kukuczka: „Rozmawiamy o kraju, polityce, domach, planujemy następne wyprawy". Szybko brakuje tematów, więc „każdy zamyka się w swoim namiocie, wyczytujemy wszystkie książki do ostatniego słowa, każdy strzęp starej gazety, nawet instrukcje z płachty namiotów". Kurtyka wkuwa słówka francuskie, Kukuczka angielskie. Zaczynają mieć siebie dosyć.

„Partner zaczyna przeszkadzać. Choćbym nie wiem jak dobrze z nim żył, w tej pustelni potrzebuję samotności" – pisze Kukuczka.

Żeby tylko przestało padać!

MIEĆ FART TO PODSTAWA

20 lipca do obozu mają przyjść tragarze, trzeba będzie wracać do Islamabadu. A jednak dzień wcześniej zza ciemnych

śniegowych chmur wychodzi słońce. Polacy patrzą na południowo-zachodnią ścianę Gaszerbrumu I. Napęczniała od śniegu, niebezpiecznie tam iść. Nagle śnieżna narośl potężną lawiną zsuwa się ze ściany. To znak. Droga na szczyt wydaje się otwarta.

Muszą wyjść z bazy natychmiast, tylko co z tragarzami? Nikogo nie zastaną, zwiną namioty i sobie pójdą. Bez zapasów jedzenia i bezpiecznego schronienia alpiniści zginą. Polacy nie znają języka urdu, czy Pakistańczycy znają angielski?

Kurtyka zostawia rysunek. Bazę z namiotami, strzałkę prowadzącą w góry, na końcu strzałki dwie sylwetki. Do tego pięć księżyców – w pięć dni alpiniści powinni przecież zdobyć szczyt i wrócić.

Wychodzą z obozu o drugiej nad ranem. Biwak na górze, na lodowej półce pod barierą skalną. Mało miejsca, część namiotu zwisa nad przepaścią. Rano wspinaczkę zaczyna Kukuczka. Powoli pokonują ścianę, kolejny biwak na wysokości 7200 metrów. Teraz znów stają przed kolejną barierą skalną. Nikt jeszcze tędy nie szedł – to nowa droga.

Pech – z buta Kurtyki spada rak, a bez metalowych kolców nie pokonają lodowej ściany. Kukuczka przeczuwa, co powie Kurtyka – że kończy się jedzenie, bez raka nie ma żadnych szans na wejście i najlepiej rano zejść do bazy.

Są tak blisko, 20 dni czekali na poprawę pogody. Nie mogą teraz zrezygnować.

Kurtyka zapamięta to tak: – Dla mnie to był koniec wspinaczki, ale ku mojemu bezgranicznemu zdumieniu Jurek proponuje dalszą drogę na szczyt. Mówi, że jakoś damy sobie radę. Daje mi do zrozumienia, że jeśli ja zrezygnuję, on pójdzie dalej sam. Stawia mnie w jakimś absurdalnym, pozbawionym sensu położeniu. I oświadczam: w porządku, niech będzie na twoje. Poszedłem z nim. To była decyzja, która nie mieściła się w żadnych kategoriach rozsądku. Po przejściu około 50-100 metrów Jurek zaczyna krzyczeć: „Spójrz, nie do wiary!". Znalazł raka.

Kukuczka powie potem: – W górach dużo zależy od przypadku, od szczęścia. Mieć fart to podstawa.

Ze szczytu Gaszerbrumu I zapamięta piękną pogodę. „Siedzieliśmy na nim godzinę. Jest to szczyt bardzo ładny, taki klasyczny śnieżny stożek".

W Islamabadzie awantura. – Dlaczego weszliście na Gaszerbrum II bez zezwolenia!? – pyta urzędnik ministerstwa turystyki.

Kurtyka: – Wysłaliśmy wam list. Czekaliśmy 20 dni na odpowiedź.

Urzędnik: – Hm...

Kurtyka: – Sądziliśmy, że to tylko formalność, więc weszliśmy. Jesteśmy gotowi zapłacić.

Urzędnik: – Żeby to było ostatni raz! Pieniądze mają wpłynąć do końca roku.

W Polsce też awantura. Wyczyn Kukuczki i Kurtyki to największe osiągnięcie 1983 roku w polskim himalaizmie. Dwa ośmiotysięczniki w czasie jednej wyprawy, nowymi drogami i w stylu alpejskim. Ale co z tym rachunkiem z Pakistanu na dwa tysiące dolarów?

23 lipca 1983 roku Jerzy Kukuczka (na zdjęciu) razem z Wojciechem Kurtyką stają na szczycie Gaszerbrumu I (8068 m n.p.m.)

Główny Komitet Kultury Fizycznej i Sportu nie chce zapłacić. Urzędnicy: – Przecież oni weszli na szczyt bez zezwolenia! To jak, każdy teraz będzie sobie tak wchodził, a my będziemy płacić? Niebezpieczny precedens, trzeba to natychmiast ukrócić! Kara musi być!

Najgorsza – zakaz wyjazdów za granicę.

Andrzej Paczkowski, prezes Polskiego Związku Alpinizmu, znajduje rozwiązanie. GKKFiS zapłaci Pakistańczykom za Gaszerbrum II, a Kurtyka z Kukuczką nie dostaną złotych medali za wybitne osiągnięcia sportowe.

Kukuczka we wspomnieniach: „Drogi w Himalaje nam nie zamknięto. Czasem tylko męczyło mnie przekorne pytanie: czy alpinistom z innych krajów też może zabronić ktoś wyjazdów? Już widzę oczami wyobraźni Reinholda Messnera postawionego na baczność przed Jego Dostojnością Rozliczeniem".

Messner zdziwiony. – Kukuczka jeździł w Himalaje dzięki dotacjom swojego państwa. Ja od mojego kraju nie wziąłem ani złamanego lira. Moje wyprawy zawsze finansowali prywatni sponsorzy.

Kukuczka podczas wywiadu dla włoskiej telewizji pokazuje swoje dłonie. – Moim największym sponsorem są moje ręce – mówi.

KILKA RAZY PRÓBOWAŁ MNIE ZABIĆ

Rok 1984, Kurtyka i Kukuczka znów razem, ponownie jadą do Pakistanu, tym razem z katowicką wyprawą Janusza Majera. Ale działać będą osobno. W stylu alpejskim chcą wejść na Broad Peak, a potem na Gaszerbrum IV słynną zachodnią ścianą, zwaną świetlistą. Piekielnie trudna, jedna z najpiękniejszych, ale i najtrudniejszych na świecie, ma około 3 tysięcy metrów wysokości i jest wciąż niezdobyta. Świetlista, bo niesamowicie odbijają się od niej promienie zachodzącego słońca. Jeśli im się uda, zapiszą się w historii światowego himalaizmu. Kukuczka i Kurtyka, najlepsi, choć tacy różni.

Gaszerbrum II z wyrysowaną drogą wspinaczki ⇨

7770

Rok 1984, w obozie pod Broad Peak. Na zdjęciu od lewej Jerzy Kukuczka, Kurt Diemberger i Julie Tullis

Kurtyka używa słów, których Kukuczka nie rozumie.

Opowiada profesor Lech Korniszewski: – Jurek bardzo lubił mieszkać ze mną w pokoju, dobrze się czuliśmy w swoim towarzystwie, nie krępował się mnie pytać, gdy czegoś nie wiedział. Siedzimy w hotelu całą grupą, pijemy. Wojtek barwnie gawędzi, Jurek robi notatki. Wracamy do pokoju, a Kukuczka: Zaraz, zaraz, doktorze, jeszcze cię muszę zapytać. Kurtyka powiedział „inexprimable", a ja nie wiem, co to takiego.

– Chodziło mu o kalesony – wyjaśniłem.

– E, pierdolisz...

Na Kurtykę działa zioło, na Kukuczkę ani trochę.

Opowiada Ryszard Warecki: – Wieczór w Katmandu, szykujemy się do wyjazdu w góry, nagle Wojtek proponuje: Ach, może byśmy sobie hasz zapalili? Dobra, dawaj. Nakroiliśmy, przypaliliśmy fajkę. Wojtek lewituje, odpływa, niebo mu się rozdziera, ma wizje, projekcje, a my z Jurkiem palimy i nic. Wojtek coraz bardziej odjeżdża w poetyckie teksty, a my wciąż nic. W końcu Jurek nie wytrzymuje. Weź no, przynieś flaszkę spirytusu, mówi. Wypiliśmy i też mieliśmy fajnie.

Jest między nimi jeszcze jedna ważna różnica.

Kurtyka powie o tym po latach w wywiadzie dla „Gazety Wyborczej": „Nie tylko nikt nie zginął na moich wyprawach, ale nikomu nie przytrafiło się poważne zadrapanie. A przecież kariera Jurka Kukuczki czy Erharda Loretana usiana była trupami i wypadkami. Erhard dwukrotnie łamał kręgosłup. Wydawało się, że obaj mają w sobie diabła. Dumny jestem z tego, że dla każdego z nich tylko okres partnerstwa ze mną pozbawiony był wypadków. Myślę, że diabły Erharda i Jurka przegrywały z diabłem Wojtka Kurtyki. Stosunek Kukuczki do ryzyka był dla mnie nie do przyjęcia. Był to jeden z powodów rozpadu naszego partnerstwa".

Broad Peak wita himalaistów lawiną kamieni, które rozrywają ich namiot. Bez dachu nad głowami muszą wracać do bazy

I dalej: „Nigdy nie wiedziałem, czy mój strach jest podszeptem diabła, czy głosem opatrzności. Dotąd nie wiem. Kilka razy w życiu wycofałem się. Najtrudniejsze sytuacje zdarzyły się z Jurkiem Kukuczką, który kilka razy próbował mnie zabić, naturalnie siebie również. Ale gdy wspinaliśmy się razem, to ja dyktowałem warunki. Kiedy mieliśmy wejść na Manaslu, zmusiłem go do odwrotu. Dookoła przez godzinę zeszło kilka przerażających lawin, a on próbował wejść w najgorzej wyglądający, śmiertelny stok".

Kukuczka w notatniku: „Strach i lęk są tak nieodłącznym czynnikiem dla alpinisty jak trema dla artysty występującego na scenie czy zawodnika na arenie. Aktora mogą najwyżej wygwizdać, zawodnik przybiegnie ostatni, alpinista często traci wszystko. Boję się nieznanego, najczęściej przed wspinaczką. Ale to nieznane często jest wyolbrzymiane. Czego się boję? Załamania pogody, spadających lawin i kamieni, szczelin niewidocznych. Czasem boję się schodzić do bazy, by znów nie przeżywać tych nocy przed wyjściem w góry".

Dwie krótkie notatki:

„Pamiętać, że wszelkie uczucia na dużej wysokości są przytłumione. Zarówno uczucie radości, jak i lęku oraz strachu".

„Sprawdzić w encyklopedii: lęk, strach".

Z NIEWYJAŚNIONYCH PRZYCZYN WJECHAŁ DO ROWU

Wyprawa zaczyna się pechowo. Ryszard Warecki i Tomasz Świątkowski muszą wracać do kraju. Kukuczka sam prowadzi ciężarówkę. Droga wąska i kręta, z jednej strony zbocza, z drugiej przepaści. Pakistańczycy jeżdżą jak wariaci. Trzeba uważać, nerwy napięte jak struna. Nareszcie koniec górskich serpentyn. Do Gilgit prosta droga.

Kukuczka: „Jadę na luzie, niemal środkiem wąskiego pasa asfaltu. Czuję, że wóz jest trochę przeładowany. Próbuję odbić w prawo, ale samochód nie reaguje. Jednym kołem najeżdżam na niski murek, wybija mi kierownicę z rąk. Nic nie mogę zrobić, wpadamy

Rok 1984. Kurtyka i Kukuczka ponownie jadą do Pakistanu, tym razem z katowicką wyprawą Janusza Majera. Ale działać będą osobno. W stylu alpejskim chcą wejść na Broad Peak, a potem na Gaszerbrum IV słynną zachodnią ścianą, zwaną „świetlistą". Na zdjęciu Kukuczka (w białej czapce) z Walentym Fiutem, uczestnikiem wyprawy Majera ⇨

SALEWA

Jerzy Kukuczka na Broad Peak Middle (8011 m n.p.m.), w tle widać K2

do rowu, a wóz wbija się w skarpę. Siedzący obok mnie Rysiek Pawłowski akurat drzemał, wyleciał z wozu przez szybę, fiknął kozła, lecz już po chwili stał na nogach. Skończyło się na potłuczeniach i otarciach naskórka". Kolegom na pace też nic się nie stało, ale ciężarówka nadaje się na złom.

Kurtyka w sprawozdaniu o tym zdarzeniu bez empatii: „J. Kukuczka w dniu 1.06.1984 roku po całonocnej jeździe, z niewyjaśnionych przyczyn wjechał do rowu, niszcząc doszczętnie samochód i część sprzętu. W pierwszej chwili sądziliśmy, że na tym zakończyła się nasza wyprawa".

Kukuczka: „Na szczęście w Gilgit mieszkał Sherkhan, ojciec znakomitego pakistańskiego himalaisty. Wynajmuje dźwig w jednostce wojskowej, organizuje transport rozbitego wozu do warsztatu".

Pakistańczycy pocieszają Polaków: Da się naprawić.

Baza pod południową granią Broad Peak. Góra ma kilka wierzchołków: główny o wysokości 8051 metrów, przedwierzchołek Rocky Summit (8028 m), centralny (8011 m), północny (7490 m) oraz Kharut Kangri (6942 m). Kukuczka był już z Kurtyką na szczycie głównym. Nielegalnie. Teraz mają pozwolenie, ale chcą czegoś innego – zdobędą szczyt, przechodząc przez wszystkie wierzchołki.

Broad Peak wita ich lawiną kamieni, które rozrywają ich namiot. Bez dachu nad głowami muszą wracać do bazy.

Zaczną jeszcze raz, od południowej ściany, ale wspinaczka idzie jak po grudzie. Drogę zagradza strome lodowe pole. Kukuczka czuje, że Kurtyka traci zapał. Znowu schodzą do bazy. Milczą.

Kurtyka chce porzucić południową ścianę, zacząć z drugiej strony, od północy. Z trudem przekonuje Kukuczkę do tego pomysłu, ale ma rację – od północy jest trochę łatwiej. W raporcie napisze: „13 czerwca rozpoczęliśmy wspinaczkę północną granią. 15 czerwca osiągamy wierzchołek północny i schodzimy na biwak na przełęczy północnej. 16 czerwca trawersujemy grań wierzchołka środkowego, szczyt osiągamy około godziny 15. Zjazdy na

Jerzy Kukuczka nie pokona Świetlistej Ściany. W pamiętniku zanotuje: „Zbieramy się do drogi powrotnej. Po raz pierwszy bardzo silnie przeczuwam nagłą potrzebę samotności".

przełączkę szczytową są bardzo dramatyczne. Huraganowe wiatry. Słabe haki, kruche bloki. Przełęcz osiągamy około godziny 18. Po bardzo męczącym biwaku w załamującej się pogodzie następnego dnia osiągamy główny szczyt około godziny 10 rano. Tego dnia zbiegamy do obozu drugiego".

Kukuczka pierwszy, traci partnera z oczu. Czeka na niego niemal godzinę, nie wie, co robić. W końcu widzi Kurtykę. Przerażonego.

– Dlaczego cię tak długo nie było? – pyta.

Kurtyka odpowiada: – Dobrze, że w ogóle jestem. Mało brakowało, mogło być po mnie.

Ze sprawozdania: „Tuż przed obozem omal się nie zabijam. Urywa się pode mną stara poręczówka. Po około sześciometrowym ześlizgu po lodowej tafli wbijam z całym rozmachem czekan w lód i zatrzymuję się tuż przed lodowym uskokiem".

ŚWIETLISTA ŚCIANA

W archiwum Jerzego Kukuczki niepodpisana kartka. Szkic opowiadania. Tytuł: „Spotkanie".

„Wieczorem 17 lipca 1984 roku Broad Peak był schowany za chmurami. Byliśmy sami, w chmurach, lodzie, pod szczytem. Ale oto, nie możemy uwierzyć... dwie ciemne postacie. Pokazują się i znikają. Tak, tam ktoś jest! Jak to możliwe?

Zbliżają się. Jeden elegancki, szczupły, drugi trochę potężniejszy. Znamy ich! To Jurek i Wojciech! Chudy, wytrzymały Kurtyka i »niedźwiedź« Kukuczka. Ale skąd się tu znaleźli? Spadli z chmur? Zbliżyli się, uściski dłoni. Są zmęczeni, ale weseli. Przeszli wszystkie trzy szczyty Broad Peaku. W ciszy".

Kto to napisał? I po co? Prawda jest inna niż w opowiadaniu. Kurtyka ma dość, Kukuczka wręcz przeciwnie.

– Siedział przed namiotem w bazie i godzinami wpatrywał się w świetlistą ścianę Gaszerbrumu IV – mówi Janusz Majer.

Kukuczka: „Świetlista ściana od wielu lat jest przedmiotem tęsknot licznych alpinistów, równocześnie symbolem

⇦ 17 lipca 1984 roku Kukuczka z Kurtyką wbijają czekan na szczycie głównego wierzchołka Broad Peak (8051 m n.p.m.). W tle widoczny szczyt Gaszerbrumu IV

niemożności. Przyciąga wzrok jak najwspanialsza dziewczyna, ale wystarczy posłać w jej kierunku tylko jedno spojrzenie, by uprzytomnić sobie, że musi być piekielnie trudna, że nie ma w tym murze skały i lodu punktów łatwych. Gdy zobaczyłem ją po raz pierwszy, pomyślałem, że ona jest niemożliwa do przejścia. Ale potem przechodziłem obok niej raz, i jeszcze raz... aż spojrzałem na te trzy tysiące metrów skały i lodu już śmielej. Dostrzegłem, że może są jakieś szanse".

Majer: – Jurek był zdeterminowany, chciał wejść w tę ścianę. Poza tym pozwolenie było opłacone, a on zawsze powtarzał, że jak góra zapłacona, to powinna zostać zdobyta. Wojtek miał obawy. Mówił, że to jest zbyt niebezpieczne, że trzeba się wspinać ciągami wklęsłych formacji, którymi schodzą lawiny. Przy załamaniu pogody i opadach śniegu wpadną w pułapkę.

Mimo to pakują sprzęt i jedzenie na pięć dni, wychodzą z obozu. Do podstawy świetlistej ściany mają osiem godzin marszu. Na niebie wiszą ciężkie chmury. Kurtyka idzie coraz wolniej, nic nie mówi. W końcu siada. – Ja to pierdolę, nie jestem do tej ściany przekonany, wracam do domu.

Ryszard Pawłowski: – Byłem świadkiem ich rozmowy w bazie.

– Wojtek, przecież to ty mnie dwa lata do tej ściany namawiałeś, ja się już na nią nastawiłem – mówił Kukuczka.

Kurtyka: – Nie przekonuj, teraz tam nie pójdę.

Kukuczka: – Mam tę drogę wyrysowaną w głowie, wierzę, że nam się uda.

Kurtyka: – Nie.

– Nie krzyczeli na siebie – mówi Pawłowski. – Wiedzieli, że jeden drugiego nie przekona. To był koniec tego zespołu.

ŚCIEŻKA GÓRY

Kukuczka: „Zbieramy się do drogi powrotnej. Po raz pierwszy bardzo silnie przeczuwam nagłą potrzebę samotności. Wojtek

Jerzy Kukuczka na nartach, w tle widać Gaszerbrum I ⇨

pewnie czuł podobnie. Kiedy tragarze ruszyli w dół, Wojtek zarzucił swój plecak na ramiona i odbił gdzieś w prawo. Ja ruszyłem przed siebie mało uczęszczanym szlakiem do przełęczy Maszerbrum La, a stamtąd do Skardu".

Nendza: – To było symboliczne rozstanie. Każdy z nich poszedł swoją ścieżką, jeden prosto, drugi w prawo.

Kurtyka już czeka w Skardu. Rozbitego mercedesa nie da się jednak naprawić. Trzeba go sprzedać, a właścicielom ciężarówki dopłacić jeszcze z własnej kieszeni po 700 dolarów. Majątek.

Nastrój wciąż fatalny, ale Kukuczka próbuje ratować zespół.

– Szykują się dwie polskie zimowe wyprawy w Himalaje...

Kurtyka: – Mnie zima nie interesuje.

– Ale można zrobić dwa szczyty w jednym sezonie!

– Niemożliwe, za krótki czas, szaleństwo.

– Takie szaleństwo może być fajne.

Kurtyka: – W takim razie naprawdę musimy się rozstać.

Ryszard Warecki: – Wojtek dbał o bezpieczeństwo, pilnował, żeby nie podejmować zbędnego ryzyka. Jurek zaś był przekonany, że jeśli się chce wejść na jakąś górę, to trzeba zrobić wszystko, żeby ją zdobyć. Musi się udać i koniec, nie ma dyskusji. Taka była między nimi różnica. Myślę, że Wojtek przestraszył się tego „szaleństwa" Jurka, tej jego pasji zdobywania.

Wojciech Kurtyka w 1988 roku publikuje swój filozoficzny manifest. Miejsce szczególne zajmują w nim góry, w których najpełniej można doświadczyć przyrody naszej planety. Są szczególne także dlatego, że wraz ze wzrostem wysokości zanika w nich życie, a moment, kiedy to się staje (lub odwrotnie, gdy wraz z obniżaniem wysokości pojawia się życie), jest źródłem pewnego zdumienia i refleksji. „Powszechne jest uczucie wielkiego wzruszenia na widok pierwszej kępy trawy po długim pobycie na wysokościach. Nigdy nie zapomnę chwili po jednej z wypraw, gdy po pięciu dniach samotnego marszu przez lodowce Biafo i Hispar natknąłem się na pierwsze łajno krowie, które poruszyło mnie niemal do łez". Przyroda jest cudem, a góry czynią himalaistów świadkami tego cudu.

Krajobraz górski jest tak piękny i różnorodny, że można w nim dostrzec żywą, uduchowioną istotę. „Przeżycie krajobrazu może być źródłem olśnienia, w którym doznajemy wrażenia odnalezienia ukrytej natury świata".

Wspinanie jest ucieczką od monotonnych mechanizmów, które zabieganemu człowiekowi nie pozwalają zauważyć nieba nad głową. Otwiera oczy, porusza wiele poziomów wrażliwości. „Przeżycia i stany psychiczne, którym podlega alpinista, mają wymiar skrajny, nieosiągalny w innych dziedzinach życia". Doznaje uczucia strachu, trwogi, głodu, zimna, skrajnego wyczerpania psychicznego i fizycznego, co umożliwia pełniejsze przeżywanie uczuć przeciwnych.

Alpinista często staje w sytuacji zagrożenia życia, konfrontuje się ze śmiercią częściej niż inni. Ludzie zwykle unikają takiego spotkania, odwracają się od niego. Pozostają w panicznym odwrocie przez całe życie. W górach taka ucieczka jest praktycznie niemożliwa, one „zmuszają do spojrzenia otwartymi oczyma na prawdę".

Alpinizm angażuje niemal wszystkie rodzaje energii człowieka i angażuje je „w niespotykanym na co dzień, maksymalnym wymiarze". (...) „Wysiłek fizyczny i psychiczny jest tak duży, że zwykło się alpinizm określać jako sztukę cierpienia. W istocie, aby osiągnąć cokolwiek w górach, należy pogodzić się ze wszelką ludzką nędzą i bólem. Przyjąć dokładnie to, czego ludzie unikają jak diabeł święconej wody i wobec czego będą zawsze bezbronni. Również alpinista jest wobec tego bólu bezbronny", lecz może przekształcić go w partnera, z którym można próbować się ułożyć. Staje się wtedy „wiecznym wojownikiem".

Góry wymagają od alpinisty angażowania intuicji, gdzie zwykła logiczna kalkulacja i rozsądek zawodzą i są bezsilne. „Każde wycofanie się ze ściany jest trudnym wyborem między

Trzy wierzchołki Broad Peaku: północny; centralny i główny z zaznaczoną drogą trawersu Kurtyki i Kukuczki

bezpieczną klęską a ryzykownym zwycięstwem. Dylemat właściwego stylu w alpinizmie polega na wyborze między »szybko i ryzykownie« a »powoli, lecz bezpiecznie«. Pobyt w górach bywa jednym wielkim wewnętrznym rozdarciem. (...) Jeśli przyjrzeć się niektórym sytuacjom, zadziwiają one nieraz obecnością bezpodstawnego lęku czy przeciwnie – beztroskim stosunkiem do oczywistego niebezpieczeństwa".

Konkluzja: „Nie ma potężniejszego wymiatacza zakłamania i pozorów niż wielka wspinaczka. Nie ma lepszego środka antyneurotycznego, jaki równie skutecznie przywracałby właściwe miejsce panoszącemu się konwenansowi i właściwe proporcje urojonym problemom, niż wspaniała ściana. (...) Człowiek powracający z trudnej eskapady górskiej jest istotą mądrzejszą, spokojniejszą i promieniującą wewnętrznie. Niejako – wyzwoloną".

Swoją filozofię Kurtyka nazywa „Ścieżką Góry".

Kukuczka nie komentuje publicznie tego manifestu. Pisze w swoim pamiętniku: „Moje życie jest przygodą górską. Trzy punkty oparcia – podstawowa zasada wspinaczki. Moja dewiza życiowa: stój twardo na ziemi, nie wpuszczaj się w kanały różnych teologii alpinistycznych, różnych teoretyków. Pamiętaj, podstawą alpinizmu, himalaizmu jest wspinaczka, dążność do góry. Reszta to brednie, trele-morele, które usprawiedliwiają słabość".

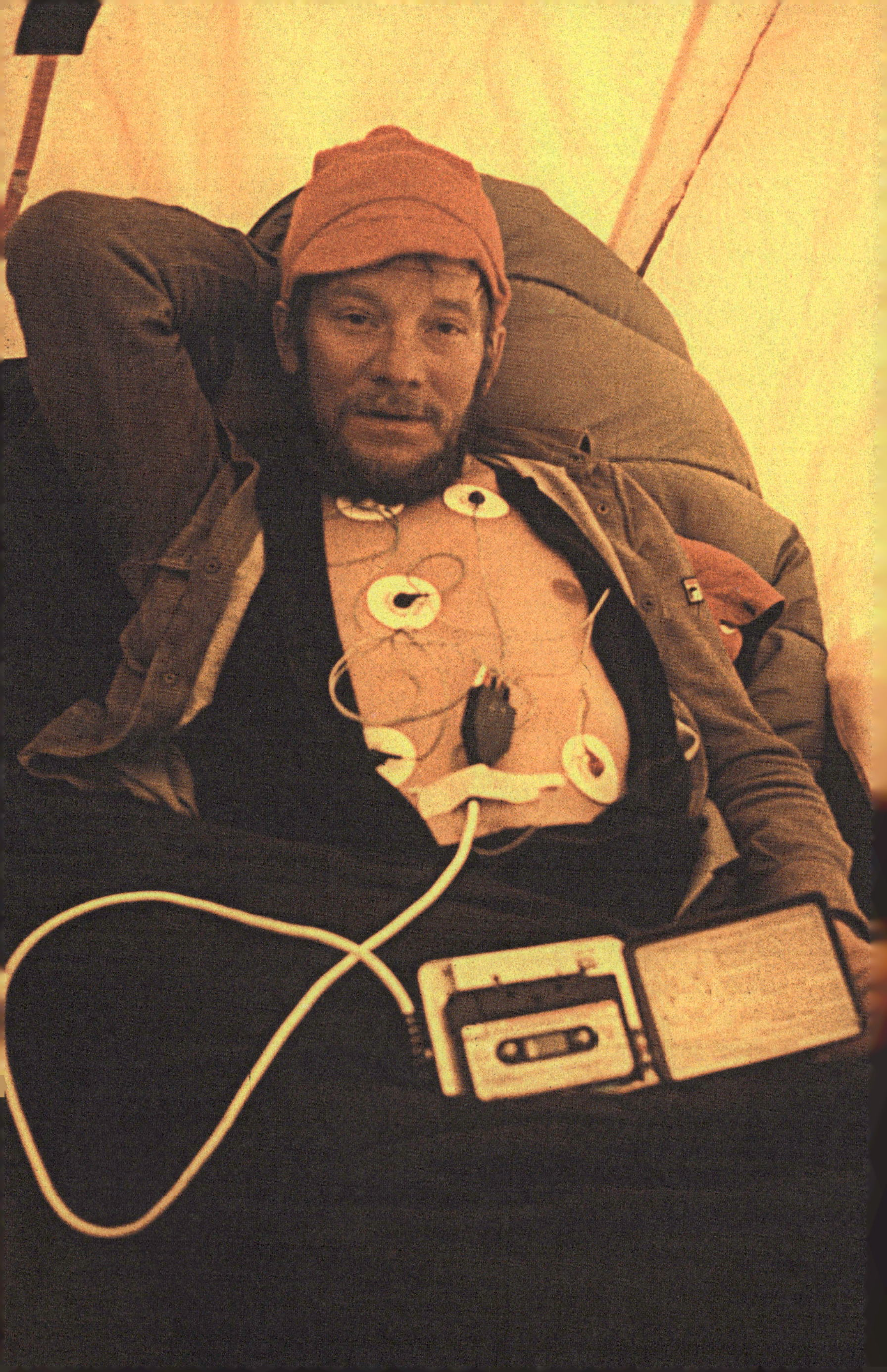

ROZDZIAŁ 11

CZOŁGI

Himalaista powinien na siebie założyć (według Kukuczki):

– trzy pary skarpet (najpierw cienkie, bawełniane, potem frotté, na wierzch przeciwpotne i szybkoschnące)

– bieliznę termoaktywną (rajtuzy i bluzę z długim rękawem) ze specjalnego materiału odprowadzającego pot, co zapobiega szybkiemu wychłodzeniu ciała

– wełniany sweter

– dwuczęściowy kombinezon z tkaniny przypominającej sztucznego misia

– kolejny kombinezon, tym razem z goreteksu podbitego sztucznym futrem

– puchowe spodnie i kurtkę

– buty, dawniej skórzane, potem plastikowe, z wewnętrznym botkiem z nienasiąkliwej pianki i wibramową podeszwą

– na butach overboty, czyli wysokie do kolan kilkuwarstwowe, laminowane pianką skarpety pokryte goreteksem

– na głowę kominiarkę z polarwearu oraz kask

– na dłonie trzy pary rękawic: cienkie, puchowe i goreteksowe

– ściśle przylegające do twarzy okulary przeciwsłoneczne (promienie słońca odbite od śniegu działają jak laser, można oślepnąć).

W plecaku kilkanaście kilogramów wyposażenia: uprząż do asekuracji, śpiwór, namiot, lina, palnik, butla z tlenem, czekan, młotek,

⇦ We wrześniu 1984 roku Kukuczka jest już zdobywcą sześciu ośmiotysięczników. Jedyny Polak, który może się pochwalić takim wynikiem. Do tej pory nie był w Himalajach zimą. Na zdjęciu badania w bazie pod Nanga Parbat

Wysoko w górach ubrań nikt nie ściąga, jest za zimno. W namiocie można zdjąć najwyżej „puchy" i buty. Dobrze je wysuszyć nad palnikiem. Jak nie ma gazu, wraz z wilgotnymi skarpetami i rękawicami trafiają do śpiwora albo za pazuchę. Ciało himalaisty działa jak kaloryfer. Na zdjęciu suszenie ubrań w bazie

śruby, raki... Kilkanaście kilogramów. Lekka jak piórko metalizowana płachta NRC, która zatrzymuje 90 procent ciepła wydzielanego przez ciało, nie sprawi większej różnicy, a może uratować życie.

W górach ubrań nikt nie ściąga, jest za zimno. W namiocie można zdjąć najwyżej „puchy" i buty. Dobrze je wysuszyć nad palnikiem. Jak nie ma gazu, wraz z wilgotnymi skarpetami i rękawicami trafiają do śpiwora albo za pazuchę. Ciało himalaisty działa jak kaloryfer.

Ale czasem trzeba się szybko rozebrać. – Faceci nie mają większych problemów z sikaniem, trzeba tylko ustalić, z której strony namiotu bierzemy śnieg do gotowania. Sikamy z drugiej strony. Niektórzy nie pamiętali – mówi Ignacy Walenty Nendza.

Kobiety mają gorzej. – Wypinanie tyłka na dużej wysokości grozi odmrożeniami lub zapaleniem pęcherza – dodaje.

Himalaiści robią wszystko, żeby w nocy nie wychodzić z namiotu za potrzebą. Sikają do puszki lub butelki, a mocz wylewają na zewnątrz przez suwak w podłodze. – Kiedyś jeden z kolegów dla zgrywy zrobił dziurę w puszce i biedny Maciek Pawlikowski zasikał sobie cały śpiwór – mówi doktor Lech Korniszewski.

Toaleta to też problem. Na szczęście niska temperatura zabija smród. – Chyba że ktoś narobił w spodnie, to czuć go było z daleka – przyznaje Nendza. Doktor Korniszewski dodaje: – Nawet urocza Wandzia Rutkiewicz po wielu dniach w górach nie pachniała jak dama.

A Korniszewskiemu, gdy wracał z Himalajów, żona nie chciała prać bielizny. Chwytała gatki i kalesony drewnianymi szczypcami i zanosiła je do zsypu. Potem długo wietrzyła mieszkanie.

DEZERCJA OD OJCOWSKICH POWINNOŚCI

We wrześniu 1984 roku Kukuczka jest już zdobywcą sześciu ośmiotysięczników. Jedyny Polak, który może się pochwalić takim wynikiem. Do tej pory nie był w Himalajach zimą. Wie, co to przejmujący mróz, ale czy może być jeszcze zimniej? Poczuł wiatr, który wdziera się nawet pod puch, ale czy może być jeszcze bardziej przenikliwy? Śniegu na pewno więcej w dolnych partiach gór, czasem aż po pachy. A jak wyżej?

Adam Bilczewski z członkami Klubu Wysokogórskiego w Gliwicach wybiera się na Dhaulagiri. Andrzej Zawada z klubem katowickim organizuje wyjazd na Czo Oju.

Kukuczka ma plan – będzie pierwszym człowiekiem na świecie, który w trakcie jednego sezonu zimowego zdobędzie dwa ośmiotysięczniki. Znowu wielki wyczyn, na dodatek skróci dystans do Reinholda Messnera. W kraju coraz głośniej mówi się, że ma szansę go prześcignąć.

Wyścig po „Koronę Himalajów" wkracza w decydującą fazę.

– Jurek miał wtedy wspaniałą serię. Był częstym gościem w telewizji, udzielał wywiadów do radia i gazet, Polacy mówili o jego sukcesach. Odpowiadało mu to – mówi profesor Andrzej Paczkowski.

– Miał w sobie gen rywalizacji, z sobą samym i wszystkimi dookoła – podkreśla prezydent Aleksander Kwaśniewski.

Kukuczka niechętnie opowiada o wyścigu z Messnerem. W wywiadach się kryguje. Mówi, że żadnego wyścigu nie ma. Prywatnie jest bardziej szczery. – Trochę zazdrościł rywalowi, że mu wszystko łatwiej przychodziło. Szczególnie w kwestiach organizacyjnych. Ale Messner był Włochem, wtedy to miało znaczenie – mówi Kwaśniewski.

Messner do dziś oponuje: – Ten wyścig to był wymysł mediów! Ale Kurt Diemberger, austriacki alpinista i filmowiec, nie ma wątpliwości, że rywalizacja była ostra, szczególnie pod koniec. Wielicki też ją obserwował. – Jurek dał się wpuścić w ten wyścig, nakręcił się – mówi.

„Taternik", branżowe pismo polskich alpinistów, zastanawia się, kto będzie pierwszy: „Emocjonujący wyścig najlepszych alpinistów wchodzi w decydującą fazę. Prowadzi nadal Reinhold Messner. Czekajmy teraz na wyniki – już najbliższa jesień powinna przynieść rozstrzygnięcia".

Celina jest w drugiej ciąży, lekarz wyznacza termin porodu pod koniec października. Kukuczka ma dylemat – jechać w Himalaje czy zostać przy żonie?

Jeśli chce dogonić Messnera, decyzja może być tylko jedna. Jak o tym powiedzieć Celinie? Sam nie ma odwagi. Kupuje flaszkę i kwiaty, odwiedza teściów. Mówi im, jak ważny dla niego jest ten wyjazd. Musi jechać, a oni mogą żonę przekonać, ugłaskać.

Teściowie rozumieją: – Jeżeli to jest dla ciebie takie ważne, to jedź. Pogadamy z córką.

Celina się wścieka. Przed urodzinami Maćka już tak było, teraz znowu? – Nie byłam szczęśliwa, chciałam, żeby trochę posiedział w domu, nacieszył się chłopakami, no, ale były wyższe sprawy. Nie jestem osobą, która stara się wydrzeć drugiemu to, co dla niego jest najpiękniejsze. Jakoś to przebolałam, skupiłam myśli na tym, żeby nasz drugi syn urodził się zdrowy.

Wojtek przychodzi na świat 26 października 1984 roku. Kukuczka szczęśliwy, notuje w pamiętniku: „Kiedy kąpię go, błogo uśmiechniętego, nastrój w domu robi się tak pogodny, że dokończenie poważnej rozmowy z Celiną staje się formalnością. Zgadza się [na mój wyjazd]. Wie, że może liczyć na pomoc rodziców. Gdy rzucam się w wir wszystkich spraw organizacyjnych, powoli

Katowice, 1984 rok. Jerzy i Celina trzymają do chrztu swojego drugiego syna Wojtka ⇨

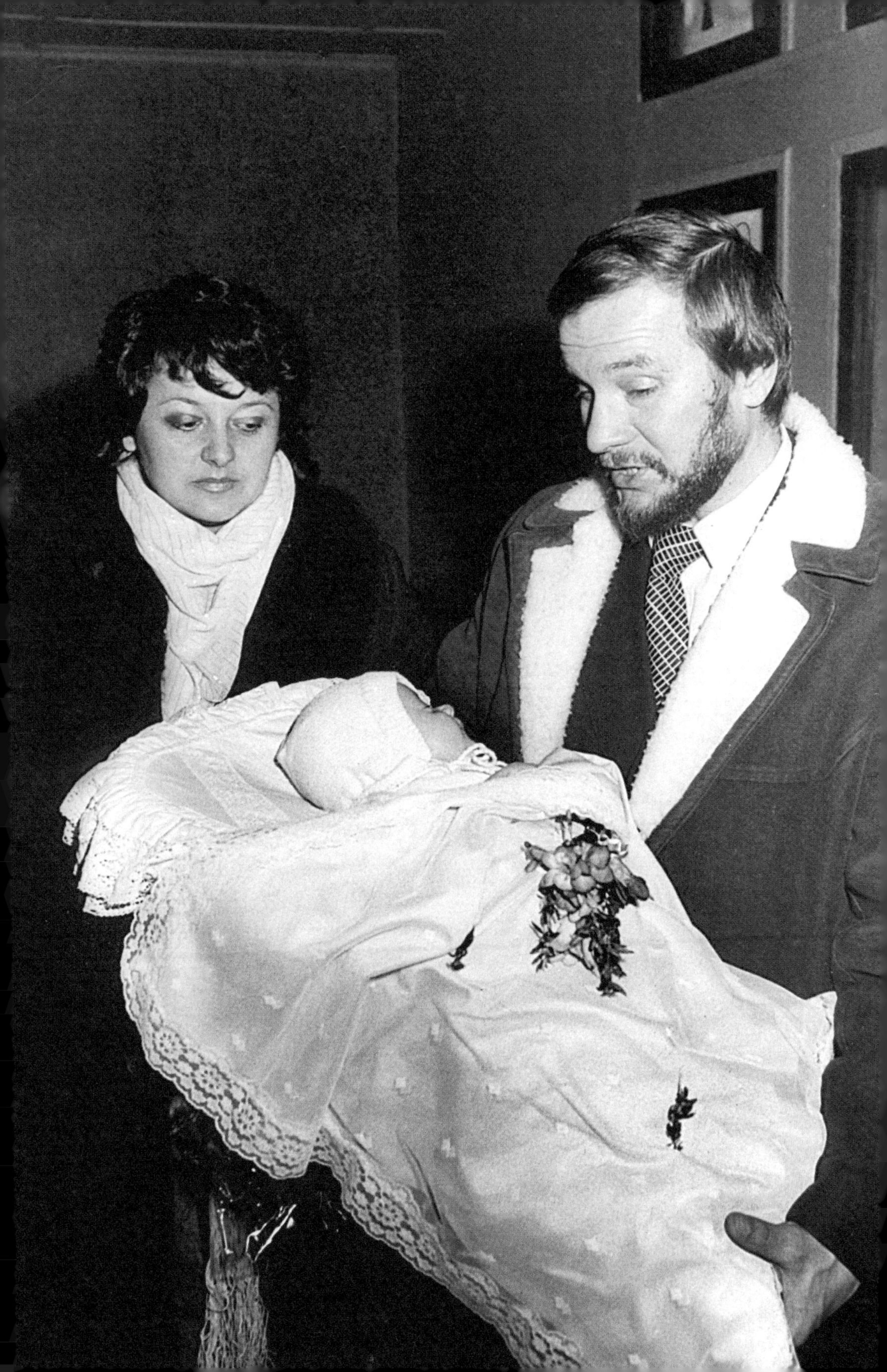

wygasa we mnie poczucie winy, dezercji od ojcowskich powinności. Ale innego wyjścia nie ma. Trudno".

JA DO WAS DOTRĘ, MÓWIĘ POWAŻNIE

Ani Zawadzie, ani Bilczewskiemu nie mówi o swoim planie. Ekipę, która jedzie pod Dhaulagiri, zawiadamia, że dołączy do nich za kilka tygodni. Gliwiczanie nie są szczęśliwi. Kukuczka nie brał udziału w przygotowaniach, nie malował z nimi kominów, a teraz oświadcza, że nie będzie też budował bazy ani zakładał pierwszych obozów. Ma jednak pieniądze na przelot i pobyt w bazie, a wkład w dewizach pokrywa z własnej kieszeni. Z Gliwic wyjeżdża samochód z bagażami wyprawy, na pace brakuje miejsca. Bilczewski każe zostawić beczki Kukuczki. – Jurek i tak do nas nie dojedzie – mówi kierowcy.

Kiedy gliwiczanie docierają do Delhi, w mieście wybuchają zamieszki. Kilka dni wcześniej dwaj sikhijscy ochroniarze zabijają Indirę Gandhi, premier Indii. Fala gniewu obraca się przeciwko Sikhom. Wściekły tłum rabuje ich sklepy, miasto płonie, słychać strzały. Himalaistom w ostatniej chwili udaje się wydostać z ogarniętego rewoltą miasta.

Kukuczka pomaga organizować wyprawę na Czo Oju. Na ciężarówkę wpycha dwie beczki porzucone przez kolegów z Gliwic. I wysyła monit do Bilczewskiego: „Bardzo cię proszę, żebyś w Nepalu nie skreślał mnie z listy uczestników. Bo ja do was dotrę. Mówię poważnie".

17 grudnia wyprawa Zawady dociera do Katmandu. Podczas kolacji Kukuczka odkrywa karty. „Zwrócił się do mnie z zaskakującą prośbą o umożliwienie mu wzięcia udziału w dwóch wyprawach jednocześnie, na Dhaulagiri i na Czo Oju. Była to interesująca propozycja. Nowy rekord w alpinizmie – dwa ośmiotysięczniki zimą w jednym sezonie" – relacjonuje Zawada na łamach „Taternika".

Kukuczka chce opuścić kolegów, ruszyć na Dhaulagiri, a potem wrócić na Czo Oju. Przy stole najpierw zapada cisza, a potem wybucha wrzawa. „Odejście Jurka mocno osłabiłoby nasz zespół i stwarzało moralny problem przygotowania gotowych dróg dla mistrza" – napisał Andrzej Zawada.

Koledzy są przeciwni. Andrzej Heinrich nie owija w bawełnę: – Czeka nas trudna droga, a ty już teraz wyłączasz się z najcięższej harówy! Liczyliśmy na ciebie, a ty chcesz sobie po prostu dołączyć później. Moim zdaniem cały ten pomysł to zawracanie głowy, które obraca się przeciwko interesom naszej wyprawy.

Pozostali są tego samego zdania. Ostateczny głos należy jednak do kierownika wyprawy. – Plan jest ciekawy, chociaż zwariowany. Możesz iść – decyduje Zawada.

Kukuczka pakuje plecak i jedzie autobusem do Pokhary. To drugie co do wielkości miasto Nepalu. Z małego lotniska samoloty turystyczne latają w rejon pastwisk Tukuche, w pobliże Dhaulagiri, ale tylko wtedy, gdy w dolinach nie ma wiatru. Pech, bo przez kilka dni wieje. Za każdym razem Kukuczka słyszy: „Sorry, może jutro".

„Hotele, w których za nocleg płaci się dolara, są ulepionymi z kamienia i gliny klitkami przypominającymi nasze stare śląskie chlewiki, które okalały podwórka familoków. W pokojach jest tylko prycza, stolik i nic poza tym" – notuje Kukuczka.

W takim miejscu spędza Wigilię. Zamiast dwunastu potraw puszka sardynek i barszcz z torebki, opłatek i szklanka miejscowej gorzałki. Pierwsza Wigilia z dala od domu. W Polsce całe rodziny siadają do uroczystych kolacji, pilnują, żeby tego wieczoru nikt nie był sam. Kukuczka jest bliski płaczu. Także dlatego, że na Dhaulagiri może już być „po zawodach". Gliwiczanie zaczęli oblężenie góry na początku grudnia. Mogą już atakować szczyt.

Kukuczka nie wie, że gliwicka wyprawa ma poważne problemy. Podczas jednego z biwaków himalaistów budzi kupiony przez Szerpów kogut. Jego pianie rozchodzi się po całym obozie. Chwilę potem słychać huk walących się seraków. Z wysokości 7 tysięcy metrów schodzi lawina. Andrzej Bilczewski tak ją opisuje w „Taterniku": „Zatrzymała się wprawdzie dobrych 500 metrów od nas, ale jej podmuch zdemolował miejsce biwaku. Jedynym namiotem, który ocalał, był GAC oficera przeniesiony pięć metrów w dół wraz

„Hotele, w których za nocleg płaci się dolara, są ulepionymi z kamienia i gliny klitkami przypominającymi nasze stare śląskie chlewiki, które okalały podwórka familoków. W pokojach jest tylko prycza, stolik i nic poza tym" – notuje Kukuczka w pamiętniku. W takim miejscu spędza samotną Wigilię 1984 roku

z kamieniami, do których był przywiązany. Elementy innych namiotów znajdowaliśmy później jeszcze w odległości kilometra od bazy. Ofiar w ludziach na szczęście nie było. Nawet kogut ocalał. Porwany podmuchem wylądował kilkaset metrów niżej i wrócił o własnych siłach, choć mokry i wymiętoszony".

BILCZ STAWIA NA CZOŁGI

W Boże Narodzenie z Pokhary startuje 20-osobowy fokker. Na pokładzie grupa Tybetańczyków z gęśmi oraz zniecierpliwiony Kukuczka. Na miejscu przez kilka godzin szuka tragarza. Szerpowie kręcą głowami. Kukuczka chce iść przez dwie przełęcze, które leżą na wysokości 5 tysięcy metrów. – Zimą nikt jeszcze tamtędy nie szedł – mówią. Jurek upiera się, że będzie pierwszy. Młody Szerpa, za podwójną stawkę, zgadza się iść razem z nim. Narzucone przez Kukuczkę tempo wytrzymuje tylko kilka godzin. Wieczorem jest tak zmęczony, że nie ma siły gotować. Następnego dnia Jurek bierze od niego bagaż i toruje drogę przez sięgający pasa śnieg. Po trzech dniach docierają do czoła szerokiego na kilka kilometrów lodowca. Widać już bazę gliwickiej wyprawy. Jurek zauważa dwie zbliżające się w jego stronę sylwetki. Chowa się za bryłą lodu.

– Pasowa kontrola, przepustku mate? – krzyczy, wyskakując z ukrycia.

Janusz Skorek i Andrzej Czok baranieją. Czech w Himalajach? Po chwili w zaśnieżonej postaci rozpoznają Kukuczkę.

– Zdążyłem? – pyta.

Koledzy mówią, że założyli dopiero drugi obóz. Szalejąca zamieć wpycha ich do bazowych namiotów. Spędzają tu sylwestra. „Jurek okazuje się sprawnym i chętnym kuchmistrzem, więc spokojnie zwalamy na niego całą robotę. Zbytnie obżeranie się w tych warunkach nie ma zresztą wielkiego sensu. Opuszczanie portek i wystawianie gołego zadka na miotający tumanami śniegu wicher nie należy do szczególnych przyjemności. Miejsca zasłoniętego od wiatru praktycznie nie ma, gdyż wyczynia on dzikie harce i opuszczone portki szybko zapełniają się śniegiem" – wspomina Andrzej Machnik w „Dwóch zimowych szturmach".

Nie ma muzyki. Przed północą Kukuczka wyjmuje piersiówkę i puszcza w obieg do kolegów zgromadzonych w największym namiocie. Każdy wypija po łyku. Krótkie życzenia i himalaiści zakopują się w śpiworach.

Dni mijają jeden za drugim, podobne do siebie. Zawieja nie odpuszcza. Znudzeni wspinacze szukają rozrywki. Na obrzeżach bazy odgarniają śnieg i grają w hokeja. Za krążek robi puszka po konserwie. Ale i tak jest coraz bardziej nerwowo. Od dwóch tygodni nie ma cukru, zapasy żywności topnieją w zastraszającym tempie. Na szczęście przestaje padać. Bilczewski stawia wszystko na jedną kartę – chce założyć dwa kolejne obozy za jednym podejściem.

„Bilcz stawia na czołgi – jak nazywa Czoka i Kukuczkę – i formuje z nich jeden zespół. Ustalenie to wywołuje sporą kontrowersję, ponieważ tym samym Janusz Skorek odłączony zostaje od swojego stałego partnera.(...) Atak rusza. Mirek [Kuraś] z Barankiem zakładają trójkę. Czołgi czwórkę. Następnego dnia czołgi atakują

szczyt, ale pogoda i stosunkowo duży dystans zmuszają ich do odwrotu" – relacjonuje Machnik.

19 stycznia Kukuczka, Czok i Kuraś znowu atakują szczyt. Nad ranem ich namiot zasypuje lawina. „Instynktownie podciągnąłem kolana, schowałem w nie głowę i osłoniłem ją rękami. Nad namiotem przelatywały z hukiem tysiące ton śniegu. Za sekundę ogarnęła nas ciemność, a plecy przygniótł ogromny ciężar. Andrzej Czok podpierał namiot nogami, zastępując w ten sposób złamany maszt. Jurek Kukuczka siedzący najbliżej wyjścia pierwszy wypełzł na zewnątrz. Gdy zrzucił z powalonego namiotu część śniegu, mogłem wyjść i ja. Andrzej podawał z wnętrza śpiwory i karimaty. Ciągle nie było moich rękawic. Wiał bardzo silny, lodowaty wiatr nanoszący na zbocze nowy śnieg. Za chwilę sytuacja mogła się powtórzyć. Należało jak najszybciej opuścić zagrożone miejsce. Każdy z nas, grzebiąc w śniegu, starał się znaleźć resztę wyposażenia. Wreszcie wyciągnął moje rękawice. Nie mogłem ich założyć na dłonie, które i tak już były białe i bez czucia. Poprosiłem Andrzeja, by przeciął ściągacze nożem. Dopiero to pomogło" – wspominał na łamach „Panoramy" Mirosław Kuraś.

Namiot sprasowany, rurki pogięte, ale nie złamane. Można je jeszcze wykorzystać. Kuraś schodzi ratować odmrożone dłonie. Kukuczka z Czokiem ruszają w górę. O zmierzchu rozkładają zdeformowany namiot. „Andrzej dopiero teraz przyznaje, że z jego nogami dzieje się coś złego. Nie mówi nic, odwraca się do mnie plecami i stara się jakoś te zgrubiałe stopy ocieplić. Masuje je wytrwale, po chwili pomrukuje z wyczuwalnym zadowoleniem, bo zaczyna stopniowo odzyskiwać czucie, ale jego stopy są od tej chwili bardzo zagrożone. Andrzej jednak ani myśli odpuszczać" – notuje Kukuczka w pamiętniku.

Do szczytu zaledwie kilkaset metrów. Warunki skrajnie trudne. Pada śnieg, wiatr wieje w twarz, widoczność nie przekracza kilkudziesięciu metrów. Kukuczka i Czok zostawiają namiot i atakują szczyt. „Świeżego śniegu jest wszędzie w bród. Jest to dla mnie coś zupełnie nowego. Warunki niepomiernie trudniejsze od tych, w których dotychczas działałem. Trzeba spróbować i tego, po to przecież pchałem się w te najwyższe góry zimą" – pisze Kukuczka.

⇦ Z Andrzejem Czokiem (na zdjęciu z prawej) w bazie pod Dhaulagiri

Wspinaczka na Dhaulagiri. Z lewej prawdopodobnie Andrzej Czok, z prawej Jerzy Kukuczka

21 stycznia 1985 roku o godzinie 15 Polacy stają na wierzchołku Dhaulagiri. Wyglądają jak bałwany, pod nosem wiszą im sople. Kilka zdjęć i odwrót. Szczęśliwy Czok łączy się z bazą.

– Udało się nam wejść na szczyt, wejść na szczyt. Over – krzyczy do radiostacji.

W odpowiedzi wrzask radości czekających na dole kolegów. Następny kontakt mają nawiązać już z namiotu.

Euforia gaśnie wraz ze słońcem. Kiedy himalaiści schodzą ze szczytu, robi się ciemno. Krótki zimowy dzień kończy się bez ostrzeżenia. Sytuacja dramatyczna. W którą stronę iść? Temperatura spada do minus 40 stopni. Kukuczka kopie jamę w śniegu. Na wysokości 7800 metrów opiera się o Czoka, okrywa płachtą NRC i czeka na wschód słońca. „Jeść oczywiście nie ma co, o piciu nie ma mowy. Liczy się tylko jedno: byle do świtu, byle jakoś to przetrzymać, przeżyć. Okresami zapadam w jakiś letarg, kiedy się z niego otrząsam, ufny, że minęła już co najmniej godzina, stwierdzam, że to tylko kilka minut" – notuje Kukuczka.

Rano umordowani wspinacze docierają do zdeformowanego namiotu. Nawiązują łączność z bazą. W głosie kolegów ulga. Przez całą noc na dole nikt nie zmrużył oka. Wszyscy myśleli, że stało się najgorsze. Bilczewski tak to przeżywa, że po 17 latach znowu zaczyna palić. – Schodźcie do obozu drugiego – rozkazuje.

Kukuczka i Czok człapią jeden przed drugim. Zamieć tak wielka, że ledwo widać plecy partnera. Czasu coraz mniej, zbliża się noc. Zmęczony Jurek siada na śniegu. Po chwili Czok ginie mu z oczu, wiatr zawiewa jego ślady.

– Aaaaaandrzej! – krzyczy Kukuczka.

Zero odzewu. Zostaje sam, gubi latarkę. Przemoczony śpiwór zamienia się w bryłę lodu. Znowu zostaje jama w śniegu. I czekanie do rana. „Od czasu do czasu śnieżny tuman przerzedza się i wtedy widzę pod moimi nogami światełka. Światełka? Tak, to nie jest złudzenie, tylko prawdziwa wioska położona o cztery tysiące metrów niżej, w głębokiej dolinie, u stóp wschodniej ściany Dhaulagiri. Jestem tam, z nimi. Siedzę przy palenisku. Jest ciepło, grzeję

Na szczycie Dhaulagiri Czok i Kukuczka stają 21 stycznia 1985 roku. To pierwsze zimowe wejście na tę górę, na dodatek bez użycia tlenu

Odpoczynek w obozie drugim po zejściu ze szczytu Dhaulagiri. Na zdjęciu od lewej: Janusz Baranek, Andrzej Czok i Jerzy Kukuczka

się herbatą, do której wypijam kieliszek ciepłego bimbru robionego przez tubylców z jabłek. Marzę o takim gorącym bimbrze" – pisze w notatniku.

Noc mija mu na marzeniach. Rano, skostniały, dociera do obozu drugiego. Czok już tam jest. Ściskają się bez słowa. Kilka godzin później meldują się w bazie.

Adam Bilczewski odnotowuje: „Wyprawa dokonała drugiego polskiego wejścia na Dhaulagiri (8167 m) – pierwszego zimą bez użycia tlenu. Działaliśmy w rejonie o najgorszych warunkach pogodowych, na dodatek podczas zimy, jakiej nie odnotowano w Nepalu od 27 lat. Na siedem tygodni akcji górskiej dni względnie pogodnych można się było doliczyć 12. Ekipa działała z bazy wysuniętej, bardzo skromnie wyposażonej, przebywając cały czas w minusowych temperaturach (przeciętnie -20 stopni Celsjusza)".

Bilans: Czok traci kilka palców. Kukuczka ma odmrożone stopy.

Jest sukces, jest i niechęć. Niewypowiedziana na głos, ale wyczuwalna w gestach, spojrzeniach, szeptach. Kilka miesięcy po wyprawie Kukuczka pisze gorzki list do kolegów z gliwickiego klubu. Wypomina im, że pod Dhaulagiri za plecami nazywali go przybłędą, który przyjeżdża i rozbija zespół.

NIE TRZEBA PŁACIĆ ZA BRANDY

Nie ma czasu cieszyć się ze zdobycia góry. Rusza na piechotę pod Czo Oju. Warunki jeszcze gorsze niż wcześniej. Śnieg sięga pach. „Miejscami odczuwam już bezsilność. Ruszam nogami, grzebię nimi, a później widzę, że posunąłem się dwa metry, zostawiając za sobą głęboki śnieżny tunel. Brnę dalej, zygzakiem. Bo widząc z daleka skały, myślę: tam nie będzie dużo śniegu. Jeśli są skały, to przejdę po nich, uwolnię się wreszcie od tego przeklętego śniegu. Ale zawsze okazuje się, że te skały są zaledwie trzy, czterometrowymi wyspami kamienia, po których znowu wpadam w śnieg po pas" – pisze w pamiętniku.

Droga Kukuczki i Czoka na Dhaulagiri, poprowadzona północno-wschodnią granią, z okolicy Przełęczy Francuzów

Maszeruje kilka dni, na biwakach opatruje pokryte ranami stopy. W wiosce Marpha miejscowi patrzą na niego z niedowierzaniem. – Nikt jeszcze nie przeszedł tędy zimą – mówią. Kukuczka próbuje tłumaczyć, że zdobył Dhaulagiri i idzie pod Czo Oju. Szerpowie stukają się w czoło. Wariat. Oferują mu ciepły kąt i miskę ryżu. Wieczorem nepalskie radio podaje komunikat: „Polska wyprawa na Dhaulagiri zakończyła się sukcesem. Andray Chokoyo and Jerry Kukuczka weszli na szczyt". Wreszcie miejscowi spoglądają na gościa z podziwem. Nie musi płacić za brandy.

Wszystkie loty do Pokhary odwołane z powodu fatalnej pogody. Trudno. Nie da rady samolotem, można na piechotę. Tragarze odmawiają współpracy. Do Pokhary trzeba iść siedem dni, a Kukuczka chce pokonać tę trasę w trzy. Udaje mu się. 5 lutego jest już w Katmandu. Łączy się przez radio z bazą wyprawy pod Czo Oju (8201 m n.p.m.).

– Wsiadaj w samolot do Lukli. Natychmiast. Czekamy na ciebie, over – mówi mu Jacek Olech.

Na odpoczynek nie ma czasu. Za dziesięć dni kończy się termin pozwolenia wejścia na szczyt. 9 lutego Jurek dociera do bazy. Większość wspinaczy jest już na ścianie. Maciej Berbeka i Maciej Pawlikowski założyli obóz czwarty, przygotowują się do ataku szczytowego. W „trójce" na swoją kolej czekają Eugeniusz Chrobak i Mirek Gardzielewski. Kukuczka tworzy nowy zespół z Andrzejem „Zygą" Heinrichem.

12 lutego pozostała w bazie ekipa przez lornetki obserwuje dwie małe kropki zbliżające się do szczytu Czo Oju. To Berbeka i Pawlikowski.

– Halo, czy nas słyszycie? – rozlega się chrypliwy głos Berbeki.

– Czy jesteście na szczycie? – krzyczy do radiostacji Zawada.

– Nie wiem, ale wyżej już nie można – odpowiada Berbeka.

Sukces ogromny. Polacy wchodzą na Czo Oju nową drogą. I to zimą.

Chrobak i Gardzielewski są zmęczeni, nie mają już lin, schodzą do bazy. Kukuczka z Heinrichem nie odpuszczają. 60 metrów od

⇦ Po zdobyciu Dhaulagiri Jerzy Kukuczka pakuje się, żeby zdążyć do bazy polskiej wyprawy na Czo Oju. W jednym sezonie zamierza stanąć na szczycie obydwu gór

Jerzy Kukuczka z Andrzejem „Zygą" Heinrichem w bazie pod Czo Oju

obozu czwartego Kukuczka gubi latarkę. Po ciemku nie ma szans, żeby pokonać pionową ścianę. Biwakują na niewielkiej skalnej półce.

„Owijamy się w płachtę NRC, siadamy na wydeptanej platforemce wielkości dwóch krzeseł, nogi zwisają nam nad czeluścią. Przytulamy się do siebie i tak, dygocąc z zimna, doczekujemy świtu" – odnotowuje Kukuczka.

Rano docierają do namiotu. Są tak zmęczeni, że spędzają w nim dobę. 15 lutego to ich ostatnia szansa. Mają cały dzień na zdobycie góry, potem zezwolenie traci ważność. Plan jest jednak wariacki. Ruszają z wysokości 7400 m, teren trudny, a tempo słabe. O godzinie 16 mają jeszcze kilkaset metrów drogi. I świadomość, że jeśli wejdą na szczyt, będą już schodzić w ciemnościach.

– Jesteśmy za blisko, idziemy do oporu – decyduje Heinrich.

„Tutaj mnie Zyga zaskakuje. Jest człowiekiem znanym w środowisku z dużej rozwagi. Ma 48 lat, należy do ludzi, którzy gdyby mieli zaryzykować więcej, niż pozwala rozsądek, to zrezygnują. No to idziemy. Jednego się już nauczyłem, że biwaki zimą na ośmiu tysiącach metrów też można przeżyć" – notuje Kukuczka.

Wierzchołek Czo Oju zdobywają o godzinie 17.15. Światła starcza na zrobienie zaledwie kilku zdjęć, potem zapada zimowa noc. Andrzej Zawada w „Taterniku" opisuje: „Kilka godzin schodzili po ciemku. Kukuczka spadł 5 metrów ze stromego seraka. Heinrich zjechał do niego i w tym miejscu – na wysokości 7700 metrów – poczekali do rana. Po dotarciu do obozu piątego byli tak wyczerpani, że spędzili tam kolejną noc. I znów niekończące się zjazdy, robione niemal automatycznie. Heinrich był coraz bardziej osłabiony. Tylko ogromne doświadczenie, opanowanie i wzajemna pomoc pozwoliły tym doskonałym alpinistom wycofać się bezpiecznie ze ściany. Noc w obozie trzecim i jeszcze jedna w »dwójce«. Wreszcie czwartego dnia od zdobycia szczytu późną nocą dotarli do bazy".

Południowa ściana Czo Oju z zaznaczoną trasą, którą Jugosłowianie próbowali zdobyć szczyt

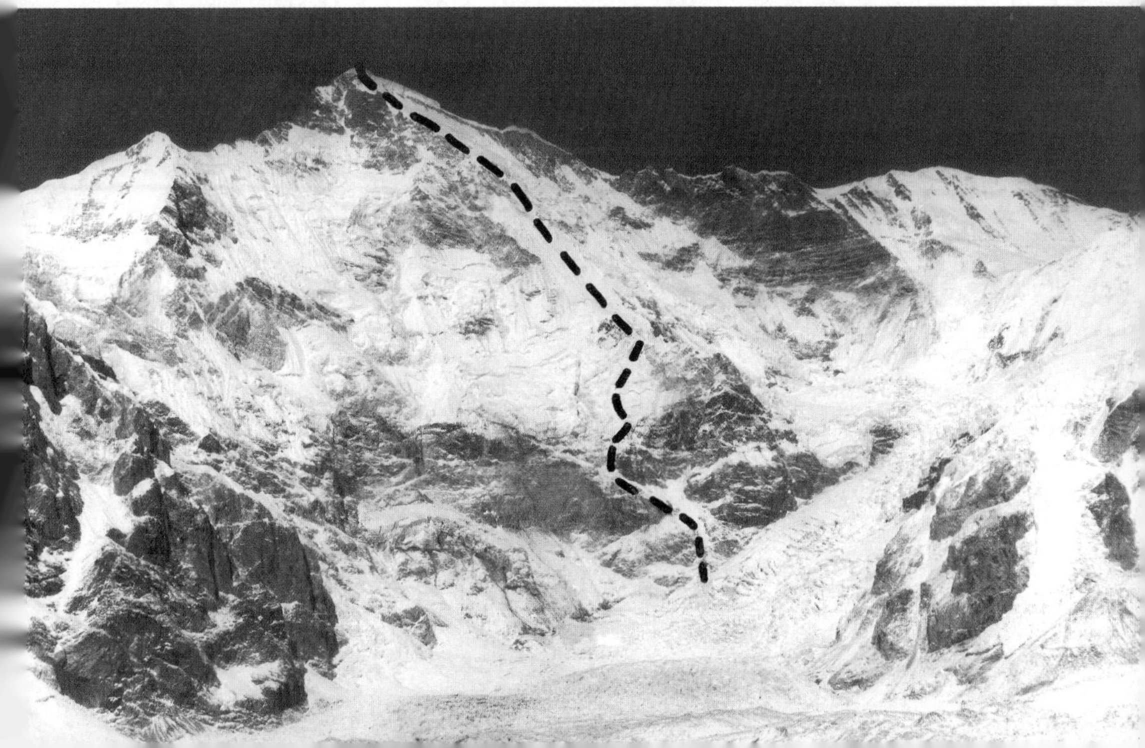

MUSIELIBY REINHOLDA UWIĘZIĆ

Kukuczka, pierwszy człowiek na świecie, który zdobył dwa ośmiotysięczniki jednej zimy. Popularny, jest o nim coraz głośniej. Wszyscy okazują mu szacunek. I porównują do wielkiego Włocha. Podczas wywiadów pytanie o wyścig jest pewne.

„Mam świadomość, że po Czo Oju zacząłem być traktowany jak ten, który goni Reinholda Messnera i ma w tej gonitwie szanse. Kiedy mówią mi o tym, krzywię się niechętnie. Owszem, pogonić go trochę mogę, ale na to, by ten wyścig wygrać, musieliby Reinholda uwięzić w jego alpejskim zamku, a mnie pozwolić robić w Himalajach, co chcę. Nie oznacza to, że bynajmniej składam broń. Co to, to nie" – notuje Kukuczka w pamiętniku.

W marcu wraca do kraju. Nie chodzi do pracy, leczy ropiejące stopy. Słyszy, że jest wielkim wspinaczem, wszyscy mu to powtarzają. Nie czuje się z tym dobrze, jest onieśmielony.

Jeszcze coś. „Pewien niesmak. Nikt mi tego nie powiedział, ale już po kilku rozmowach z kolegami wyczułem. W środowisku krąży opinia, że na Czo Oju wyszedłem jakby po przygotowanej przez kolegów drabinie. Może mają rację" – pisze w notatniku.

Wiosną znowu zaczyna go nosić. Klub Wysokogórski z Krakowa organizuje wyprawę na Nanga Parbat. Kukuczka ma z tą górą porachunki. Osiem lat wcześniej nie udało mu się jej zdobyć, teraz jest gotowy na rewanż. Nie prosi, aby wpisać go na listę uczestników wyprawy. Ma poczucie wartości. Czeka, aż sami go zaproszą.

Przeczucie go nie myli, każdy chce jeździć z Kukuczką, bo to gwarancja sukcesu. W maju ma już zaklepane miejsce w składzie wyprawy. Odwdzięcza się kilkudziesięcioma kilogramami suszonych kiełbas i szynek. Załatwia je po znajomości.

W czerwcu ekipa jest już w Himalajach. Wyprawą kieruje Paweł Mularz, są też Piotr Kalmus, Tadeusz Piotrowski, Andrzej Heinrich, Mirosław Gardzielewski, Andrzej Samolewicz, Mikołaj Czyżewski, Sławomir Łobodziński oraz meksykańska para: Carlos Carsolio i Elsa Avila.

⇦ Kukuczka to sprawny kucharz, podczas wypraw chętnie przyrządza posiłki. Na zdjęciu w bazie pod Nanga Parbat w 1985 roku

Wiosną 1985 roku Klub Wysokogórski z Krakowa organizuje wyprawę na Nanga Parbat. Kukuczka ma z tą górą porachunki. Osiem lat wcześniej nie udało mu się jej zdobyć, teraz jest gotowy na rewanż. Na zdjęciu od lewej: Paweł Mularz, Sławomir Łobodziński, Jerzy Kukuczka, Andrzej „Zyga" Heinrich

„Trochę się tej wyprawy boję. Plan jest ambitny: nowa droga południowo-wschodnim filarem. Tą samą drogą chcieliśmy iść wtedy w 1977 roku, chociaż w ostatniej chwili zmieniliśmy plany. Dzisiaj mamy inny sprzęt, większe doświadczenie" – notuje Kukuczka.

Jest przekonany, że będzie wchodził w zespole z Piotrowskim. Obok niego to najbardziej doświadczony członek wyprawy. Mularz oponuje: – Za bardzo odstajecie od nas poziomem, zmniejszylibyście nasze szanse wejścia na szczyt.

Podczas zakładania obozów niemal bez przerwy schodzą lawiny. Kiedy przygrzeje słońce, śnieg bez ostrzeżenia zjeżdża w dół. Pracę zaczynają więc o drugiej w nocy. Wspinanie się w południe jest zbyt ryzykowne.

Kukuczka i Łobodziński zakładają obóz trzeci na wysokości 6500 metrów. Kiedy schodzą do bazy, znajdują wiszący na skale plecak. Przez głowę przebiega myśl: Stało się coś złego. Przyspieszają. Kilkaset metrów niżej spotykają Mularza i Samolewicza, którego porwał język lawiny. Pociągnęła go przez 600 metrów, ale nic mu się nie stało. „Było to pierwsze poważne ostrzeżenie" – notuje Kukuczka.

Ekipa decyduje, że od teraz, ze względów bezpieczeństwa, nikt już nie schodzi poniżej obozu trzeciego. Wspinacze pakują plecaki i grupami wnoszą sprzęt do góry. Na wysokości 7400 metrów powstaje obóz czwarty.

10 lipca w eterze rozlega się dramatyczny komunikat: „Lawina zerwała Piotrka z lin. Spadł pod ścianę, trwa akcja ratunkowa".

Kilka godzin później smutna wiadomość. Kalmus nie żyje. Przerwać akcję czy wspinać się dalej?

Carsolio: – Dla Piotra nic już nie mogliśmy zrobić.

Kukuczka w pamiętniku: „Jestem w trudnej sytuacji. Wiadomo, że w tym zespole pełnię rolę motoru ciągnącego akcję w górę. Jestem tym, któremu w odczuciu kolegów najbardziej zależy na wejściu na szczyt. Domyślają się, że moje stanowisko będzie takie: nastąpiła śmierć Przyjaciela. Uważam, że faktu tragedii nie odwróci nic, ale dojdzie do tego jeszcze porażka. Jeżeli natomiast wejdziemy na szczyt i zejdziemy, tragedii tym wprawdzie nie wymażemy, ale wyprawa osiągnie jednak cel, którego pragnął również Piotr".

Podczas zakładania obozów na stokach Nanga Parbat niemal bez przerwy schodzą lawiny. Kiedy przygrzeje słońce, śnieg bez ostrzeżenia zjeżdża w dół. Pracę zaczynają więc o drugiej w nocy. Wspinanie się w południe jest zbyt ryzykowne

ZARYZYKUJĘ TEN PAZNOKIEĆ

Śmierć i zwycięstwo czy śmierć i porażka? Iść w górę czy schodzić w dół? Płakać z powodu straty, ale walczyć o marzenia, czy płakać i z nich rezygnować? Co wybrać?

Kukuczka nie ma odwagi wypowiedzieć tego głośno, choć pragnie krzyknąć: Ja idę w górę!

Ale milczy, decyzję zostawia Andrzejowi „Zydze" Heinrichowi, kierownikowi sportowemu wyprawy. A jeśli on postanowi inaczej? Co, jeśli ustąpi tej górze w obliczu śmierci?

Kukuczka napisze potem o swoich rozterkach w tamtym momencie: „Mam do siebie żal, że zachowałem się asekurancko, że schowałem się za plecy Zygi. To człowiek będący ważną cząstką historii polskiego alpinizmu i himalaizmu. Ma na swoim koncie chyba największą ilość ekspedycji, jednak rzadko stawał na szczycie. Zawsze mu brakowało, tak w każdym razie ja go oceniałem, tej pełnej ambicji ciągnącej do wierzchołka góry. Brakuje mu tej szczypty luzu, która pozwala w najważniejszych momentach zawyrokować: Zaryzykuję ten paznokieć, żeby wejść. Obawiałem się, że powie: Zwijamy manatki, schodzimy".

Ale Heinrich ogłasza przez radiotelefon: – Musimy zrobić wszystko, żeby ta tragedia nie poszła na marne. Na górze jest wszystko przygotowane, stoimy w obliczu jedynej szansy wejścia na szczyt. Jeśli teraz zejdziemy na dół, będzie to koniec akcji. Nie będzie możliwości wysłania drugiego zespołu. Powinniśmy ciągnąć. Over.

„Przyznaję, że takiej właśnie decyzji oczekiwałem" – pisze Kukuczka.

W obozie czwartym oprócz Kukuczki są jeszcze Heinrich, Czyżewski, Łobodziński, Samolewicz i Carsolio. Wszyscy nie wejdą na szczyt. Kończy się im jedzenie, mają też za mało sprzętu. Kto dostanie szansę?

„Carlos jest pierwszy raz w Himalajach. Jest zaciekły, młody, nie bacząc na nic, rwie się do przodu jak młody źrebak, nie jest to jednak podparte wystarczającymi umiejętnościami i doświadczeniem.

Na zboczu Nanga Parbat ginie Piotr Kalmus. Kukuczka w rozterce. Śmierć i zwycięstwo czy śmierć i porażka?
Iść w górę czy schodzić w dół? Co wybrać? ⇨

Burza demoluje wierzchołek góry. Wspinacze nocują w śnieżnej jamie. Dopiero 13 lipca o godzinie 13 stają na szczycie Nanga Parbat. Na zdjęciu od prawej: Jerzy Kukuczka, Carlos Carsolio i Sławomir Łobodziński

Sławek Łobodziński, amerykański Polonus, ma swoje osiągnięcia w górach Ameryki, ale jeżeli chodzi o Himalaje, jest żółtodziobem. Zyga jest najstarszym repem i widziałem się w dwójce razem z nim. Kogo jednak na trzeciego?" – zastanawia się Kukuczka.

Proponuje, żeby Carsolio, Samolewicz i Czyżewski zeszli do obozu trzeciego, uzupełnili zapasy żywności i spróbowali ataku w drugim rzucie. Nie wiadomo tylko, czy pozwoli na to pogoda. Meksykanin się sprzeciwia: – Nie będę jadł, nie musicie mnie liczyć w kalkulacji resztek żywności, ale z wami pójdę. To dla mnie jedyna szansa na pierwsze meksykańskie wejście na szczyt ośmiotysięcznika.

Stawia na swoim, jest jednym z czterech mieszkańców obozu piątego.

Atak szczytowy zaczynają o godzinie 2 w nocy. Po kilku godzinach rozpętuje się burza. „Jedynym punktem mojego oparcia jest wbity w ścianę żelazny hak. Jest tak naelektryzowany, że widzę skaczące po nim iskry. Muszę walczyć ze sobą, bo pierwszym odruchem jest chęć ucieczki od niego, ale równocześnie jest on jedynym oparciem. Daje szanse przetrwania tego białego piekła, rozdzieranego błyskawicami i piorunami" – notuje Kukuczka.

Burza demoluje wierzchołek góry. Nie ma szans na dalszy marsz. Wspinacze nocują w śnieżnej jamie. Dopiero 13 lipca o godzinie 13 stają na szczycie Nanga Parbat. Ściskają się i łączą z bazą. „Przez nauszniki zmęczenia dociera do mnie radość w ich głosie. Mimo tragedii, a może właśnie tragedia to pogłębiła, sukces dla tej wyprawy jest ważny" – notuje Kukuczka.

Carsolio opowiada Pawłowi Wysoczańskiemu, autorowi filmu „Kukuczka": – Dzień, w którym stanęliśmy na szczycie, był pierwszym bez śnieżycy, bez chmur. Świeciło słońce. Na szczycie była wielka eksplozja emocji. Skakaliśmy, ściskaliśmy się. Głupota, na takiej wysokości to niepotrzebna strata energii. Upadliśmy, zaczęliśmy łapać powietrze. Wydawało mi się, że tam na górze gadaliśmy o wspinaczce, o górach, o życiu. Nasze rozmowy nagrywali w bazie. Kiedy zeszliśmy na dół, odtworzyli nam taśmę. Ze zdumieniem odkryłem, że mówiłem po hiszpańsku, a Polacy po polsku. Jak to

Droga powrotna to koszmar. Himalaiści znowu nocują pod gołym niebem, potem idą jak zombi. Na zdjęciu biwak w jamie śnieżnej, od lewej: Andrzej „Zyga" Heinrich, Jerzy Kukuczka i Sławomir Łobodziński

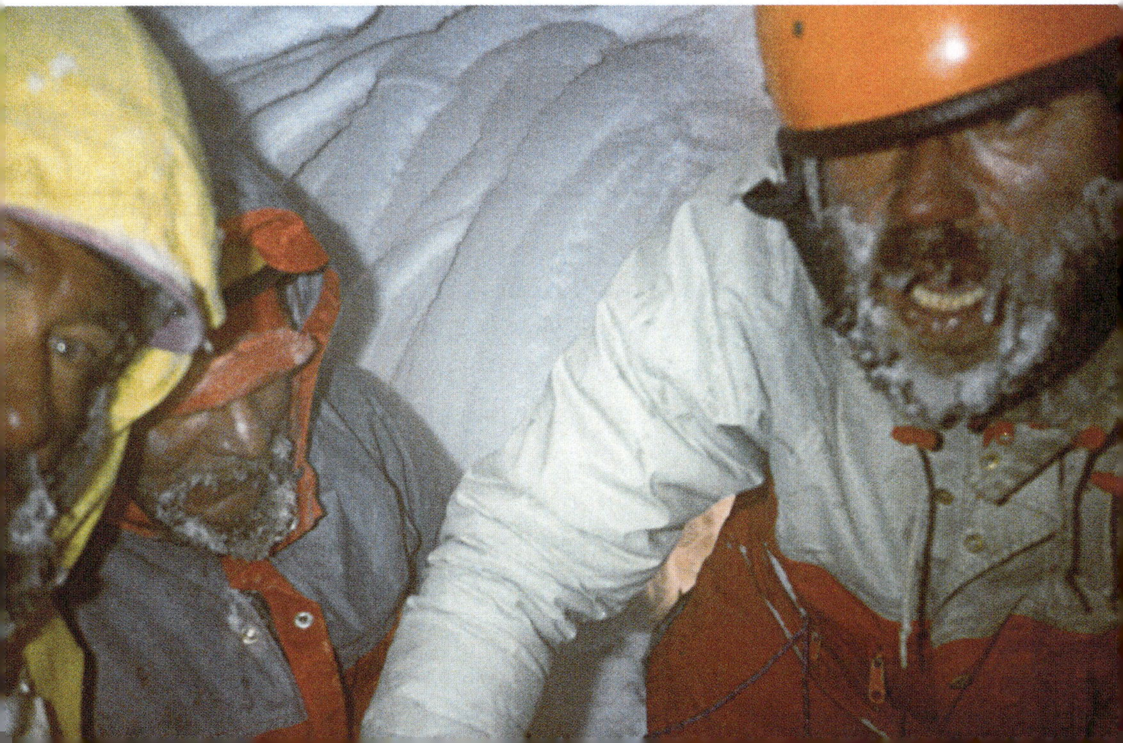

możliwe, że tak świetnie się rozumieliśmy? Może na górze otwierają się jakieś tunele jaźni, które pozwalają porozumiewać się poza językami?

BYŁO TYLKO: KURWA I KURWA...

Droga powrotna to koszmar. Himalaiści znowu nocują pod gołym niebem. Potem idą jak zombi. Carsolio zasypia na stojąco. Kukuczka budzi go krzykiem.

– Było tylko: kurwa i kurwa... – wspomina Meksykanin, dla którego Kukuczka to bóg.

Pierwszy raz spotykają się w 1985 roku pod Lhotse. Carsolio nie ma pieniędzy, ma rzeczy niemarkowe, niektóre szyte chałupniczo. Wstydzi się. Wyobraża sobie, że Kukuczka to mocarz, wysoki, muskularny facet. – Zobaczyłem, że miał ubrania i sprzęt równie złej jakości jak ja, robione z radzieckich materiałów. Niski, cichy, skryty – wspomina Carsolio. – Na zewnątrz był jak kamień. Twardy i zimny, ale wewnątrz był jak artysta, który potrafi rozmawiać ze skałą. Cygański duch, miał wrażliwą duszę. Góry go wyniosły wysoko, ale pojawiła się zawiść środowiska. Musiał się chronić pod tą kamienną powłoką.

W obozie piątym nie ma jedzenia. „Czwórka" także pusta. Nie jedli nic od dwóch dni, przy życiu trzyma ich wizja zapasów pozostawionych w obozie trzecim. Kiedy tam docierają, nadzieja pryska. Lawina sprasowała namioty. – Tej nocy chyba już nie przetrzymamy – mówi Kukuczka.

Z dołu idzie jednak pomoc. Koledzy przynoszą jedzenie. O świcie wszyscy ruszają w dół. Przed nimi najbardziej niebezpieczny odcinek. Tam, gdzie zginął Kalmus. Ciągle suną nim lawiny. Ale tym razem himalaiści mają szczęście. Chmury zakrywają słońce. Śnieg się nie topi, na łby lecą tylko kamienie. Kukuczka utyka w szczelinie, Heinrich zsuwa się kilkadziesiąt metrów. Ostatkiem sił docierają do bazy. Wszystko już przygotowane do powrotu do Polski.

Masyw Nanga Parbat z wyznaczoną trasą wspinaczki ⇨

Kukuczka notuje: „Za nami pozostaje pokonana południowo-wschodnim filarem bardzo groźna Nanga Parbat. Za nami zejście, w czasie którego parokrotnie lawirowaliśmy na krawędzi ludzkiej wytrzymałości. I opodal bazy mogiła z kamieni, kryjących na zawsze naszego Przyjaciela Piotrka Kalmusa".

Kukuczka wraca do domu pod koniec lipca. Jest zmęczony. W ciągu pół roku zdobył trzy ośmiotysięczniki. I ma szanse na kolejny. Janusz Majer domyka wyjazd na południową ścianę Lhotse. To prawdziwe wyzwanie. Zęby złamali na niej najwięksi, z Messnerem na czele. Kukuczka dostaje miejsce niejako z urzędu. Grzech nie pojechać. Słowo, które dał Celinie, że będzie wyjeżdżał tylko na jedną wyprawę w roku, jest już dawno nieaktualne.

„Nie mówię tego nikomu na głos, ale nie jestem przekonany do próby atakowania tej legendarnej ściany. Z Lhotse mam swoiste porachunki, jest jedną z moich wielkich gór, na którą wszedłem klasyczną drogą. Ale południowa ściana to jest coś" – zapisuje Kukuczka w pamiętniku. Ustala z Majerem, że w Himalaje dotrze później niż wszyscy, musi zregenerować siły.

PO TWARDYM ŚNIEGU TURLA SIĘ PLECAK

Polacy ruszają w góry na początku września. Na bagażach naklejki „The Biggest Wall in the World – Lhotse South Face Polish Expedition 1985" (Największa ściana na świecie – południowa Lhotse, polska wyprawa 1985). Karawana idzie w deszczu, widoczność słaba. Kiedy docierają do bazy, rozstępują się chmury.

– O kuuuurwa! – krzyczy Artur Hajzer. Wszyscy zadzierają głowy.

– Południowa Lhotse poraża. W porównaniu z nią wszystkie inne góry, na które się wspinaliśmy, to bałuchy. Rajcowało nas, że my, alpiniści z małego klubu w Katowicach, mamy szansę napisać kawałek historii światowego himalaizmu – przyznaje Krzysztof Wielicki.

Kiedy Kukuczka staje pod górą, wyprawa ma już założony obóz czwarty. Pierwszy atak szczytowy podejmuje Wielicki z Walentym

⇦ Kukuczka wraca do domu pod koniec lipca 1985 roku, jest zmęczony – w ciągu pół roku zdobył trzy ośmiotysięczniki. Ale Janusz Majer organizuje wyprawę na Lhotse. Kukuczka decyduje się na wyjazd

„Z Lhotse mam swoiste porachunki, jest jedną z moich wielkich gór, na którą wszedłem klasyczną drogą. Ale południowa ściana to jest coś" - zapisuje Kukuczka w pamiętniku

Fiutem, Arturem Hajzerem i Mirosławem „Falco" Dąsalem. Zatrzymują się na wysokości 8100 metrów, przed skalnym występem.

W drugim rzucie ruszają Kukuczka z Rafałem Chołdą i Ryszardem Pawłowskim. Cel: założenie poręczówek. Jeśli się uda, to będą szturmować szczyt. Po jednym dniu Pawłowski rezygnuje. Czuje się źle, zostaje w namiocie.

25 października Kukuczka pracuje na pionowej ścianie z Chołdą. Robota mordercza. W ciągu kilku godzin pokonują tylko 80 metrów. Kończy się lina, wracają do namiotu.

„Idę pierwszy, Rafał za mną. W pewnym momencie, tuż przed namiotem, nagle odwracam się, patrzę. Nie ma Rafała. Stoję, w miarę upływu sekund coraz bardziej zaniepokojony. Po chwili widzę, że w kotle, jakieś 100 metrów niżej, zboczem o nachyleniu 45-50 stopni po twardym śniegu turla się plecak. Rafał szedł niespełna 15 metrów za mną. Nie słyszałem niczego, żadnego okrzyku, słowa" – notuje Kukuczka.

W bazie przerażenie. Cześć ekipy idzie pod ścianę szukać ciała. Łudzą się, że Rafał może się tylko połamał. Nadzieję odbierają członkowie wyprawy francuskiej. – Widzieliśmy spadające ciało – mówią.

CHCIAŁEM WJECHAĆ POD CIĘŻARÓWKĘ

Informacja o śmierci Chołdy dociera do Katowic szybko. Walek Nendza jedzie pod dom jego rodziców. Jest tam o świcie. Czeka, aż w mieszkaniu zapali się światło. O szóstej rano puka do drzwi. Otwiera matka Rafała.

– Jak mnie zobaczyła, nie zadała żadnego pytania. Usiadła z rękami na głowie i powtarzała: szalona góra, szalona góra – wspomina Nendza.

Nina Chołda pracuje w banku, ma klucze do skarbca. Nie ma siły iść do pracy. Dyrektor wysyła do jej domu strażnika, bez kluczy klienci nie dostaną pieniędzy.

Ojciec Rafała jest na obozie harcerskim w Centurii na Jurze Krakowsko-Częstochowskiej. – Trzeba mu powiedzieć, pojechać tam – prosi Nina. Nendza wsiada w samochód.

Tadeusz Chołda informację o śmierci syna przyjmuje z kamienną twarzą. Przez całą drogę powrotną milczy. Kilka lat później spotykają się z Nendzą w szpitalu. Leżą na tym samym oddziale. – Walek, ty nie wiesz, coś ty wtedy ryzykował – zwierza się ojciec Chołdy. – Jak jechaliśmy do Katowic, chciałem to skończyć, chwycić za kierownicę i wjechać pod ciężarówkę z betonem.

Po tragedii atmosfera w bazie siada. Zaczyna się dyskusja, co dalej z wyprawą. Kukuczka nie bierze w niej udziału, siedzi w obozie piątym. Wielicki pierwszy rezygnuje. – To było trochę egoistyczne, bo źle się czułem, mocno kaszlałem. Uznałem jednak, że skoro nie mam szans na wejście, to niech kończą tę wyprawę – przyznaje. Większość uczestników popiera go.

Artur Hajzer, najbliższy przyjaciel Chołdy, nie może pogodzić się z tą decyzją. „Chciałem iść w górę. Zastanawiałem się wtedy, jak

to sobie wytłumaczyć, jak usprawiedliwić się przed samym sobą. Usprawiedliwić – ponieważ wydawało mi się, że coś tu jest nie fair. Postanowiłem więc zapomnieć o skrupułach i ruszyć do ataku jeszcze raz. Czułem, że jeżeli poddam się dylematom, szybko wypadnę z gry, jaką jest alpinizm" – napisze w książce „Atak rozpaczy".

Janusz Majer się nie sprzeciwia. Do Hajzera dołączają Mirosław Dąsal, Francuz Vincent Fine i Kukuczka. – Pamiętajcie, że mamy tylko jedną szansę – przypomina Jurek.

Hajzer z Fine ruszają jako pierwsi. W obozie piątym Francuz opada z sił. Prosi o zgodę na jednodniowy odpoczynek. Na wysokości 8000 metrów nie ma jednak mowy o regeneracji. Po nocy na takiej wysokości człowiek jest jeszcze słabszy. Wszyscy wiedzą, że nie dadzą rady pokonać tej góry od południowej strony. Atak się załamuje. Koniec wyprawy.

Kukuczka po raz pierwszy nie kryje żalu i rozczarowania. „Myślę już tylko o domu, o tym, by jak najszybciej się w nim znaleźć. W ten sposób wyłazi ze mnie przemożne zmęczenie górami. Skończyła się akcja, reszta mnie nie bawi" – notuje w pamiętniku.

Po powrocie do Katowic spotyka się z rodzicami Rafała. Nina Chołda słucha jego relacji i płacze. O nic nie pyta.

Kukuczka przygotowuje się do kolejnej wyprawy. Celem jest Kanczendzonga (8586 m), to będzie jego dziesiąty ośmiotysięcznik.

– Czego w górach najbardziej nie cierpisz? – pytają go dziennikarze.

– Karierowiczów wspinających się dla rozgłosu – odpowiada.

⇦ Jerzy Kukuczka tym razem nie stanie na szczycie Lhotse. „Myślę już tylko o domu, o tym, by jak najszybciej się w nim znaleźć. Wyłazi ze mnie przemożne zmęczenie górami. Skończyła się akcja, reszta mnie nie bawi" - notuje w pamiętniku

ROZDZIAŁ 12

BATERIA

Andrzej Machnik, alpinista z Gliwic, kierownik wypraw wysokogórskich, o Kukuczce mówi wyłącznie źle: egoista, żądny sławy, bezwzględny.

Dlaczego tylko tak?

Od 1984 roku Machnik stara się zorganizować wyprawę na Kanczendzongę – najbardziej na wschód wysunięty szczyt Himalajów, na granicy Indii i Nepalu. W 1848 roku uznany za najwyższy na świecie. Trzy lata później, po dokładniejszych pomiarach okazuje się, że wyższe są K2 i Mt. Everest. W 1905 roku na szczyt próbują wejść Szwajcarzy, po nich dwa razy Niemcy. Bez powodzenia. Anglikom udaje się zdobyć górę za drugim podejściem. Najważniejsze: nikt dotąd nie zdobył Kanczendzongi zimą.

Machnik: – Na wszystkich dotychczasowych polskich wyprawach panował kosmiczny bałagan. Opracowałem piramidę logistyczną, przeprowadziłem dokładne obliczenia, jakie wyposażenie trzeba ze sobą zabrać, ile porcji jedzenia, benzyny. Wszystko miałem rozpisane na każdy etap – od bazy po ostatni obóz.

Ryszard Warecki: – Ale nie przewidział, że życie często pisze własne scenariusze. I jego perfekcyjny plan szlag trafił.

⇦ Lata 80. Jerzy Kukuczka każdą wolną chwilę stara się spędzać w domu swoich rodziców w Istebnej

JESZCZE PARĘ DNI CIERPLIWOŚCI

Machnik z członkami wyprawy czeka w porcie w Bombaju na polski statek „Władysławowo", w ładowni którego stoi ciężarówka z niemal całym sprzętem polskiej ekspedycji. Powinni już wyruszać pod Kanczendzongę, ale statku nie ma. Machnik, coraz bardziej zdenerwowany, dzwoni do Polskich Linii Oceanicznych. Wiadomo, że „Władysławowo" zamiast do Bombaju wpływa właśnie do portu w Karaczi. Zabiera stamtąd ładunek sody i zanim zawinie do Bombaju, rozładuje sodę w porcie Kandla.

– Jak długo to potrwa? – pyta Machnik.

– Kilka dni.

Statku wciąż nie ma w porcie w Bombaju, a armator co kilka dni zapewnia: – Jeszcze parę dni cierpliwości...

Machnik nie może czekać. W grudniu pogoda się psuje, kierownik boi się, że karawana może utknąć na lodowcu Yalung, na którym wszystkie wyprawy rozbijają swoje obozy. Tragarze często się buntują, nie chcą pracować na niebezpiecznym lodowcu i porzucają bagaże.

Dzieli ekspedycję na dwie grupy. Silniejsi mają jechać do Katmandu, a stamtąd pod Kanczendzongę, pozostali zaczekają na statek w Bombaju, odbiorą ciężarówkę ze sprzętem i dogonią grupę pierwszą.

Jest problem. W „słabszej" grupie nikt nie mówi po angielsku.

Artur Hajzer wraca spod Lhotse z Wielickim i Kukuczką. W Katmandu spotykają Machnika. Kierownik gliwickiej wyprawy przedstawia im swój plan. On jedzie z grupą „silniejszą" pod Kanczendzongę, Kukuczka z Wielickim zostaną w Nepalu, zajmą się ciężarówką, a potem zorganizują karawanę.

Hajzer słucha ich rozmowy, nie jest członkiem wyprawy, ale chce zdobywać górę. Prosi Machnika, żeby go przyjął. Machnik nie chce, w kalkulacjach nie uwzględnił dodatkowej osoby.

Sypie mu się plan. Kukuczka z Wielickim nie chcą się zajmować karawaną. Oświadczają, że żony tęsknią, więc wracają na krótko do kraju, ale zdążą do bazy przed atakiem szczytowym. Wsiadają do samolotu.

Machnik nie ma wyjścia. Przepytuje Hajzera z angielskiego. Egzamin zdany, więc zadanie dla nowego członka wyprawy: dowiedzieć się, gdzie jest statek, przejąć ciężarówkę i dowieźć sprzęt do bazy na lodowcu Yalung.

Hajzer jedzie do Delhi. Z hotelu wysyła do portu w Bombaju teleks z pytaniem, gdzie jest statek „Władysławowo". Nie dostaje odpowiedzi, więc wysyła jeszcze telegram. Podaje swój adres i podpisuje: Hajzer. Odpowiedzi nie ma, może w polskiej ambasadzie wiedzą więcej? Urzędnicy pokazują teleks, jaki przyszedł z Klubu Wysokogórskiego z Gliwic do Piotra Bednarczyka, którego Machnik zostawił w Delhi, także z zadaniem... odzyskania ciężarówki.

Hajzer czyta depeszę:

„Dotyczy zimowej wyprawy alpinistycznej na Kanczendzongę. Bednar. Na tourist campie w Delhi, w pokoju 98 przebywa alpinista szwajcarski Hajzer. Interesuje się naszą wyprawą i samochodem. Wygląda na to, że chce jechać razem z nami. Wyprawa potrzebuje dewiz, więc biegnij i przejmij go natychmiast".

Statek wpływa do portu spóźniony o ponad miesiąc.

W Katmandu gorączkowe odtwarzanie zapasów. Polacy z grupy „silniejszej" pożyczają od Nepalczyków pieniądze pod zastaw sprzętu, który ma dotrzeć ze statku. Wyprawy, które schodzą z gór, sprzedają im taniej liny, haki, namioty, śpiwory. Niektóre rzeczy można wypożyczyć. Machnik w sprawozdaniu dla „Taternika": „Dzięki energicznemu przegrupowaniu opóźnienie nie było zbyt duże. Przepadł jednak cały wysiłek włożony w misterne przygotowanie wyprawy w kraju".

Tragarze, wbrew planom, buntują się w Ramser, miejscu ostatniego biwaku przed wejściem na lodowiec Yalung. Ze stu kulisów zostaje dziesięciu. Za mało, żeby przenieść cały sprzęt. Machnik postanawia założyć tu główną bazę wyprawy, a u stóp Kanczendzongi bazę wysuniętą.

Andrzej Machnik, kierownik wyprawy na Kanczendzongę, zakłada bazę w Ramser, a u stóp góry – bazę wysuniętą

Wielicki: – Kuriozum. Podczas seansów łączności dochodziło do komicznych sytuacji.

– Tu obóz drugi, baza zgłoś się.

– Tu baza, znaczy baza główna, odbiór.

– Jutro schodzimy na dół.

– Czyli dokąd?

– No do bazy, znaczy do bazy wysuniętej.

Himalaiści pną się w górę. 15 grudnia zakładają obóz pierwszy na wysokości 6200 metrów, a cztery dni później – drugi, 600 metrów wyżej.

PALCEM NIE KIWNĄŁ

Jerzy Kukuczka w wywiadzie dla „Trybuny Robotniczej": – Ani ja, ani Krzysiek Wielicki nie uczestniczyliśmy w tych przygotowaniach. Niedługo przed wyjazdem na Kanczendzongę wróciłem z nieudanej, niestety, ekspedycji na Lhotse. Miałem już trochę aklimatyzacji, więc mogłem sobie pozwolić na późniejsze dołączenie do wyprawy. Normalnie to każdy himalaista kupuje bilet lotniczy, ląduje w Katmandu lub na którymś z lotnisk polowych tuż u podnóża gór. Nas, niestety, na to nie stać. Przeważnie sprzęt wysyła się samochodem przez Iran, ale ostatnio jest tam niebezpiecznie, bo strażnicy rewolucji mogą taki transport ogołocić. Korzysta się też ze statków, ale w przypadku tej akurat wyprawy wiadomo, jak się to skończyło. Tak więc przylecieliśmy z Krzyśkiem do Delhi 5 grudnia. Nie byliśmy tam po raz pierwszy i wiedzieliśmy, że najbardziej korzystne rozwiązanie to jechać pociągiem do Gorakhpur, stamtąd autobusem do granicy z Nepalem i dalej autobusem do Katmandu. I pomyśleć, że my, starzy wyjadacze, daliśmy się nabrać na „nowość" – specjalny, ekspresowy, bezpośredni autobus jadący z Delhi do stolicy Nepalu. Zapewniano nas, że już za 32 godziny będziemy w Katmandu. Rozpoczęła się podróż w ciasnym, zatłoczonym pojeździe, gdzie głównym zajęciem było pilnowanie bagażu. Ostatecznie ten „express" przyjechał do Katmandu po 52 godzinach!".

Machnik wie, że to do niego mają pretensje. Nawet dzisiaj wściekły na Kukuczkę. Nie przebiera w słowach: – Od początku przygotowań Kukuczka był w składzie naszej wyprawy na Kanczendzongę, ale palcem nie kiwnął przy organizacji. Okazało się, że pozwolenie na wejście na szczyt zdrożało nagle z 450 do 2,4 tysięcy dolarów. Dla nas kwota kosmiczna. Zdecydowałem, że robimy zrzutkę. Każdy członek ekipy musiał dołożyć 300 dolarów z własnej kieszeni. Zapłacili wszyscy oprócz Kukuczki. Przez kilkanaście dni dzwoniłem do niego, ale nigdy nie było go w domu. Wiedziałem, że mnie unika, bo planował wyjazd na Lhotse i pewnie nie miał kasy. Ugiął się dopiero wtedy, gdy zostawiłem mu w domu wiadomość, że jeśli nie przyjedzie pod Pałac Młodzieży w Katowicach z pieniędzmi, skreślę go ze składu wyprawy. Przyjechał świeżo kupioną toyotą, wysiadł wkurzony, wcisnął mi kasę do ręki, trzasnął drzwiami i odjechał. Jeszcze zażądał, żebym do ciężarówki, która miała płynąć statkiem, zapakował jego bęben z kryształami i aparatami fotograficznymi zawiniętymi w śpiwór. Wkurwił mnie tym na maksa. To był cały jego wkład w organizację wyprawy. Ludzie już głośno gadali, że odkąd Kukuczka i cały Polski Związek Alpinizmu uwierzyli, że może wygrać z Messnerem, zaczął się „wozić". Nie przykładał ręki do zakładania obozów. W odpowiednim momencie przyjeżdżał, zdobywał górę i spijał całą śmietankę. Gwiazdorek. Kiedy mieliśmy już założone trzy obozy, pojawił się pomysł, żeby zaatakować górę, zanim zjawią się Kukuczka z Wielickim. Ale oni jakby trzymali rękę na pulsie – żali się Machnik.

Wielicki z Kukuczką doganiają Hajzera, gdy drugi dzień maszeruje z karawaną. Spędzają wieczór przy ognisku. Rano zarzucają plecaki na ramiona. – Karawana idzie świetnie, do zobaczenia w bazie, nie jesteśmy ci potrzebni – mówią Hajzerowi, który musi się wlec z tragarzami.

„Zrobiło mi się żal, bo chętnie pognałbym z nimi" – napisał Hajzer w swojej książce „Atak rozpaczy". „Zauważyłem, że więzi przyjaźni, które – jak mi się wydawało – zaczęły się wykluwać pod Lhotse, w momencie gdy zaczęło chodzić o możliwie szybkie wejście na szczyt Kanczendzongi, zeszły na drugi plan".

Machnik widzi to tak: – Kukuczka z Wielickim pojawili się w bazie 20 grudnia i stwierdzili, że atakują szczyt.

UBOŻSZY O JEDNĄ GÓRĘ

Kukuczka we wspomnieniach: „Fizycznie czuję się znakomicie, nawet moje odmrożenia nóg, które odczuwałem jeszcze trochę dwa miesiące temu, już nie dają o sobie znać. Jednak w górach najważniejsza jest kondycja psychiczna, którą teraz oceniam, że jest zdecydowanie lepsza niż na starcie poprzedniej ekspedycji. Przede wszystkim jestem w pełni przekonany o realności celu. Idziemy drogą normalną, z zamiarem zrobienia pierwszego zimowego wejścia na Kanczendzongę. (...) Od Reinholda Messnera dzielą mnie tylko dwa szczyty. To też określa wysokość stawki, jaką jest teraz dla mnie Kanczendzonga. Chociaż wiem, że nawet gdy z tą górą wygram i będę uboższy od Messnera tylko o jedną wielką górę, ja wrócę do domu, a on dopiero wyruszy dokończyć ten wielki wyścig, pójdzie jak po swoje. Samo liczenie szczytów, niczym bramek w meczu piłkarskim, prowadzi jedynie do złudzeń. Reinhold był i jest zawsze co najmniej o dwa szczyty przede mną i w pełni kontroluje sytuację".

Wielicki z Kukuczką zabierają z bazy sprzęt potrzebny w wyżej położonych obozach, docierają do „jedynki", „dwójki", wychodzą na wysokość 7000 metrów, zostawiają rzeczy potrzebne do założenia obozu trzeciego i wracają do bazy na wigilię. Część wyprawy spędza wieczór w bazie wysuniętej, część w głównej, przez niektórych złośliwie zwaną „bazą wycofaną". Hajzer dochodzi z karawaną, jest mnóstwo jedzenia, nastroje się poprawiają.

Krzysiek Pankiewicz na pokrywie bębna robi tort z galaretki i ozdabia go jagodami z puszki. Wszyscy wypatrują pierwszej gwiazdki, siadają do stołu, a Pankiewicz na torcie. Zeskrobują resztki z jego tyłka. Śmiechy, docinki, potem poważnie – modlitwa, opłatek, kolędy, wspomnienia, alkohol.

W Boże Narodzenie alpiniści chcą wracać na górę, ale pogoda nie pozwala. Silny wiatr i śnieg zatrzymują wszystkich w bazach głównej i wysuniętej aż do sylwestra. Potem idzie szybko. W Nowy Rok gotowy jest obóz trzeci, a trzy dni później, na wysokości 7800 metrów – czwarty. Andrzej Czok, Jerzy Kukuczka, Krzysztof Wielicki i Przemysław Piasecki zostają w nim na noc. Następnego dnia chcą atakować szczyt. Ale pogoda znów kaprysi. Schodzą do bazy, potem znów w górę.

Machnik: – Oglądaliśmy ich przez lunetę. Rwali do przodu, jakby to był jakiś pieprzony wyścig kolarski. Jedna kropka, a za nią popieprzające trzy pozostałe, jak peleton goniący lidera. Na czele był Wielicki, bo on ma taki styl, że pruje jak głupi. Gdy dotarli do „trójki", Czok rozmawiał z nami przez radio. Chrypiał, nikogo to jednak nie zdziwiło. Tylko nasz lekarz, który przysłuchiwał się tej rozmowie, wyczuł, że coś jest nie tak. Ale przecież nie powiem doświadczonemu himalaiście, że ma wracać, bo coś mi się w jego głosie nie podoba.

Wieczór w bazie pod Kanczendzongą, przełom 1985 i 1986 roku

JESTEM KIEPSKI, JUTRO SCHODZĘ

Andrzej Czok ciągle kaszle. Nic szczególnego, w górach wszyscy mają nosy zatkane, oddychają suchym, lodowatym powietrzem. Czyja krtań to wytrzyma?

Wielicki: – Już w drodze z Katmandu do bazy Andrzej zemdlał. Nie wiedzieliśmy o tym. Zmienił się fizycznie, przytył. Poprzedniej zimy się odmroził, leżał w szpitalu, nie trenował, zrobił się misiowaty. Był słabszy, brał leki, rano było lepiej, kaszel mijał, wieczorem się nasilał, więc brał leki, kaszel mijał... Tracił głos, podejrzewaliśmy zapalenie krtani. Do głowy nam nie przyszło, że to mogły być początki obrzęku płuc.

10 stycznia Czok, Kukuczka, Wielicki i Piasecki idą do obozu czwartego. Następnego dnia mają zaatakować szczyt.

Wieczorem tabletki już nie pomagają, Czok zaczyna się dusić. Podczas łączności radiowej lekarz zaleca inhalacje nad menażką z gotującą się herbatą i furosemid, lek odwadniający.

Leżą w dwóch namiotach. Piasecki z Czokiem, Kukuczka z Wielickim.

Kukuczka ze śpiwora: – Co jutro robimy?

Czok: – Jestem kiepski, jutro będę schodził.

Piasecki: – Zejdziemy razem.

Kukuczka: – To my z Krzyśkiem spróbujemy pójść w kierunku szczytu.

Wielicki w raporcie dla „Taternika": – Pakujemy radiotelefon, kamerę, termos z herbatą. Ogrzewamy i smarujemy stopy. W namiocie sąsiadów cisza, tylko słychać kaszel Andrzeja. Jurek wyrusza o godzinie 5.45. Wykorzystuję luz w ciasnym namiocie i jeszcze raz ogrzewam stopy nad maszynką. Gdy opuszczam namiot, światło latarki Jurka błyska gdzieś już wysoko.

Na szczycie Kanczendzongi stają o godzinie 13. Wielicki szybszy, wyprzedza Kukuczkę o pół godziny. Nie czeka na partnera

„Idziemy drogą normalną, z zamiarem zrobienia pierwszego zimowego wejścia na Kanczendzongę. Od Reinholda Messnera dzielą mnie tylko dwa szczyty" – notuje Kukuczka w pamiętniku ⇨

na górze, mijają się bez słowa kilka metrów przed wierzchołkiem.

Kukuczka we wspomnieniach: „Na szczycie zostawiam małe plastikowe misie zabrane moim synom, robię jakieś zdjęcia. Zapamiętałem, że miałem ze sobą radiotelefon. Baterię do niego, żeby działał sprawnie, niosłem w ciepłej kieszeni. Później przeszkadzała mi w czasie wspinania, więc wsadziłem ją do plecaka. Wchodzę na szczyt, pierwsza czynność – sięgam po baterię i nie widzę jej. Nie ma. Znikła. Szperam w kieszeni, klnę po cichu, bo nie wiem, co się z nią stało. W końcu daję za wygraną, nie przejmuję się tym zbytnio, połączenie z bazą nie jest dla mnie najważniejsze. Schodząc, doganiam Krzyśka, docieramy do obozu czwartego. Biorę radiotelefon, sięgam do plecaka i stwierdzam, że bateria... jest. Dokładnie tam, gdzie ją włożyłem".

ODŁÓŻ GÓRĘ NA BOK, STARY

Machnik: – Nie powinni zostawić Czoka. Weszli jako zespół i powinni zejść razem. Ale Kukuczka był już oślepiony perspektywą zaliczenia kolejnej góry. Mówił, że zgubił akumulator do krótkofalówki i nie mógł się połączyć z bazą. O pogarszającym się stanie zdrowia Czoka dowiedzieliśmy się, kiedy Piasecki doprowadził go do obozu trzeciego i połączył się z bazą. Powiedział, że bulgocze mu w płucach. Lekarz od razu stwierdził obrzęk. W bazie zapakowaliśmy butle i ruszyliśmy w górę. Niestety, na lodospadzie wciągnęło część poręczówek, musieliśmy robić obejście, baterie do czołówek nie wytrzymały i wkrótce pogasły prawie wszystkie lampki. Zrobiło się ciemno. O godzinie 23 dołączył do nas goniec z bazy z wiadomością, że nie musimy się spieszyć. Czok umarł.

Wielicki w swoich wspomnieniach: – Jurek łączy się z bazą, lecz wiadomości z dołu są bardzo niepomyślne. Czujemy, że coś groźnego wisi w powietrzu, ale zasypiając tej nocy, ani Jurek, ani ja nie przypuszczamy, że nazajutrz pierwszą informacją radiową będzie wiadomość o śmierci Andrzeja. Miną długie chwile, nim ta okrutna prawda dotrze do naszej świadomości. Nie mówimy już o naszym wejściu – myśli są przy Andrzeju. Wspaniały przyjaciel i wielki alpinista. To on zapłacił za nasz sukces.

Kim był Andrzej Czok?

Himalaista Adam Bilczewski przypomina wyprawę z września 1982 roku. Ściana Makalu. Na linie od tygodnia wisi ciało Tadeusza Szulca. Umiera nagle, na ostatnich metrach, pewnie serce. Nie można do niego podejść, pogoda broni dostępu. Kierownik wyprawy wyznacza zespół, który ma ściągnąć Szulca. Nie ma w nim Czoka.

– Naszym zadaniem jest wejście na szczyt, jesteś filarem zespołu, bez ciebie ściana się nie podda – wyjaśnia mu Bilczewski. Każe mu odpoczywać.

Czok nie ustępuje: – Odłóż górę na bok, stary. Teraz najważniejsze, żebyśmy zdjęli Tadeusza. Co będzie później, zobaczymy.

Bilczewski we wspomnieniu o Czoku napisał tak: „Bez wahania odsunął bezpośrednią szansę wejścia wyżej. Ważniejsze było dla niego zamarznięte ciało kolegi. Poprowadził nas do Tadeusza, odpoczął dzień w bazie, a pięć dni później stanął samotnie na szczycie Makalu. Był jednym z najlepszych, ale nigdy nie dał nam tego odczuć, nigdy nie występował w roli gwiazdora".

POCAŁUNEK NA DO WIDZENIA

Po kilku latach Kukuczka napisze w książce „Na szczytach świata": „Po wielokroć zadawałem sobie pytanie, czy zrobiłem wszystko, żeby uratować Andrzeja. Albo może inaczej: nie dopuścić do jego śmierci. Dziś nie jestem tego pewien. Być może nie. Być może powinienem być bardziej czujny i czuły na jego dolegliwości. Być może, być może...".

Odpowiada mu Wielicki: – Niestety, obrzęk płuc rozwija się bardzo szybko i w niższych obozach można nie zauważyć pierwszych symptomów.

Artur Hajzer zamyka ciało Andrzeja Czoka w granatowym śpiworze i owija liną. Zostanie pogrzebane w szczelinie lodowca. Pogoda jest piękna, nad Kanczendzongą świeci słońce

Profesor Paweł Lampe, chirurg, lekarz wypraw wysokogórskich, dodaje: – Nawet gdyby rozpoznali objawy, w tej sytuacji i na tej wysokości mogli go co najwyżej ucałować na do widzenia.

Machnik: – To prawda, Andrzej i tak by umarł. Ale moim zdaniem Kukuczka celowo twierdził, że zgubił akumulator do krótkofalówki i nie miał kontaktu z bazą, tylko po to, aby nikt nie uniemożliwił mu ataku szczytowego. Dziwne, że jak zeszli ze szczytu do obozu czwartego, ten pieprzony akumulator nagle mu się zmaterializował.

Pozostali członkowie wyprawy nie mają już szans zdobycia szczytu. Machnik postanawia: Nie będzie już dalszych wejść. – Wyprawa zakończona. Powtarzam: zakończona. Zabierzcie, co możecie, i znieście do obozu trzeciego – mówi przez krótkofalówkę Kukuczce i Wielickiemu.

W „trójce" grobowy nastrój. Ciało Czoka leży w śpiworze, jakby spał. Co z nim? Zostawić na górze czy znieść na dół? Kukuczka upiera się, żeby znosić do bazy i tam urządzić pogrzeb. Jak to zrobić? Po drodze szczeliny, uskoki, pionowe ściany. Akcja może potrwać tydzień, a wszyscy ledwo żyją ze zmęczenia. Głosowanie – większość za tym, żeby zostawić Andrzeja na górze.

Szczelina lodowca ma kształt głębokiego, zwężającego się klina. Artur Hajzer zamyka ciało Czoka w granatowym śpiworze i owija liną. Pogoda jest piękna, nad Kanczendzongą świeci słońce. Spuszczają ciało do lodowego grobowca. Na zdjęciu widać kilka osób. Klęczą nad grobem przyjaciela.

Wielicki: – Spojrzałem na Jurka Kukuczkę. Modlił się cicho z pochyloną głową. Po jego twarzy płynęły łzy.

Kukuczka po latach: „Zawsze mówię z przekonaniem, że w górach nie ma miejsca na wyższe uczucia, wszystko jedno, euforię czy rozpacz, że człowiek tam nie jest do tego zdolny. Teraz wiem, że nie mówiłem prawdy".

JESZCZE AWANTURA O PIENIĄDZE

Machnik: – Kukuczka z Wielickim oświadczyli, że nie mogą uczestniczyć w likwidowaniu bazy, bo byli długo poza domami.

Krzysztof Wielicki i Jerzy Kukuczka w bazie po zdobyciu Kanczendzongi

Zażądali zwrotu 300 dolarów, które wpłacili w ramach zrzutki. Odmówiłem, prosiłem, by zaczekali, aż sprzedamy rzeczy w Katmandu. Wściekli się i pojechali z niczym. Ale nie wiedzieliśmy, że mieli plan. W ambasadzie w Delhi zdeponowaliśmy 500 dolarów, upoważnienie do wypłaty miało kilka osób, w tym Kukuczka. Bez naszej zgody podjął kasę. Zostawił list, w którym tłumaczył, że nie mógł do Polski wrócić z pustymi rękami.

Wielicki: – Chcieliśmy wrócić wcześniej, bo to była nasza druga z rzędu wyprawa. Być może niеładnie uznaliśmy, że swoje zrobiliśmy, więc likwidacją bazy mogą się zająć inni. A sprawa pieniędzy została wyolbrzymiona przez Machnika. Sęk w tym, że po prostu nie mieliśmy za co wrócić i kiedy kierownik nie oddał nam wydatków, jakie ponieśliśmy na dojazd, musieliśmy pieniądze pożyczyć.

Kukuczka o Machniku: „Po przyjeździe z wyprawy zaczął rozrabiać, z pretensjami poszedł do gazet, mnie i Krzyśkowi Wielickiemu poprzylepiał łatki. Machnąłem na to ręką".

KTO WYMYŚLIŁ TO OBRZYDLISTWO?

Nie koniec sprawy. Zarząd Klubu Wysokogórskiego Gliwice powołuje komisję, która ma zbadać okoliczności śmierci Andrzeja Czoka. Ustalenia: po wyprawie na Dhaulagiri Czok miał odmrożenia, lekarze musieli mu amputować po dwa palce u każdej stopy. Przed zabiegiem i po nim nie mógł trenować, a skoro chciał pojechać na Kanczendzongę, musiał wypracować pieniądze na robotach wysokościowych, przez co rekonwalescencja po zabiegu była niemożliwa. Miał nadwagę i słabszą kondycję fizyczną. Jego stan ciągle się pogarszał, 9 stycznia w obozie trzecim miał silny atak kaszlu, lekarz zalecił mu zejście w dół, ale Czok nie posłuchał, poszedł wyżej. Dzień później jego stan się pogorszył, nie potrafił już sam założyć raków na buty. Przy zejściu do obozu trzeciego asekurował go Przemysław Piasecki. W „trójce" Czok został ułożony w namiocie, w pozycji

⇦ Widok na Kanczendzongę z wyznaczoną trasą wspinaczki

półleżącej, dostał lekarstwa. Był bardzo wyczerpany, prawie nie mówił, kaszlał. Przed godziną 21 jego stan się trochę poprawił. Godzinę później już nie żył. Zmarł niepostrzeżenie, gdy Piasecki przygotowywał dla niego płyn do picia.

Fragment raportu: „Atmosfera konkurencji, jaka zaistniała w ekipie z chwilą dołączenia do wyprawy kolegów Kukuczki i Wielickiego, przyspieszyła akcję i była czynnikiem mobilizującym sportowo do działania, ale normalnym tylko w stosunku do uczestników, którzy przebyli przed wyprawą odpowiedni trening i znajdowali się aktualnie w dobrym stanie zdrowia. Natomiast w stosunku do Andrzeja Czoka, który nie przebył cyklu treningowego przed wyprawą, przyspieszenie akcji i atmosfera rywalizacji ze swoim dawnym partnerem Kukuczką, a także z Wielickim wykazały wpływ ujemny, destrukcyjny – świadectwem tego jest właśnie wystąpienie choroby wysokościowej w obozie trzecim".

Kukuczka wściekły, przecież nie jest winien śmierci przyjaciela. Pisze do kolegów z Gliwic pełen żalu list. „Od kilku lat docierają do mnie z waszego środowiska różne złośliwostki. Starałem się o nich nie myśleć i nie pamiętać. Tym razem nie jest to już czysta złośliwość, lecz ciężki zarzut, oburzający tym bardziej, że skierowany przeciwko temu, co nas z Andrzejem łączyło. Boże! Kto i w jakim celu wymyślił to obrzydlistwo? Kto i po co wymyślił tę »rywalizację«? Nie jest moim celem wybielanie się, powiem więcej – przez cały czas mam wyrzuty sumienia z powodu śmierci Andrzeja. Znałem Go bardzo dobrze i powinienem wyczuć, że dzieje się z nim coś niedobrego i że musi jak najszybciej zejść na dół. Gdybym mu to powiedział, sądzę, że posłuchałby mnie. Dlaczego tak się nie stało? Wybaczcie, nie wiem! Sumienie tym bardziej nie daje mi spokoju.

Chciałbym jednak zwrócić waszą uwagę na jeden znamienny szczegół. Zespół, który wychodzi z bazy z tlenem, idzie ratować życie ludzkie. Przygotowany na różne trudności po drodze ma tylko jedno, podstawowe zadanie: nie bacząc na czas i przeszkody, iść do przodu. Zespół ten jednak po kilku godzinach rzuca butle w śnieg i wraca do bazy, bo ciemno i zimno.

Tyle moich uwag".

Kukuczka nic już nie może zrobić. Komisja wydała werdykt. Musi być rozżalony i wściekły, bo w notatniku zapisuje myśl: „Tragiczna śmierć w górach – gówno prawda. Andrzej po prostu wziął i odszedł".

ROZDZIAŁ 13

KRZYŻYK

Lato 1986 roku. Władze Pakistanu pozwalają wielu wyprawom wejść na K2. Przyjeżdżają Amerykanie, Francuzi, Polacy, Włosi, Koreańczycy z południa, Szwajcarzy, Austriacy, Niemcy... Około 70 alpinistów plus obsługa złożona z miejscowych.

Wanda Rutkiewicz, która wspina się na K2 z Francuzami, nie może uwierzyć własnym oczom. „To było niezwykłe, bo po raz pierwszy w dzikich górach, na wysokości 5 tysięcy metrów, zobaczyłam małe miasteczko, gdzie można było w dowolnej chwili wziąć gorący prysznic, zobaczyć film z Jamesem Bondem albo słuchać »Thrillera« Michaela Jacksona. To nie pasowało do gór, a jednocześnie dawało wrażenie domu. Ta ilość wypraw i wygodna baza dawały poczucie, że góry przestawały być groźne".

Pod K2 jedzie także Jurek Kukuczka. Nie chce już zdobywać szczytów z wielkimi wyprawami. Po awanturze z Andrzejem Machnikiem zamierza znaleźć sposób, by móc działać w małych zespołach i w stylu alpejskim.

Dzwoni Tadeusz Piotrowski ze Szczecina. Osiem lat starszy od Jurka, w latach 70. ścisła czołówka polskich wspinaczy, specjalista od wejść zimowych w Tatrach, Alpach i górach Norwegii (pierwsze zimowe przejście 1500-metrowej ściany

⇦ Lato 1986 roku. Władze Pakistanu pozwalają wielu wyprawom wejść na K2. Kukuczka woli działać w małym zespole. Przyjmuje propozycję Tadeusza Piotrowskiego ze Szczecina. Jadą razem

Jerzy Kukuczka w drodze do bazy pod K2

Trollveggenu). W 1974 roku kładzie się na nim cień. Na stoku Lhotse ginie Stanisław Latałło. Piotrowski nie zauważa, że jego mało doświadczony w górach towarzysz słabnie. Zostaje obarczony winą za tę śmierć. Mówią mu, że zostawił kolegę. Kara – Piotrowski wykluczony z klubu wysokogórskiego. Pisze książki o górach, z czasem jest znów zabierany na wyprawy, ale bez sukcesów.

Teraz mówi tak: – Słuchaj, doktor Karl Herrligkoffer organizuje międzynarodową wyprawę na K2. Zaproponował mi udział. Mogę kogoś zabrać, byłbyś zainteresowany?

Doktor Herrligkoffer, przez Polaków zwany Dziadkiem. Słynny organizator wypraw polarnych i himalajskich, 70-latek, człowiek legenda.

– Oczywiście, że jestem zainteresowany! – odpowiada Kukuczka. Odkłada na bok postanowienie o unikaniu wielkich wypraw. I tak musi zdobyć K2, a wejście południową ścianą byłby wyczynem. Z Piotrowskim to się może udać.

PRZYGODA TAK, RYZYKO NIE

W pamiętnikach Kukuczka wspomina luz, jaki towarzyszy tej wyprawie. O nic nie musi się martwić. Wkład Polaków w wyprawę to 20 kurtek puchowych i śpiworów (na Zachodzie piekielnie drogie, w Polsce w przeliczeniu na dolary kosztują grosze) oraz pokrycie kosztów przelotu do Islamabadu. Drobiazg.

Na miejscu wszystko zapewnione, nie trzeba się troszczyć o pieniądze. Herrligkoffer nie liczy się z rachunkami, daje się oszukiwać tragarzom, żądają więcej niż zwykle. – Trzeba płacić, to płacimy. Niech was o to głowa nie boli – mówi Polakom, którzy cierpią, widząc taką rozrzutność. W bazie są gotowe dania w szczelnych, plastikowych opakowaniach. Wystarczy wrzucić torebkę do wrzątku i po chwili wyciągnąć kotlet, ziemniaki, warzywa. Nikt nie wydziela gorącej wody, można się kąpać do woli. Alpiniści mają się zajmować wyłącznie wspinaczką.

Kukuczka zdradza kierownikowi, że nie interesuje go wejście na K2 drogą pierwszych zdobywców, myśli o południowej ścianie. Herrligkofferowi podoba się ta idea. – Wy będziecie grać tutaj pierwsze skrzypce – mówi Polakom. – Wszystko wam podporządkujemy, co będziecie chcieli, dostaniecie.

Większość uczestników wyprawy nie chce słyszeć o południowej ścianie K2. Za trudna. Pójdą normalną drogą albo na Broad Peak. Kukuczka rozumie: „Oni myślą inaczej. Byle wejść na górę i koniec. Są wyrachowani. Ktoś jest przewodnikiem alpejskim, ma swoich klientów. Wystarczy, że na swoim szyldzie napisze, że zdobył ośmiotysięcznik, i żaden klient nie ośmieli się zastanawiać, którędy on na tę górę wszedł. Owszem, może trochę dostać w kość, ale nie za mocno. Może przeżyć jakąś przygodę, żeby móc później latami o tym opowiadać. Ale przede wszystkim żeby za dużo nie ryzykować. Przygoda tak, ryzyko nie...".

Przy Kukuczce zostają Piotrowski, trzech Szwajcarów (Beda Fuster, Rolf Zemp, Diego Wellig) i Niemiec Toni Freudig. W obozie

Jerzy Kukuczka i Tadeusz Piotrowski zażywają kąpieli w bazie pod K2. Na wyprawach himalajskich to rzadki luksus

pierwszym, na wysokości 6 tysięcy metrów, Szwajcarzy narzekają:
– Jest źle. Jeszcze nie zaczęliśmy się wspinać, a już tracimy siły.

– Nie macie aklimatyzacji, to normalne, bądźcie cierpliwi – przekonuje Kukuczka, ale Szwajcarzy nie chcą słuchać. Wellig daje się przekonać, dwaj pozostali wracają do bazy.

Plan na kolejny dzień: pójść tylko kawałek w górę i wracać do obozu. Kukuczka rusza pierwszy granią pełną śnieżnych nawisów, nagle podłoże ucieka mu spod nóg. Urywa się nawis śnieżny. Kilkanaście centymetrów dalej i Kukuczka runąłby w dół. Diego Wellig nie ukrywa przerażenia, gdy wszyscy zejdą do bazy, już nie wróci na południową ścianę.

Herrligkoffer nie czuje się najlepiej. Krzyczy na Szwajcarów, żąda, żeby pomogli Kukuczce zdobyć K2 od południa. Nie chce słyszeć odmowy, grozi, że odeśle ich do domu. Szwajcarzy nie ustępują. Oświadczają kierownikowi, że wejdą na K2 klasyczną drogą pierwszych zdobywców.

Ze wspomnień Piotrowskiego: „Z Herrligkofferem nie działo się najlepiej. Trudne warunki bytowania na dużej wysokości źle wpływały na jego psychikę. Dochodziło do częstych konfliktów między nim a uczestnikami wyprawy. Wczoraj podczas lunchu Norman stwierdził, że Karl chyba zwariował. „Rozmawiał" z nim za pomocą kartek. On wygłaszał swoją kwestię, Karl słuchał, a następnie znikał w namiocie i pisał odpowiedź. Przecież to czyste szaleństwo. 70 lat i lodowiec Baltoro to już zbyt wiele".

Herrligkoffer pewnie też tak czuje, bo wzywa do bazy śmigłowiec i odlatuje do Islamabadu. Kukuczka, Piotrowski i Freudig są znów na południowej ścianie K2. Niemiec nie wytrzymuje napięcia. Mówi, że boli go żołądek. Po kilku dniach wraca do bazy. Kukuczka z Piotrowskim dochodzą do wysokości 7400 metrów. Muszą schodzić do bazy, bo nad K2 zbierają się ciemne chmury.

Tadeusz Piotrowski (na zdjęciu z prawej) pisze: „Z Jurkiem wspina mi się znakomicie. Jest doskonały w każdej sytuacji i bierze na siebie większość roboty. Po raz pierwszy znalazłem się w górach w sytuacji, w której nie muszę być motorem napędowym i dawać z siebie wszystkiego"

W drodze na K2 Kukuczka zapisuje w pamiętniku:
„Wiem tylko jedno - trzeba iść w górę”

POD GÓRĄ CORAZ WIĘKSZY TŁOK

Najpierw giną dwaj Amerykanie. John Smolich i Alan Pennington chcą zdobyć szczyt niepokonaną dotąd „Magiczną Linią". 21 czerwca porywa ich lawina. Tragedia rozbija wyprawę amerykańską. Zwijają obóz i wracają do kraju.

23 czerwca na szczycie K2 staje Wanda Rutkiewicz, która w stylu alpejskim wspina się z Francuzami. Jest pierwszą kobietą na tej górze. Godzinę potem dołączają do niej Liliane i Maurice Barrardowie. Robią sobie zdjęcia, zachwycają się panoramą, pogoda jest piękna. Około południa zaczynają schodzić. „Namiocik na 8300 metrów skusił nas do odpoczynku. Decyzję Barrardów o pozostaniu tu na drugi biwak przyjęłam biernie. Byłam zmęczona. Nie zadźwięczał u mnie żaden dzwonek ostrzegawczy, że to wielki błąd" – przyzna potem Rutkiewicz.

Następnego dnia schodzi pierwsza, zostawia francuskie małżeństwo, „ponieważ byli we dwoje". 27 czerwca Rutkiewicz ledwo żywa dociera do bazy. Sama. Francuzów nie ma. Nie wiadomo, co się z nimi stało.

Piotrowski pisze w pamiętniku: „Pod górą coraz większy tłok. Podczas naszej nieobecności przybyła ogromna wyprawa południowokoreańska oraz polska pod kierownictwem Janusza Majera. Są więc Anka Czerwińska i Krystyna Palmowska, Mrówka (Dobrosława Miodowicz-Wolf), Wojtek Wróż i Przemek Piasecki. Mają zezwolenie na południowy filar K2 jako czwarta już wyprawa. Z góry dochodzą wieści, że Barrardowie zaginęli po drodze. Mam nadzieję, że nie dojdzie do następnej tragedii".

Następny wpis nie zostawia złudzeń. Barrardowie jednak nie żyją. „Kolejna tragedia legła cieniem na tej pięknej górze. Nie powstrzymuje to innych przed próbowaniem swych sił i szczęścia. Nowe zespoły nieustannie opuszczają przytulne namioty i wychodzą na trasę wiodącą ku szczytowi. Większość ekip zarzuciła pierwotne ambitne plany i skierowała swoje kroki na szlak utarty, dobrze znany – Żebro Abruzzów".

SEKS W BAZIE PRZYCIĄGA OPADY

Ksiądz Antoni Klemens, proboszcz parafii św. Józefa w Chorzowie, duszpasterz śląskich alpinistów, wierzy, że istnieje przeczucie śmierci.

Ale nie tym razem. Kukuczka spisuje listę górskich przesądów:

– Seks w bazie przyciąga opady i niedobrą pogodę (nie musi się więc martwić).

– Kobiety w bazie, jak wyżej (tym razem są, więc na dwoje babka wróżyła).

– Palenie śmieci w czasie wyprawy zabronione (nie palą).

– Wynoszenie gotowanego ryżu powyżej bazy jest źle rozumiane przez górskie bóstwa (nie mają takiego zamiaru).

– Robienie zdjęć grupowych przed wyprawą przynosi nieszczęście (teraz w bazie tłum ludzi, więc kto wie).

– Wybieganie myślami do przodu, wydawanie rozporządzeń dotyczących powrotu, gdy himalaiści są jeszcze na etapie zdobywania szczytu (nie wybiegają).

Obok przesądów modlitwa. „Od śmierci w dolinach uchroń mnie, Panie". Wierzy, że góry potęgują doznania. „Widziałem w górach ludzi, którzy nie chodzili do kościoła, a tam się modlili".

Rzecz najważniejsza. Łańcuszek z krzyżykiem.

Nendza: – Kiedyś pojechał na wyprawę bez tego swojego krzyżyka. Szalał, dzwonił do Celiny, żeby mi go przekazała, bo akurat jechałem w Himalaje na trekking. Jak go założył, od razu był spokojniejszy.

Tym razem krzyżyk bezpiecznie wisi na szyi Kukuczki. Nic się nie stanie.

Piotrowski też w to wierzy. Pisze: „Z Jurkiem wspina mi się znakomicie. Jest doskonały w każdej sytuacji i bierze na siebie większość roboty. Po raz pierwszy znalazłem się w górach w sytuacji, w której nie muszę być motorem napędowym i dawać z siebie wszystkiego. Nastąpiła zamiana ról. Przy tym Jurek jest bardzo koleżeński i nie zachodzi obawa, że w którymś momencie postawi wszystko na jedną kartę i pogna przed siebie, nie oglądając się na nikogo i na nic. Jeżeli pogoda dopisze, spokojnie wejdziemy na

Jerzy Kukuczka i Tadeusz Piotrowski 3 lipca wychodzą z bazy pod K2. Po trzech dniach są już na wysokości 8300 metrów

szczyt i z niego zejdziemy. Takie mam wewnętrzne przekonanie".

Wychodzą z bazy 3 lipca. Po trzech dniach są już na wysokości 8300 metrów. Drogę do szczytu zagradza im pionowa skała o wysokości około stu metrów. Ściana poddaje się powoli, centymetr po centymetrze. Zbyt wolne tempo, brakuje im jedzenia, skończył się gaz, nie mogą ugotować wody, są już wyschnięci na wiór. Mają tylko świeczkę. Zmienia się pogoda, niebo zaczynają przesłaniać gęste chmury. Kukuczka: „Tadek zaczął mnie wzywać do zastanowienia się, czy wejście na szczyt jest w ogóle realne".

Dyskutują o tym podczas biwaku. Stawiają wszystko na jedną kartę – muszą zostawić cały sprzęt na miejscu, roztapiają po odrobinie wody nad świeczką, zabierają tylko płachty biwakowe i aparaty fotograficzne. Jedyna szansa, żeby stanąć na szczycie.

Chmury schodzą niżej, otulają wierzchołek. Nic nie widać w tej gęstej mgle. Kukuczka: „Wiem tylko jedno – trzeba iść w górę". Pod lodowym serakiem znajdują francuskie torebki po zupach w proszku. Kukuczka przerażony – skoro tak, to musieli tu biwakować wcześniej Francuzi z Wandą, bo kto inny? A to by oznaczało, że są na wysokości 8300 metrów, daleko od szczytu. Zbłądzili? Jak to możliwe?

Piotrowski proponuje: – Przekiblujmy jakoś tę noc, rano pójdziemy dalej.

Kukuczka się nie zgadza. To kolejny biwak w strefie śmierci, wie, co się może zdarzyć. – Rano nie zrobimy już ani kroku w górę. Będziemy mogli tylko schodzić w dół. Idziemy dalej, czuję, że jesteśmy blisko szczytu.

Ma rację. Za serakiem teren nieco się wypłaszcza. O godzinie 18.25 Kukuczka staje na szczycie. Piotrowski wchodzi chwilę potem. Jest wzruszony, to jego pierwszy ośmiotysięcznik. Dla Jurka 11.

Kukuczka zostawia na szczycie dwie figurki krasnoludków, a na czekanie zawiesza biało-czerwony proporczyk. Na nic więcej nie ma czasu, muszą jak najszybciej schodzić, opuścić strefę śmierci. Nad Himalajami zapada noc.

NA LITOŚĆ BOSKĄ!

Schodzą powoli, w gęstej mgle, kolejne dwie noce spędzają na zbyt dużej wysokości. Nie mają namiotów ani benzyny. Śpią w śnieżnych jamach, otuleni tylko płachtami biwakowymi. Od dwóch dni nie mają w ustach kropli wody. Piotrowski coraz słabszy, nie chce wstać, zakładanie raków przeciąga w nieskończoność.

Muszą już iść. Kukuczka mówi do partnera: – Droga jest ewidentna. Idę w dół, żeby zobaczyć, jak to wygląda niżej. Za godzinę może przyjść mgła i znów będziemy schodzić po omacku.

Po 300 metrach Kukuczka dochodzi do krawędzi urwiska, w dole widzi namioty bazy. Są na dobrej drodze.

Zaczynają schodzić po stromej, lodowej ścianie. Kukuczka pierwszy, Piotrowski po jego śladach. Próbuje wbić stopę w twardy lód, gdy z buta spada mu rak. Gołym butem nie utrzyma się na lodowej ścianie. Co robić?

Piotrowski próbuje wykonać ruch, rak spada z jego drugiego buta. Mężczyzna wisi już tylko na czekanie, nie ma punktu podparcia.

– Uważaj! – krzyczy Kukuczka.

Nic nie da się zrobić. Piotrowski próbuje walczyć, ale jest bardzo słaby. Trzonek czekana wysuwa się z jego dłoni. – Jureeeek! – krzyczy, odpadając od ściany.

Kukuczka: „Stałem prosto pod nim, spadł na mnie całym ciężarem, z trudem udało mi się ustać, nie byłem w stanie mu pomóc".

Sześć godzin zajmuje mu zejście do namiotów, które zostawili Austriacy. Jest odwodniony, półprzytomny ze zmęczenia. Wydaje mu się, że przez krótkofalówkę łączy się z bazą, składa meldunek o wypadku Piotrowskiego. W namiocie jest gaz, gotuje wodę, pije, zasypia, przesypia 20 godzin. Schodzi niżej, do obozu Koreańczyków. Łączy się z bazą, pyta czy znaleźli Tadeusza.

Majer o niczym nie wie, martwi się, bo od kilku dni nie dali znaku życia. Polacy organizują wyprawę ratunkową, pomagają Szwajcarzy, ale ciała Piotrowskiego nie udaje im się znaleźć.

Kukuczka zostawia na szczycie K2 dwie plastikowe figurki krasnoludków, a na czekanie zawiesza biało-czerwony proporczyk

Kukuczka ma odmrożone paluchy. Włosi proponują, żeby poleciał śmigłowcem do Skardu. Przyjmuje tę propozycję z wdzięcznością.

Z K2 docierają w świat kolejne informacje. Brytyjczycy chcą wracać do domu. Alan Rouse, kierownik wyprawy, zostaje sam. Postanawia zdobywać górę drogą klasyczną, przyłącza się do Alfreda Imitzera, Hannesa Wiesera, Williego Bauera, Kurta Diembergera z Austrii, Polki Dobrosławy Miodowicz-Wolf zwanej Mrówką i Brytyjki Julie Tullis.

Przed szczytem Mrówka traci siły, Rouse zostawia ją i wchodzi na K2. Zaraz po nim Bauer i Imitzer. Około godziny 19 górę zdobywają także Diemberger i Tullis. Wcześniej, na wysokości 8500 metrów, widzą przed sobą opierającą się na czekanie Mrówkę. Jest potwornie zmęczona, zasypia i jest sama. Diemberger mówi, żeby się odsunęła.

Dziennikarze pytają potem Austriaka, dlaczego nie pomógł Polce.

– To był problem Alana Rouse'a. Tworzyli zespół. Poprosiliśmy go, by na litość boską zajął się Mrówką. I tak się stało. Alan namówił Mrówkę do odwrotu.

Pogoda zatrzymuje wszystkich w obozie czwartym. Tullis czuje się coraz gorzej, umiera w nocy na obrzęk płuc. Pozostała szóstka trzy dni czeka w obozie na poprawę pogody. Ostatkiem sił podejmują próbę zejścia.

Rouse nie jest w stanie się podnieść. Grupa decyduje, żeby go zostawić w namiocie. Imitzer i Wieser giną niedaleko od obozu. Mrówka umiera z wyczerpania na linach poręczowych na wysokości około 7100 m.

Tylko Bauer dociera do bazy. Diembergera trzeba sprowadzać z obozu pierwszego. Jest w bardzo złym stanie, ale też przeżyje.

To nie wszyscy. Z K2 nie wracają tego lata Włoch Renato Casaroto i pakistański himalaista Muhammad Ali. W nocy z 3 na 4 sierpnia podczas schodzenia ze szczytu ginie Wojciech Wróż. Spada w przepaść. Przyczyna wypadku nieznana.

Wszyscy dyskutują tylko o tym: dlaczego śmierć zebrała tak obfite żniwo?

OPOWIEDZ O TYM, JAK CI UMIERA MATKA

Wanda Rutkiewicz powie, co myśli, w wywiadzie dla „Przeglądu Powszechnego". Jej zdaniem idee alpinizmu w Himalajach są wypaczone: „Zespół wyruszający w góry ma przed sobą określony cel. I będzie realizował ten cel za wszelką niemal cenę, bo na organizację wyprawy zostały przeznaczone wielkie pieniądze, bo było to marzeniem tego zespołu od lat, bo w grę wchodzą ambicje sportowe. Zmierzając do swego celu, alpiniści będą mijali po drodze inne, przypadkowe zespoły, bo nie czują się powołani, by się nimi zajmować, nawet wówczas, gdy tamci będą potrzebowali pomocy. Drugi człowiek jest bliski w górach tylko wówczas, choć i to nie zawsze, kiedy łączy z nim jakikolwiek związek emocjonalny lub umowa partnerska. Dziś powrót do źródeł alpinizmu wydaje się niemożliwy. Poświęcenie dla innych czy wierność partnerowi do końca to zjawisko coraz rzadsze w górach wysokich".

W jednej z audycji radiowych Rutkiewicz powie: – Na górach położył się cień śmierci wielu bliskich mi osób. Już nie potrafię o nich opowiadać promiennie.

Kukuczka też nie potrafi mówić o rzeczach ostatecznych. Nie jest filozofem. Jego siostra Jadwiga: – Wszystko nosił w sobie, w środku. Przeżywał, gdy odchodzili przyjaciele, po każdej wyprawie szedł do kościoła, modlił się. Śmierć to była prywatna sprawa między nim a Bogiem. Przyjmował ją jak rzecz naturalną. Nawet jak umarła nasza mama, pocieszał mnie. Mówił, że nie można się załamywać, bo życie wymaga od nas, żebyśmy się jakoś mobilizowali, że trzeba działać, że mam dziecko, że takie jest życie.

Ale dziennikarze ciągle go o to pytają. Chcą wiedzieć, co myśli o śmierci i co czuje, gdy giną jego partnerzy, czy jest za nich odpowiedzialny.

Odpowiada zdawkowo, czasem tylko: tak, nie, nie wiem.

Elżbiecie Sobólskiej z „Chłopskiej Drogi" na pytanie, dlaczego wciąż wystawia swoje życie na próbę, wyjaśnia, że ciągle podnosi sobie poprzeczkę, chce się sprawdzić, przemóc, coś odkryć, coś osiągnąć.

W wywiadzie radiowym wyraża nadzieję, że tragiczny ciąg śmierci ma już za sobą.

Innym dziennikarzom tłumaczy, że „śmierć przeżywa się wszędzie jednakowo mocno, tylko reakcja na nią w górach jest nietypowa, bo takie są warunki. Ginie mój partner, a ja nie mogę się rozkleić. Nie mogę usiąść i rozmyślać. Nikt przecież po mnie nie przyjdzie, nie pomoże mi. Muszę iść dalej, bo inaczej i ja zginę". Jeszcze innym zwierza się po śmierci Piotrowskiego: „Zauważyłem u siebie coś w rodzaju skorupy, pancerza ochronnego. Może po latach wspinaczki, ocierania się o śmierć, oglądania jej doszło do znieczulenia, pewnego rodzaju braku wrażliwości. Czymś przecież za to wszystko się płaci".

Trasa wspinaczki na K2 z zaznaczonymi obozami ⇨

V
IV
III
II
I

W końcu nie wytrzymuje. Na kolejne pytanie o śmierć wybucha. Przed kamerą wyrzuca dziennikarzowi: „Weź, opowiedz o tym, jak ci umiera przyjaciel. Opowiedz o tym, jak ci umiera matka. Weź się uzewnętrzniaj na zawołanie!".

Wielicki: – Każdy, kto się wspina, ma poczucie nieśmiertelności. Jurek też je miał. Nikt nigdy nie idzie w góry z myślą: Boże, mogę zginąć. Nikt tak nie może myśleć, bo tam jest tyle niebezpieczeństw, że człowiek byłby sparaliżowany. Alpiniści są pewni, że zawsze sobie poradzą, co nie jest prawdą, ale przynajmniej mają w sobie taką wiarę. Ona jest potrzebna, kto jej nie ma, nie może iść w góry.

A gdy zdarza się śmierć, najczęściej pojawia się złość, że tacy byliśmy pewni, a jednak się stało. I wtedy budzą się chwilowe wątpliwości. Potem wraca się domu, mija tydzień, drugi, idziesz do klubu, znowu koledzy, następne plany. I wracasz w góry. Jurek przeżył całą serię takich tragedii, ale był strasznie mocny psychicznie. Jeśliby ktokolwiek po takich przeżyciach miał rezygnować ze wspinania, to na pewno nie Jurek. Nic by go nie złamało, bo miał jasno określone priorytety. Ale o śmierci też nie rozmawialiśmy. Nie był wylewny, mało mówił. Zamiast gadać, graliśmy w karty.

SYPIAM BARDZO DOBRZE

W prasie aż huczy. Czy alpiniści zachowują się w górach etycznie? Czy naprawdę są tacy czyści? To jeszcze sport czy tylko kosztowna zachcianka? Czy musi być okupiony śmiercią, a państwo ma za to płacić?

Wspinacze muszą odpowiedzieć. Pozornie wszystko jest w porządku, odnoszą sukcesy, o Polakach cały świat mówi, że są romantykami gór. Ale oni też czują, że coś jest nie tak – kruszą się stare zasady, a nowych nie ma, środowisko jest coraz bardziej skłócone. Co z nimi? Chcą wypracować wspólne stanowisko. 22 kwietnia 1987 roku przyjeżdżają do Gliwic najsłynniejsi, między innymi Wanda Rutkiewicz, Andrzej Bilczewski, Andrzej „Zyga" Heinrich, Jerzy Kukuczka, Janusz Skorek, Krzysztof Wielicki, Andrzej Zawada, Wacław Sonelski...

Dyskutują przez kilka godzin, zastanawiają się, czy zasady: „wartości moralne ponad wszystko" nie zastępuje przypadkiem nowa formuła: „sukces ponad wszystko". Czy śmierć w ich dyscyplinie musi być nieodzownym elementem gry? Czy są sposoby, żeby ograniczyć ryzyko? Jaka jest granica między obowiązkiem moralnym a poświęceniem? Czy na wysokości 8 tysięcy metrów, gdy mózg ludzki przestaje normalnie działać, można mówić o etycznych wyborach, o człowieczeństwie?

Przypominają starą zasadę: wyszedłeś razem, razem wracaj. – A tego już teraz nie ma! – żałuje Andrzej Zawada. – Ktoś idzie z jednej strony góry, spotykają się na szczycie, schodzi drugą górą i... dołącza do innej wyprawy.

– 20 lat temu wyjeżdżaliśmy w zespole, który miał za zadanie zdobyć górę. I było obojętne, kto stanie na szczycie. Oczywiście, każdy dążył do tego, żeby dojść jak najwyżej, ale mieliśmy pełną satysfakcję, jeżeli góra została zdobyta, nieważne przez kogo z nas. Później zaczęła się rywalizacja w zespołach wyprawowych. Zespoły dwójkowe rywalizowały między sobą, żeby tak się ustawić, aby dotrzeć do wierzchołka. W ostatnim okresie wyraźnie obserwujemy już rywalizację między partnerami. W dwójkowych zespołach! – zauważa Heinrich.

Michał Gliński, lekarz wielu wypraw wysokogórskich, dorzuca: – A nasza wyprawa na Makalu... Śmierć Tadka Szulca. Po śmierci – kto pójdzie go pochować. I był taki chłopak, który powiedział: mnie się to nie kalkuluje, bo stracę okazję wejścia na szczyt!

– Coraz częściej się zdarza, że idzie dwójka w kierunku szczytu i różnica w czasie wejść na wierzchołek między partnerami to godzina, dwie. A więc jest jakaś rywalizacja między nimi – mówi Heinrich. – Równie dobrze mogliby obydwaj, idąc spokojnie, wejść na szczyt, razem zejść, ubezpieczając się nawzajem, a dochodzi do tego, że podejmują dodatkowe ryzyko, często kończące się wypadkiem.

Wielicki nie wytrzymuje: – Dlatego trzeba sobie odpowiedzieć na pytanie, czy idziemy w góry, żeby robić sukces, czy po to, żeby przeżywać góry z partnerem.

Sonelski precyzuje: – Do jakiego momentu życie partnera jest dla mnie ważniejsze niż szczyt?

Jedni twierdzą: Przyjacielowi trzeba pomóc, ale tylko wtedy, kiedy jest szansa, że choć jeden przeżyje. W przeciwnym razie popełnia się zwykłe, głupie samobójstwo.

Inni wręcz przeciwnie: Dobrowolny wybór własnej śmierci za uratowanie cudzego życia niekoniecznie bywa uznany za „zwykłe, głupie samobójstwo". Maksymiliana Kolbego taka postawa wyniosła na ołtarze.

Dyskusja zmierza do konkluzji: Wspinamy się po to, żeby dokonać wyczynu! Wyczyn powoduje rozwój alpinizmu. I niech ktoś powie, że szuka w górach tylko romantycznych przeżyć! Dlatego jeżeli nie sprawdzasz się w ścianie, po cholerę się tam pchasz? Jeżeli czujesz, że nie sprostasz próbie – nie idź w górę.

Partner może być kimś wspaniałym, kto nam pomaga, z kim razem możemy wykonać założony cel, ale może być także niebezpieczny. Jeżeli ktoś, kto nie jest zawodowcem, tylko amatorem, wiąże się na przykład z Jurkiem Kukuczką, to Jurek będzie dla niego wielkim zagrożeniem!

Zawada: – Można zrezygnować ze szczytu, jeżeli trzeba ratować kolegę. Nie wolno go zostawić i iść na szczyt.

Kukuczka prawie się nie odzywa, ale słyszy, że chodzi o niego.

Pada pytanie: – Mamy tu na sali członków komisji do oceny śmierci Andrzeja Czoka. Tam też były pytania i znów niestety wali to w Wielickiego i w Kukuczkę. Czy oni mieli moralne prawo iść na szczyt, wiedząc, że Czok jest chory? I co?

Wielicki się broni: – Konsultacje lekarskie odbyły się poprzedniego dnia wieczorem, przez radiotelefon. Lekarz, znając historię choroby Andrzeja, nie zabronił mu iść na szczyt. Zaznaczam, na szczyt! A nie do bazy. Nie było mowy o żadnym zejściu, o żadnej chorobie. Andrzej się czuł gorzej.

Wacław Sonelski, redaktor pisma wspinaczkowego „Bularz": – Zaczekaj, ty wiedziałeś, że on się czuje gorzej?

Wielicki: – Przyszedł później. O godzinę później.

Gliński: – Czyli że czuł się gorzej niż normalnie?

Wielicki: – Tak, gorzej niż normalnie. I zaraz ci powiem, jaka była sytuacja. Całą noc nic się nie działo. Wstaliśmy z Jurkiem bardzo wcześnie, wyszliśmy w kierunku szczytu, sądząc, że Andrzej Czok i Przemek Piasecki pójdą za nami, albo po prostu zrezygnują i zejdą. O całej sprawie dowiedzieliśmy się po zejściu ze szczytu. Jeśli lekarz, który badał Andrzeja i cały czas miał z nim do czynienia, nie stwierdza konieczności zejścia, bo gdyby tak była postawiona sprawa, natychmiast byśmy, oczywiście, jeszcze tego samego dnia… bo to tylko ratowało Andrzeja – natychmiast, jeszcze wieczorem zejść! A myśmy się położyli do namiotów spać normalnie. Nic się tam nie działo!

Kukuczka: – Rzeczywiście, powiem szczerze, że ja nieraz do tego wracam, przemyśliwałem całą sytuację i nie powiem, że jestem… że czuję się na sto procent rozgrzeszony. Bo rzeczywiście, gdyby w tym momencie ktoś pomyślał, że jest taka szansa, że jest zagrożenie i że myśmy tej szansy nie wykorzystali, schodząc jeszcze wieczorem z Andrzejem... Ja czuję, że nie zrobiliśmy stu procent tego…

Wielicki: – Nie można było stwierdzić, że Andrzej jest słaby. Krzysztof Baran, redaktor „Taterniczka": – Wojtek Kurtyka by powiedział, że to jest brak wrażliwości na stan partnera. Być może…

Na sali zgiełk, prowadzący dyskusję czuje, że może dojść do awantury. – Uogólniajmy sprawę – proponuje. – Bo weszliśmy w bardzo szczególny przypadek.

Nic to nie daje. Po chwili znów o Kukuczce.

– A wracając do Tadka Piotrowskiego – zaczyna Zawada. – Jego wejście na K2 w pewnym sensie mogę traktować jako amatorskie. Tadek poprzednio nie był na żadnym ośmiotysięczniku. Jego kondycja, jeśli chodzi o wysokość, spadała gwałtownie, począwszy od siedmiu tysięcy metrów. Na dole był jak tur, od siedmiu tysięcy metrów robił się coraz słabszy.

Kukuczka: – Na szczycie gratulowaliśmy sobie dwóch rzeczy: wejścia i że przełamaliśmy złą opinię o Tadku, który nie umie wchodzić na osiem tysięcy. Gdy byliśmy na szczycie, to był trzeci dzień naszego pobytu na ośmiu tysiącach. I to już, uważam, skreśla opinię, o której mówisz.

Wilczkowski: – No, niestety, niestety... Jeżeli komuś spadają raki…

Kukuczka: – Przypadek był fatalny.

Zawada: – I wiemy, kiedy te raki spadają. Właśnie jak się już nie ma siły do tego, żeby je odpowiednio przypiąć.

Wielicki do Kukuczki: – Podziwiam cię, że się zdecydowałeś iść z Tadkiem, znając jego historie ośmiotysięczne. Ja bym się nie odważył.

Zawada do Kukuczki: – A widzisz?

Wielicki: – Tak, ja cię podziwiam, że podjąłeś takie ryzyko.

Zawada: – A w końcu to fachowcy w tej chwili mówią.

Kukuczka: – Jeżeli chodzi o dojście do szczytu, to nie mam sobie nic do zarzucenia.

Wanda Rutkiewicz proponuje: – Niech każdy po kolei spróbuje odpowiedzieć, czy potrafi dobrze spać nocą. Ja powiem od razu, że nie. Chodzi o Barrardów. Gdybym się przypatrzyła lepiej, może bym zauważyła, że są słabi. Nie wiem, czy by to coś pomogło. Może byśmy w trójkę nie żyli.

Bilczewski: – Gdy na Alasce lawina zasypała Furmanika i Tomaszewskiego, pół godziny po wypadku dałem hasło, że zaczynamy schodzić. Przez rok widziałem tę lawinę. Czy nie zostali tam przypadkiem żywi? Czy zrobiłem absolutnie wszystko, żeby ich wydrzeć pazurami?

Zawada: – Ja sypiam bardzo dobrze.

Sonelski: – Dobrze byłoby, gdyby Kukuś coś powiedział, bo on mało mówi. A jego słowo jest najważniejsze dla tak zwanej publiczności.

Na sali śmiech.

Kukuczka: – Ale ja jestem właśnie od chodzenia, a nie od dyskutowania.

Po latach Kurtyka powie w jednym z wywiadów: „Jurek wierzył, że człowiek potrafi wytrzymać o wiele więcej, niż to się utarło, organizm ludzki według niego jest o wiele mocniejszy, niż się mówi, zaś wypadki to są po prostu... wypadki. Jakby nie zdawał sobie sprawy, że na przykład można umrzeć z wyczerpania. A przecież siła ludzka w końcu się kończy. Jurek myślał, że zawsze można coś zrobić, zawsze można mieć wpływ na swój los".

Nie do końca ma rację, bo Kukuczka myśli o Piotrowskim. – Czy zrobiłem wszystko, żeby uniknąć tej tragedii? To był mój błąd czy mojego partnera? Czy było to po prostu nie do przewidzenia? To są pytania, które sobie zadaję i nie zawsze znajduję odpowiedzi. A często znajduję błędy. I to mi ciąży – przyznaje w telewizyjnym wywiadzie.

– To dlaczego wracasz w góry? – pyta dziennikarz.

Kukuczka po dłuższym namyśle: – Zróbmy przerwę.

Nendza pamięta wieczór, gdy Jurek wrócił z K2. – Usiedliśmy przy kielonku, gadamy, na myśl przychodzi mi fraszka: Jak to jest, partner ciągle się zmienia, a co ze spokojem sumienia?

ROZDZIAŁ 14

KRYSZTAŁY

Na warszawskim lotnisku Okęcie tłum dziennikarzy. 18 lipca 1986 roku Kukuczka wraca do Polski po zdobyciu K2. To jego 11. ośmiotysięcznik. Polska wita go jak zmartwychwstałego bohatera.

Reporterzy domagają się wywiadów. – Jak się pan czuje? – pytają Kukuczkę.

– Jestem zmęczony, ale w sierpniu wracam w góry – odpowiada.

Do Korony Himalajów brakuje mu trzech szczytów, a Reinhold Messner nie zdobył jeszcze Makalu i Lhotse. Wyścig nie jest jeszcze rozstrzygnięty, wszystko jest możliwe.

W drodze do Katowic Kukuczka chłonie wiadomości. Argentyna wygrała piłkarski mundial w Meksyku. Piłkarz Diego Maradona został okrzyknięty futbolowym bogiem. Cały świat się spiera, czy w ćwierćfinale strzelił Anglikom bramkę ręką. Polacy wychodzą z grupy, ale muszą grać z Brazylią. Bolesna lekcja futbolu kończy się wynikiem 0:4.

W kraju niespokojnie. Dwa miesiące wcześniej wybucha reaktor elektrowni atomowej w Czarnobylu. Promieniotwórcza chmura obejmuje połowę Europy. Dzieci w Polsce piją płyn Lugola, ma chronić przed rakiem tarczycy. Komunistyczne władze ukrywają prawdziwe rozmiary awarii. – Wszystko jest pod kontrolą – zapewniają.

⇦ Rok 1986. Jerzy Kukuczka z synami: Wojciechem (pierwszy z lewej) i Maciejem

Celina szczęśliwa, że Jurek znowu w domu. Wieczorem mówi żonie: – Pod koniec sierpnia biorę bezpłatny urlop i wracam w Himalaje.

Ma ambitny plan. Jeśli do końca października uda mu się wejść na Manaslu (8163 m n.p.m.), jeszcze przed końcem roku zaatakuje Annapurnę (8091 m n.p.m.). Ma zezwolenia na obydwa szczyty.

Celina nawet nie próbuje zatrzymywać męża.

KOŁO CIEBIE GINĄ LUDZIE

Szykuje się wyprawa szczególna. Po raz pierwszy Kukuczka będzie nie tylko liderem, ale też kierownikiem. Wie, że nie ma doświadczenia. „Nigdy nie czułem w sobie organizatorskich zapędów, nigdy wcześniej nie widziałem siebie w roli szefa. W tym czasie nie przygotowywano w kraju wypraw w góry, w których jeszcze nie byłem, a nie mogłem liczyć na żadne zaproszenie z zagranicy. Jeśli chciałem zachować bodaj minimalne szanse w wyścigu po ośmiotysięczniki, musiałem sam zorganizować ekspedycję na brakujące mi trzy wierzchołki" – notuje.

O pomoc prosi Ryszarda Wareckiego. Stary wyjadacz, organizował już kilka wypraw. Na Manaslu oficjalnie będzie kręcił film. Jurek wciąga też do zespołu młodego Artura Hajzera. Zna go, rok wcześniej bezskutecznie próbowali pokonać południową ścianę Lhotse. Kukuczka ceni jego pracowitość, ambicję, poczucie humoru i zmysł organizacyjny.

Hajzer jest szczery do bólu. – Logicznie rzecz biorąc, nie powinienem z tobą jechać, bo wszyscy ludzie koło ciebie giną – mówi Kukuczce prosto w oczy. Ale przyjmuje propozycję.

Słowa młodszego kolegi uderzają w Kukuczkę z siłą lawiny. Z pamiętnika: „Byłem pewien, że za tymi słowami kryje się prawdziwy niepokój. A przede wszystkim, że były wypowiedzianym na głos echem tego, co ludzie mówili za moimi plecami. Wzruszyłem ramionami, nie pytałem. Bo co? Historia moich czterech ostatnich wypraw mówiła za siebie. Cztery wyprawy, cztery wypadki śmiertelne".

Kukuczka to już pierwsza liga światowego himalaizmu, zapraszany na spotkania, odczyty, kongresy. Na zdjęciu z Celiną podczas sympozjum na Węgrzech ⇨

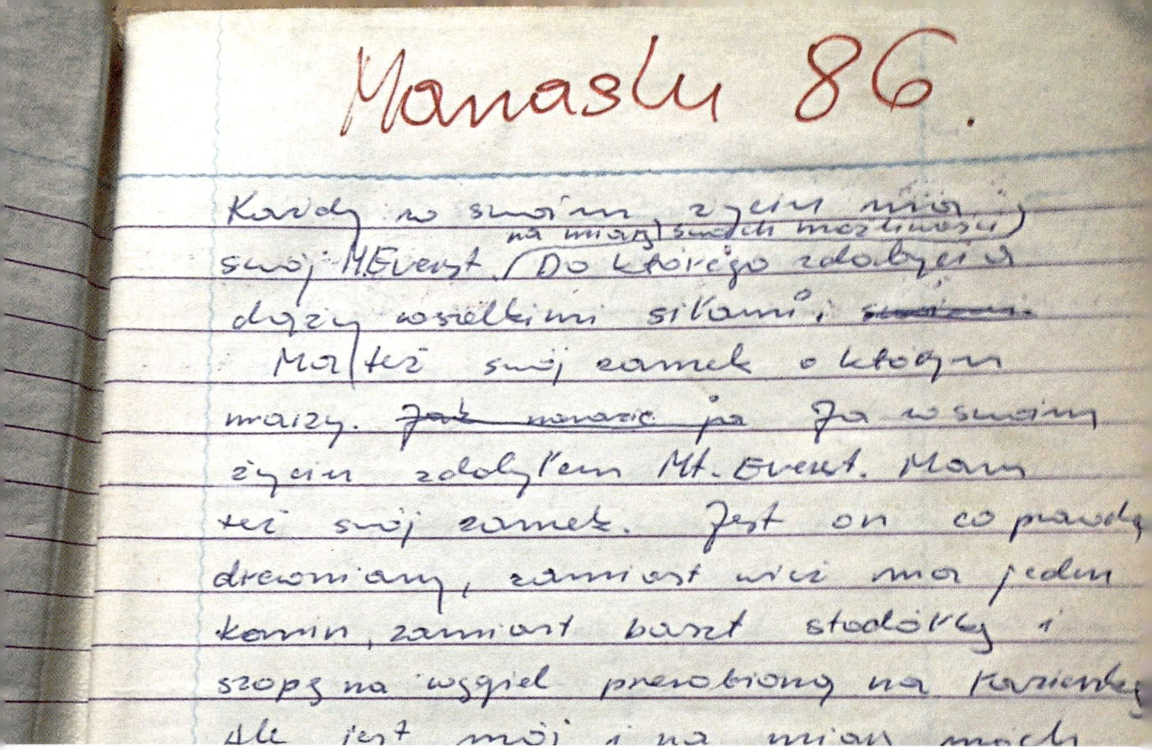
Manaslu 86.

Każdy w swoim życiu ma ~~na miarę swoich możliwości~~ swój Mt.Everest. Do którego zdobycia dąży wszelkimi siłami. Ma też swój zamek o którym marzy. ~~Jak marzyć~~ ja. Ja w swoim życiu zdobyłem Mt. Everest. Mam też swój zamek. Jest on co prawda drewniany, zamiast wież ma jeden komin, zamiast baszt stodółkę i szopę na węgiel przerobioną na kapliczkę. Ale jest mój i na miarę moich

Fragment notatek Jerzego Kukuczki z wyprawy na Manaslu

Skład uzupełniają Carlos Carsolio i Elsa Avila, meksykańskie małżeństwo, które Kukuczka poznał podczas wspinaczki na Nanga Parbat. Płacą dolarami – ogromny wkład w budżet wyprawy. W Katmandu na Kukuczkę czekają też Wojtek Kurtyka oraz Edward Westerlund z żoną. Austriak o polskich korzeniach pomaga nawiązywać kontakty z zachodnimi producentami sprzętu wspinaczkowego. Polacy dostają topowe kurtki, bieliznę termiczną, liny, haki, czekany i raki.

„Po raz pierwszy mamy sprzęt wysokiej klasy. Taki, którego zawsze zazdrościłem innym alpinistom dysponującym twardą walutą. Jesteśmy z niego dumni. Zwłaszcza Artur, który jest wśród nas najmłodszy, mniej otrzaskany. Sam fakt, że jedzie z nami na taką wyprawę, z takim sprzętem, musi być dla niego dużym przeżyciem" – pisze z dumą Kukuczka.

Zawsze są jakieś problemy.

– Jurek, nie mamy kasy – mówi zrozpaczony Hajzer. Ministerstwo Górnictwa miało dać pieniądze na bilety lotnicze dla uczestników wyprawy i na zakupy żywności. Pieniędzy nie ma na koncie. Kukuczka prosi o pomoc premiera Zbigniewa Messnera. Wystarczy jego list do prezesa Polskich Linii Lotniczych LOT, a wyprawa dostaje 50-procentową zniżkę na bilety lotnicze i przewóz bagażu. Ale to ciągle za mało. Wyjazd ratuje Polski Związek Alpinizmu. Działacze pożyczają wspinaczom 1,8 miliona złotych. Gigantyczna kwota jak na owe czasy. Z czego oddadzą?

Na dodatek w kraju inflacja. Pieniądze szybko tracą wartość. Z dnia na dzień o15 procent drożeją żywność, alkohol i benzyna. Większość potrzebnych towarów jest reglamentowana. Trzeba mieć kartki. Pracownikowi umysłowemu przysługuje 2,5 kilograma mięsa miesięcznie. Robotnik ma lepiej – dostaje 4 kilogramy. Poza tym każdemu obywatelowi przysługuje: kilogram mąki, kilogram ryżu, ćwierć kilograma cukierków, 100 gramów wyrobów czekoladopodobnych, 12 paczek papierosów, 30 litrów benzyny. Ocet można kupować bez limitu. Półki w sklepach są nim zawalone. Tylko po co komu ocet w Himalajach?

PRZEBICIE JEST OGROMNE

Kukuczka musi zorganizować prowiant nie tylko dla uczestników wyprawy, ale także nakarmić grupę tragarzy. To test jego popularności. Pisze do Urzędu Wojewódzkiego w Katowicach o możliwość zakupu towarów bez kartek. Odpowiedź błyskawiczna: zgoda na zwiększony przydział żywności.

W wyścigu z Reinholdem Messnerem Kukuczce kibicuje kierowniczka sklepu PSS Społem w katowickich Bogucicach. Zaprasza wspinaczy na zaplecze. Przygotowała dla nich skrzynki kabanosów i suchej krakowskiej, cukier, ryż, miód. Zwykli klienci o takich skarbach mogą tylko pomarzyć.

– To wszystko dla was – mówi z dumą sprzedawczyni. Kukuczka, Warecki i Hajzer pakują bagaże do samochodu. Na każdym wielka naklejka „International Annapurna, Manaslu Expedition – Jerzy Kukuczka leader".

Spis rzeczy na wyprawę w Himalaje:
konserwy mięsne – 144 kilogramy;
wędliny – 48 kilogramów;
konserwy rybne – 28 kilogramów;
sery – 42 kilogramy;
mączne dania gotowe – 38 kilogramów;
makarony – 96 kilogramów;
mleko w proszku – 67 kilogramów;
herbata – 96 kilogramów;
czekolada – 28 kilogramów;
cukier – 124 kilogramy;
miód – 19 kilogramów;
kisiele w proszku, galaretki – 19 kilogramów;
spirytus do celów medycznych – 19 litrów;
soki skondensowane – 48 litrów;
proszki do prania – 10 paczek;
mydło – 20 sztuk;
pasta do zębów – 20 tubek;
płyn do naczyń – 20 butelek;
obuwie dla tragarzy – 40 par;
skarpetki – 40 par;
okulary przeciwsłoneczne – 40 sztuk;
materace piankowe – 40 sztuk;
nosidła dla tragarzy – 40 sztuk;
namioty – 6;
komplety garnków kuchennych – 2;
benzyna do kuchenek – 60 litrów;
palniki benzynowe – 4.

Do tego liny, haki, czekany, raki oraz wyposażenie osobiste każdego wspinacza. Wszystko musi być spakowane do plastikowych beczek potocznie nazywanych „bębnami". Pojadą w Himalaje ciężarówką, popłyną statkiem lub polecą samolotem.

To nie wszystko, bo w beczkach także: kryształy, radia tranzystorowe, aparaty fotograficzne Smiena i Zenit, zegarki, żelazka, suszarki do włosów. Zostaną sprzedane na targowiskach Katmandu.

Przebicie jest ogromne. Jeden kryształ to dwa tygodnie pobytu w tanim hotelu w stolicy Nepalu. Na zegarku aż 20 dolarów zysku, a każdy himalaista potrafi przemycić kilkadziesiąt sztuk. W 1986 roku przeciętna miesięczna pensja w Polsce to 24 tysiące złotych. Na czarnym rynku można za to kupić 29 dolarów. Wystarczy przywieźć 300-400 dolarów, żeby rodzina mogła żyć przez rok.

I jeszcze ogromne ilości indyjskich sukienek i materiałów. Polacy wysyłają je z Indii w paczkach do krewnych i sąsiadów. W Warszawie, Katowicach, Krakowie otwierają się pierwsze sklepy z indyjską odzieżą. Właścicielami są himalaiści lub ich rodziny.

Wpadki? Sporadyczne. Największą zalicza Wanda Rutkiewicz. Na przejściu granicznym w Łysej Polanie celnicy zatrzymują wracającą z Afganistanu ciężarówkę. W środku kierowca, Rutkiewicz, lekarz wyprawy i sto świetnej jakości kożuchów.

– Czyje to? – pytają celnicy.

Wpadka na przemycie grozi kryminałem, a Rutkiewicz to gwiazda światowego himalaizmu. Nie może być skandalu. – Lekarz wziął to na siebie. Miał ogromne szczęście, bo obyło się bez kary – wspomina prof. Paczkowski. Sąd orzeka tylko przepadek kożuchów.

KTO NIE PIJE, TEN KAPUŚ

– Obowiązywała niepisana umowa między władzą a himalaistami: państwo nie może wam pokryć kosztów wypraw, więc dorabiajcie, jak potraficie, a my nie wnikamy, jak to robicie – wspomina prezydent Aleksander Kwaśniewski, w latach 80. szef Głównego Komitetu Kultury Fizycznej i Sportu. – Himalaiści byli zadowoleni, bo mogli jeździć w góry, my też, bo odnosili sukcesy.

Celnicy przymykają oczy na kontrabandę. Wygląda to tak: sala pełna „bębnów", celnik sprawdza ich zawartość z pisemną deklaracją. Otwiera beczkę, a w niej kilkadziesiąt fabrycznie nowych suszarek do włosów.

Manaslu, ósmy co do wysokości szczyt Ziemi (8156 m n.p.m.). Leży w północnej części Nepalu, około 70 kilometrów na wschód od Annapurny

Baza pod Manaslu. Po raz pierwszy Kukuczka jest nie tylko liderem, ale też kierownikiem wyprawy. W namiocie siedzą od lewej: Artur Hajzer, Jerzy Kukuczka, jeden z nepalskich przewodników, Elsa Avila i Carlos Carsolio z Meksyku

– Po co wam tyle suszarek w Himalajach? – pyta zdziwiony.

– To wyprawa kobieca – słyszy.

Prof. Andrzej Paczkowski, prezes Polskiego Związku Alpinizmu: – Celnik na taką odpowiedź uśmiechnął się tylko pod nosem i zaplombował „bęben".

Ale nie za darmo. Na każdej z kilkudziesięciu beczek butelka koniaku. Plomba, podpis, flaszka znika. W PRL-u alkohol jest towarem deficytowym. Dostępny wyłącznie na kartki. Władza przeciwdziała rozpijaniu społeczeństwa, więc sklepy z alkoholami otwiera od godziny 13.

Program nie działa. Piją wszyscy: robotnicy, chłopi, inteligencja. Młodzi i starzy, kobiety starają się dorównać mężczyznom. Pije się z okazji (imieniny, urodziny, Dzień Górnika i Energetyka, pępkowe, Dzień Kobiet, chrzest, mecz wygrany i przegrany...) i bez okazji. Trudno odmawiać. Kto nie pije, ten kapuje Służbie Bezpieczeństwa.

Krzysztof Kosiński w „Historii pijaństwa w PRL-u" cytuje skargę inżyniera, który w lutym 1983 roku napisał do gen. Wojciecha Jaruzelskiego: „Przeszedłem gehennę w pracy, ponieważ nie chciałem pić. Dyplom ukończenia studiów z wyróżnieniem mniej znaczył niż pół litra żytniej".

W latach 70. spożycie alkoholu rośnie w najszybszym tempie. Pod koniec dekady Polacy wypijają prawie 300 mln litrów czystego alkoholu rocznie, co daje około 8,6 litra na głowę. Wzrost dochodów przy jednoczesnym braku dostępu do atrakcyjnych dóbr sprawia, że alkohol staje się namiastką luksusu i symbolem spędzania wolnego czasu.

W marcu 1976 roku OBOP bada, jak piją Polacy. 62 proc. ankietowanych uznaje, że „zdrowy mężczyzna" w czasie większego przyjęcia może wypić co najmniej pół litra wódki i się nie upije, a 11 proc. jest zdania, że nawet litr to nie za wiele.

W latach 80. milicjanci zatrzymują co roku na ulicach około 450-600 tysięcy pijanych, którzy zakłócali porządek publiczny. Codziennie w Polsce około miliona osób jest nietrzeźwych. Każdego roku straż przemysłowa zatrzymuje około 12-13 tysięcy pijanych pracowników, a kolejnych 20 tysięcy w ogóle nie wpuszcza do zakładów z powodu nietrzeźwości. Dzieci bawią się na podwórkach, deklamując wierszyk: „Na podwórzu jest kałuża, a w kałuży tej się nurza, hipopotam powiadacie? Nie, to tata po wypłacie".

20 DOLARÓW I PO SPRAWIE

Himalaiści w każdym urzędzie celnym mają „swoich" celników, którzy przymykają oko na regulamin. Odprawiają wyprawę w kilka godzin, a nie w kilka dni i nie robią problemów. Chyba że przyjdzie celnik „nie swój".

Profesor Leszek Korniszewski, lekarz wielu wypraw himalajskich, opowiada: – W sali gimnastycznej, którą wynajęliśmy od szkoły podstawowej, na oclenie czekało kilkadziesiąt „bębnów". W każdym kontrabanda. Na odprawę miał wpaść Waldek, młody, rudy celnik, znajomy Wojtka Kurtyki.

– Swój chłop – zapewnia Kurtyka Korniszewskiego. – Trzeba mu zrobić jajecznicę, nalać wódki, dać 20 dolarów i po sprawie.

Rano do sali wchodzi celnik, ale nie młody i nie rudy. Profesor proponuje jajecznicę, a on naburmuszony warczy, że nic nie będzie jadł, bo ma problemy z żołądkiem. Na propozycję wypicia kielicha obrusza się służbowo. Patrzy na ocean beczek i oznajmia, że ich oclenie to robota na trzy tygodnie. Korniszewski truchleje. Za kilka dni sprzęt ma ruszyć w Himalaje. Pierwsza beczka i od razu przeszkoda. – Zawartość jest niezgodna ze spisem – mówi celnik. Zaczyna spisywać protokół. Niebezpieczeństwo, himalaiści mogą skończyć w kryminale. Profesor biegnie do telefonu i alarmuje członków wyprawy. Robią zrzutkę. – Jutro dasz celnikowi 120 dolarów – decydują. Powinno zadziałać, to równowartość półrocznej pensji urzędnika.

Korniszewski jest spięty, nigdy wcześniej nie wręczał nikomu łapówki. Nie wie, jak to rozegrać. Dać ordynarnie, prosto do łapy czy delikatnie – wsadzić w kopertę i włożyć między kwity celne? Problem rozwiązuje się sam. Rano do sali wchodzi młody, rudy celnik i wita się z profesorem: – Jestem Waldek. Byłem chory, szef przysłał wczoraj zastępstwo. Chyba nie było problemów, co? – mruga okiem.

Waldek odprawia ekspresowo. Każdą beczkę opija spirytusem wymieszanym z sokiem. O godzinie 15 alkohol zwala go z nóg. Korniszewski załamany, bo do oclenia jest jeszcze kilkanaście beczek, a Waldek nieprzytomny. Zamawia taksówkę i zawozi celnika do domu. – Mąż źle się poczuł – mówi kobiecie, która otwiera drzwi. W ramach przeprosin daje jej dwie siatki wędlin i słodyczy. – Wpadnę po małżonka rano – zapowiada.

Rano celnik nie chce wstać z łóżka, ma kaca stulecia. Profesor prosi, żeby zaplombował ostatnie beczki, ale Waldek odmawia współpracy. Na ratunek przybywa żona. Siatka wędlin, nie do zdobycia w sklepie, uczyniła cuda. – Waldek, ruszaj dupę! – rozkazuje mężowi. Kilka godzin później sprzęt wyprawy jest odprawiony.

W Pakistanie też są celnicy. Z pamiętnika Kukuczki: Wielki plac portowy w Karaczi. Temperatura piekielna, żadnego ruchu powietrza. Wśród wielkiej liczby kontenerów szukamy naszego, z dobytkiem wyprawy. Celnik, w asyście strażnika, nasz agent, kilku portowców.

– Czy macie whisky, wino, piwo... – pyta pakistański celnik jeszcze przed zdjęciem plomb.

– Oczywiście, że nie! – wołamy chórem. Nie jesteśmy tu pierwszy raz, wiemy, że nie wolno.

Plomby zostają zdjęte, otwierają się wrota, ze środka bucha żar jak z pieca. Całe żarcie mamy już ugotowane, myślę.

Celnik rozmawia z nami przyjaźnie i każe otworzyć pierwszy bęben. Odchylam denko i w tej samej chwili zamykam je gwałtownie, jakby w środku było stado os. Na samej górze leży bateria puszek z piwem.

– A co to? – pyta celnik podnosząc puszkę do oczu.

– Nie wiem! – odpowiadam w panice.

– A więc macie piwo! – z ust celnika znika uśmiech.

– Nie! – przekonujemy. – To pewnie puszkowany sok.

Celnicy na całym świecie lubią być traktowani poważnie. Ten też. – Ale tu jest napisane „Beer" – cedzi przez zęby.

A niech cię! – układam w głowie przekleństwa, ale trzeba brnąć dalej. – To specjalne piwo w góry, bezalkoholowe.

Kukuczka zakłada, że z „Górą Dusz" poradzi sobie w trzy tygodnie. „Nie jest trudna technicznie" – podkreśla w pamiętniku

W beczkach podróżuje niezbędny himalaistom sprzęt i prowiant, ale także kontrabanda

– Hm... – wątpi celnik. Otwiera puszkę i wypija duszkiem połowę zawartości. Skręcam się z obrzydzenia. Piwo musiało mieć temperaturę co najmniej 50 stopni. Wstrętne!

– Bez alkoholu, mówisz? – syczy celnik, zastanawiając się, jak zareagować. – Być może – zgadza się, wypijając resztę z puszki.

Nagle robi się wesoły, obściskuje się ze wszystkimi i zaprasza do siebie na kolację. Każe sobie zapakować pięć puszek, a banknot wręczony mu przez naszego agenta kończy procedurę.

Odpowiednie pieczątki znakują dokumenty. Można jechać.

Przygotowanie beczek na tę wyprawę to zadanie kolegów z Niemiec. Mogło się źle skończyć. Jaki głupek układa kontrabandę na wierzchu, zamiast na spodzie beczki? Kukuczka: „Widać, że Niemcy nie mają zielonego pojęcia o przemycaniu".

ZEGAREK W PUSZCE

Marek Pronobis, wtedy student Politechniki Śląskiej, a dzisiaj profesor tej uczelni, opracowuje genialną metodę przemytu. Zupę w puszce wkłada do miski z ciepłą wodą i ostrożnie zdejmuje etykietę. Puszkę umieszcza w zamrażalniku, a kiedy zawartość twardnieje na kamień, rozcina puszkę pośrodku piłką do metalu. W ten sposób nie narusza denka. Do wymiarów puszki docina tekturową tubę do rysunków, pakuje do wnętrza 30 zegarków, wypełnia papierem lub watą, lutuje puszkę. Na szew nakleja etykietę. Tak przygotowana „tykająca" jedzie w Himalaje. Jest warta kilkaset dolarów. Trzeba tylko pamiętać, aby ją dobrze oznaczyć.

– Chłopcy nie zauważyli i przez pomyłkę wnieśli moją puszkę z „zupą" do obozu na wysokość 7000 metrów. Byli głodni, a kiedy ją otworzyli i znaleźli zegarki, tak się wściekli, że chcieli je wyrzucić w przepaść. Ale policzyli, jaka będzie kasa z tych zegarków, i grzecznie znieśli je na dół – wspomina Pronobis.

W Katmandu wielki popyt na sprzęt wspinaczkowy. Na placach stoją dziesiątki namiotów, półki uginają się od używanych materacy, śpiworów, haków, czekanów, raków. Wielu zachodnich wspinaczy przed powrotem do domu sprzedaje tam część swojego ekwipunku. Nasi himalaiści nie mogą tego robić, bo sprzęt to mienie państwowe. Ale Polak potrafi. – Pisało się protokół, że np. raki wpadły do szczeliny na lodowcu albo huraganowy wiatr porwał kilka namiotów. Jak był raport, nikt w kraju nie dochodził, co się z nimi naprawdę stało – mówi prof. Paczkowski.

Kukuczka, jak niemal przed każdą wyprawą, zakłada pamiętnik. Na pierwszej stronie czerwonym długopisem zapisuje „Manaslu'86", a pod spodem wstęp: „Każdy w swoim życiu ma swój Mt. Everest, na miarę swoich możliwości, do zdobycia którego dąży wszelkimi siłami. Ma też swój zamek, o którym marzy. Ja w swoim życiu zdobyłem Mt. Everest. Mam też swój zamek. Jest on, co prawda, drewniany, zamiast wież ma jeden komin, zamiast baszt stodółkę i szopę na węgiel przerobioną na łazienkę. Ale jest mój i na miarę moich możliwości".

Manaslu nazywana jest „Górą Dusz". Do jej podnóża prowadzi długa, kręta droga poprzecinana wodospadami. Kilkadziesiąt

Jerzy Kukuczka, Carlos Carsolio, Wojtek Kurtyka i Edward Westerlund pod Manaslu

kilometrów na piechotę, z bagażami na plecach. Krajobraz bajkowy. „Od dłuższego czasu idziemy w wąwozie. Płynący jego dnem strumień tworzy dziesiątki przepięknych kaskad i wodospadów. Wspaniałą oprawą jest bujna, soczysta zieleń. Można by się zachwycić otoczeniem, gdyby nie okropna duchota i dający się we znaki monsun. Właściwie każdego dnia leje. Minionej nocy rozłożyliśmy się na łące, nad brzegiem strumienia i około pierwszej obudziliśmy się kompletnie zalani wodą. Materace pływały, a my staliśmy po kolana zanurzeni w wodzie. Resztę nocy spędziliśmy na wiszącym moście, jedynym suchym miejscu w okolicy" – notuje Kukuczka 3 września 1986 roku, w piątym dniu wędrówki do bazy.

Dwa dni później karawana dociera na wysokość 4000 metrów. Mieszkają tam już tylko Tybetańczycy. I nie wpuszczają wyżej tragarzy wynajętych w Katmandu. Przejmują bagaże, pozwalają zostać sirdarowi (kierownik przewodników i tragarzy) oraz jego pomocnikowi. Po trzech dniach wędrówki w ulewnych, monsunowych deszczach ekipa dociera do bazy położonej w pobliżu tybetańskiej wioski o nazwie Sama Wschodnia Grań. Do lodowca dwugodzinne podejście. „Czujemy się jak na tatrzańskiej hali w najbardziej deszczowe lato" – pisze Kukuczka.

Wyprawa zaczyna się źle. Warecki czuje się fatalnie, ma objawy poważnego przeziębienia. Sirdar próbuje oszukać Kukuczkę. Przynosi rachunek, z którego wynika, że każdemu z tragarzy zapłacił po 45 rupii. Nie wie, że Warecki nagrał, jak sirdar rozlicza się z kulisami. Na taśmie każdemu daje 40 rupii.

Wybucha awantura, Kukuczka nie chce zapłacić, sirdar zaczyna płakać. Jego pomocnik chwyta za nóż. Grozi, że złoży na Polaków skargę w ministerstwie turystyki. Odpuszcza, gdy widzi, co nagrał Warecki. „Cośmy przy tym wszystkim nerwów zniszczyli, to nasze. Luz psychiczny też ma swoją cenę. Po co zawracać sobie głowę drobnymi sprawami czy pieniędzmi w obliczu pięknych gór. Niestety, tak kalkulować mogą tylko ludzie, których na to stać" – pisze Kukuczka. Wkrótce odkrywa, że ktoś ukradł dwie beczki z 30 kilogramami ryżu i mąki.

Stan Wareckiego wciąż się pogarsza. Jest osłabiony, ma temperaturę i silny kaszel. Renata, żona Westerlunda, jest studentką medycyny. Bada Wareckiego i stawia diagnozę: zapalenie płuc. Dalszy pobyt na takiej wysokości może go zabić. 16 września na skraju wsi ląduje helikopter. Oprócz chorego Wareckiego na pokład wchodzą też Westerlund z żoną.

– Sorry, przyjacielu, skończył się nam urlop – mówią Kukuczce.

Jurek zostaje z Arturem Hajzerem, Wojtkiem Kurtyką, Carlosem Carsolio i Elsą Avilą. Przedstawia im plan. Szybkie wejście nieprzebytą do tej pory północno-wschodnią granią na Manaslu, zejście i trudniejszy atak południową ścianą Annapurny. Kukuczka zakłada, że z „Górą Dusz" poradzi sobie w trzy tygodnie. „Nie jest trudna technicznie" – podkreśla w pamiętniku.

FACHOWIEC TO JEST PAN!

Nie ma racji. Deszcze zamieniają się w śnieg. Sypie od poniedziałku do niedzieli i przez cały kolejny tydzień. Nikt się nie spodziewał załamania pogody. W bazie nastroje minorowe. Założyli dopiero dwa obozy, a teren mają rozpoznany tylko do wysokości 6800 metrów. W górach skrajnie trudne warunki, kopny śnieg po pas utrudnia marsz. W każdej chwili może zejść lawina.

Na początku października radio podaje, że Messner zdobył Makalu.

Marcel Rüedi ze Szwajcarii prosi Wielickiego o pomoc. Liczy, że może się ścigać o pierwszeństwo w zdobyciu Korony Himalajów. Makalu byłby jego dziesiątym ośmiotysięcznikiem. Myśli, żeby zaraz potem wejść na Everest i Lhotse.

Warecki: – Namawiałem Wielickiego, żeby pojechał z nami, że „zrobimy" Manaslu, Annapurnę i Sziszapangmę. Jak stworzymy mocny zespół, nasze szanse wzrosną. A on że nie, że ma swoje cele. Wybrał Marcela.

Na Makalu. Wielicki i Rüedi idą po śladach Messnera, dla którego będzie to 13. ośmiotysięcznik. Docierają do wysokości 8200 metrów. Tu ślady się urywają, dalej jest śnieżne pole, potem ściana szczytowa. Wielicki zaczyna torować drogę przez głęboki śnieg, około godziny 16 wchodzi na szczyt. Wiatr zrywa mu czapkę z głowy, musi schodzić na dół, bo zamarznie. Nie czeka na partnera, umawiają się w namiocie. Rüedi nigdy nie wróci.

Rano Wielicki schodzi w dół, na przełęczy pod szczytem natyka się na ekipę Messnera. Jego Szerpowie odnajdują ciało Szwajcara 50 metrów poniżej namiotu.

Warecki: – Messner nie wszedłby na Makalu, ale zobaczył, że Wielicki zdobył szczyt, i skorzystał z drogi, którą Krzysiek utorował przez śnieżne pole.

Wielicki: – Podziękował mi potem za to.

Messner: – Nie miałem z tym problemu.

Tyrolczykowi do Korony Himalajów brakuje tylko jednego szczytu. Czas ucieka, ale pod Manaslu wciąż pada. Kukuczka musi czekać.

Ma dużo czasu, sporo pisze – o dzieciństwie, o biedzie w Istebnej. „Ojciec, który przed wojną pracował w banku w Katowicach jako urzędnik, wrócił tu po wojnie i dostał już tylko posadę portiera". Ale potem zmiana. Ojciec zdegradowany do pozycji robotnika, matka pracuje w fabryce przy taśmie, ale „w mieszkaniu pojawiły się meble, na stole zamiast grysiku często widziałem kawał kiełbasy (w niedziele było to regułą). Marzeniem moich rodziców było, żebym wyuczył się dobrego fachu. Fachowiec to jest pan!".

Wciąż pada, ale 10 października próbują wyjść w górę. Tym razem we czwórkę, bo „Elsa wycofała się z akcji. Śniegu napadało nieprawdopodobnie dużo. Im wyżej, tym więcej. Zapadaliśmy się po pachy, po szyję. Uprzednio założone poręczówki wyciągnęliśmy spod półtorametrowej warstwy puchu. W miejscu obozu pierwszego idealnie równa powierzchnia. Ani śladu namiotu. Sondowanie. Czubek namiotu prawie metr pod powierzchnią. Żeby go odkopać, musieliśmy odgarnąć ponad dwa metry śniegu. Namiot w złym stanie. My w nie lepszym".

Jedzenia mają pod dostatkiem, jednak źle obliczyli zapasy gazu. Hajzer w swoim notatniku: „Nauczyłem się wtedy, że jest on tym, czego nigdy nie powinno zabraknąć, że jest ważniejszy od sprzętu biwakowego. W trudnych warunkach, mając gaz, można utrzymać się przy życiu. W Himalajach jednym z podstawowych niebezpieczeństw jest odwodnienie organizmu. Aby zachować odpowiednią formę, codziennie trzeba wypijać co najmniej pięć litrów płynu". Bez gazu nie ma jak stopić śniegu.

Kukuczka zastanawia się, co robić. Hajzer wychodzi przed namiot, robi kilka kroków, nagle... trach! Szeroka na kilometr śnieżna łacha zaczyna się osuwać w dół. Lawina zabiera wszystko na swojej drodze. Dalsza wspinaczka to samobójstwo. Muszą wracać do bazy. Hajzer: „Bałem się jak nigdy dotąd. Działo się tak za sprawą przedziwnego zjawiska, jakim jest tak zwana kumulacja strachu. Niebezpieczne chwile na lawiniastym stoku, lawina urywająca się spod nóg na grani, kruche śnieżne mosty, obawy o to, czy idziemy właściwą drogą, strach przed tym, czy zdążymy przed nocą znaleźć dobre miejsce na biwak”.

Baza tonie w śniegu i wygląda jak pole bitwy z pierwszej wojny światowej, poprzecinane okopami. Kucharz Nyma Szerpa każdego ranka z łopatą wykopuje w śniegu wąskie ścieżki prowadzące do mesy. 17 października, waląc młotkiem w patelnię, zaprasza wszystkich na śniadanie. Zmęczeni wyczekiwaniem wspinacze zbierają się przy stole. Nie patrzą sobie w oczy, w powietrzu unosi się atmosfera rezygnacji. Mister Murari, oficer radiowy, pogłaśnia stację z nepalską muzyką. Szarpiące dźwięki wszystkim działają na nerwy. Nagle spiker przerywa audycję. – Wczoraj wybitny włoski alpinista Reinhold Messner wszedł na szczyt Lhotse. Jest tym samym pierwszym człowiekiem, który wszedł na 14 ośmiotysięcznych najwyższych gór świata – oznajmia.

Wyścig skończony. W mesie cisza. Nikt nawet nie siorbie herbaty. Wszyscy patrzą na Kukuczkę, z jego twarzy chcą wyczytać, co dalej z wyprawą. Milczenie przerywa Hajzer, próbuje rozładować atmosferę: – To co? Chyba teraz nie musimy się już tak spieszyć? Możemy dać sobie spokój z tą górą.

Żartobliwa propozycja, a działa na Kukuczkę jak płachta na byka. – No widzisz, gamoniu, a my przez ciebie grzejemy dupę w bazie. Jutro wychodzimy. Nieodwołalnie! – zapowiada.

Zaszywa się w namiocie i notuje: „Ten moment wisiał nade mną cały czas. Wiedziałem przecież, że Reinhold jest na Makalu, że ma zezwolenia na Lhotse. Wiedziałem, że nie będzie miał żadnych problemów z przenoszeniem się, bo w takich sytuacjach korzysta z helikoptera. I wiedziałem, że nic mu nie stanie na przeszkodzie w dokończeniu swojej »kolekcji«. Wchodzi na kolejne ośmiotysięczniki z reguły normalną drogą, jest znakomitym alpinistą, musiałby mieć pecha, by nie osiągnąć celu, który ma swoją ogromną wartość nie tylko sportową. Czekałem na tę wiadomość, ale teraz, kiedy nadeszła, mimo wszystko robi mi się smutno. Jednak on jest tym pierwszym. Odczuwam cień ulgi. Wreszcie ta cała wrzawa

Gdy Jerzy Kukuczka i Wojciech Kurtyka wspinają się na Manaslu (na zdjęciu), Reinhold Messner zdobywa Koronę Himalajów. „Odczuwam cień ulgi. Wreszcie ta cała wrzawa wokół naszego »wyścigu« się skończyła. Teraz spokojnie mogę dążyć do własnego celu” – notuje Kukuczka w pamiętniku ⇨

Galibier

Kurtyka rezygnuje ze wspinaczki. Kukuczka nie kryje żalu. „Jeśli staję pod jakąś górą, to jedynym moim celem jest wejść na nią i skończyć drogę na szczycie. Nie zmieniło się to od początku" – notuje

wokół naszego »wyścigu« się skończyła. Teraz spokojnie mogę dążyć do własnego celu".

KTO SIĘ MUSI ŚCIGAĆ, NIECH WCHODZI

Kukuczka, Hajzer, Kurtyka i Carsolio ponownie ruszają w górę. Zagrożenie lawinowe rośnie z każdym przebytym metrem. Na wysokości 6000 metrów Kurtyka się buntuje. Nie chce iść dalej. Jest zbyt niebezpiecznie. – Nie zależy mi na jakimś tam Manaslu. Kto się musi ścigać, niech wchodzi. Ja mam tego dość. Jeśli wy nie schodzicie, zejdę sam – mówi.

– To szantaż – mówi Kukuczka, ale przekonuje, żeby jednak iść w górę. – Jeśli teraz wrócimy, nie będzie nas stać na ponowny atak. Kończy się nam żarcie – mówi.

Głosują. – Wolałbym próbować – mówi Hajzer, ale zgodzi się z decyzją większości. Carlos też nie chce odpuszczać. – Meksyk jest w coraz gorszej sytuacji ekonomicznej i mam prawo sądzić, że w związku z tym jest to moja ostatnia wyprawa w Himalaje.

Zrobię wszystko, żeby wejść na ten szczyt – wygłasza krótką przemowę.

Decyzja należy do Kukuczki. Wszyscy wracają do bazy. Spróbują kupić coś do jedzenia, ograniczą racje żywnościowe, a jak pogoda się ustabilizuje, podejmą ostatnią próbę.

Kucharz biegnie do wioski, kupuje ziemniaki, trochę jajek i chińską wódkę. Alkohol nikomu nie smakuje, nie ma czego opijać. Carlos odwiedza Kolumbijczyków, którzy schodzą z Manaslu. Próbuje od nich odkupić coś do jedzenia. Wraca z workiem budyniu.

Kucharz dokonuje kulinarnych cudów. Jednego dnia serwuje ryż z ziemniakami, następnego ziemniaki z ryżem. Jedna konserwa mięsna na pięć osób. 19 października Kurtyka stwierdza, że dalsze siedzenie nie ma sensu. Wraca do Katmandu.

Kukuczka traktuje to jak zdradę. Nie kryje wściekłości. W pamiętniku wylewa żal na Kurtykę: „Jestem wkurwiony. Powinien wreszcie to docenić, że dzięki mojej postawie w górach ma na swoim koncie kilka osiągnięć. Jeśli staję pod jakąś górą, to jedynym moim celem jest wejść na nią i skończyć drogę na szczycie. Nie zmieniło się to od początku, bez względu na wyścig z Messnerem. Wojtek zachowuje się jak panienka. [Powtarza]: Nie jestem zdobywcą, wspinam się dla wspinania, dla przeżywania. Nie zależy mi na rozpowszechnianiu moich osiągnięć. »Ćwir, ćwir... ćwierkają sopelki«. To dlaczego pisze do wszystkich możliwych pism, filmuje swoje osiągnięcia skałkowe? Takie kłamliwe pierdolenie dla grzecznych dzieci. Idealista przeżuwacz".

GRATULUJĘ WIELKIEGO SZLEMA

Dzień później Kukuczka, Hajzer i Carsolio wychodzą z obozu. – To nasza ostatnia próba – podkreśla Kukuczka. Nie musi motywować kolegów. Wiedzą, że w tych warunkach, przy niewielkich zapasach żywności, mają już niewielkie szanse.

Obóz pierwszy odnajdują cudem, jest cały zasypany. Do drugiego idą na czworaka – tylko tak nie zapadają się w śnieżnym puchu. Namiot odkopują w ciemnościach. Carlos topi śnieg na kuchence gazowej. Kukuczka i Hajzer śpią. Nagle budzi ich krzyk

Meksykanina. – Open, open! W namiocie jasno jak w dzień, maszynka płonie żywym ogniem. Kukuczka chwyta ją i niczym piłkę wyrzuca w śnieg. Hajzer gasi rzeczy w namiocie. Nikt nie poparzony? Uff...

O świcie wspinacze docierają na wysokość 7500 metrów, co ma poprawić ich aklimatyzację. Noc znowu zamierzają spędzić w obozie drugim. Carlos nie czuje palców w dłoniach, odmroził je podczas marszu na czworakach. – Wracam do bazy – mówi. Nie zgadza się, żeby Kukuczka i Hajzer mu towarzyszyli.

„Rano następnego dnia śnieg był jak beton. Wspaniały, ale zimno straszliwe. Doszliśmy z Arturem do 7300 metrów i tam rozbiliśmy obóz trzeci. Po nocy zdecydowaliśmy się iść wyżej, na lekko, tylko z linami i płachtami. O 14.30 na wysokości 7700 metrów zobaczyliśmy podszczytowe plateau, a na nim straszne rzeczy. Pióropusz śniegu wzniesiony przez wiatr niósł się na kilka kilometrów. Przy takim huraganie nie było mowy o kontynuowaniu drogi" – notuje Kukuczka. To koniec.

Zrezygnowani schodzą w dół. Po drodze likwidują wszystkie obozy i liny poręczowe. „Nie mogłem zrozumieć, po co nam liny w bazie. Bardzo mi się to nie podobało, ale Jurek nie dał się przekonać. Nie chciał zostawić po sobie lin w ścianie, więc nasze zejście trwało długo" – pisze Hajzer.

Elsa i Carlos obserwują ich wyczyny przez lornetkę. Są przekonani, że Jurek i Artur wracają jako zwycięzcy. Rzucają się im na szyję z gratulacjami. Na Hajzera czeka żona, która niespodziewanie przyjechała do bazy. Jest pewna, że mąż zaliczył swój pierwszy ośmiotysięcznik. Nie wierzy, kiedy słyszy, że znowu się nie udało. – Spróbujemy jeszcze raz, ale inną drogą – nieoczekiwanie stwierdza Kukuczka.

Konsternacja, ale i nadzieja. Skoro Jurek chce próbować, to trzeba próbować. Carlos zapewnia, że z jego rękami jest już lepiej. – Idę z wami – deklaruje.

5 listopada w Himalajach nie ma już żadnej innej wyprawy. Trzej wspinacze ponownie pną się na szczyt Manaslu. Omijają długą i męczącą grań wschodnią. Pchają się lodowymi ścianami

na wprost bazy. Czwartą noc spędzają na wysokości 7800 metrów. Na grani znowu uderza w nich huraganowy wiatr. Zadymka taka, że nic nie widać. Kukuczka idzie pierwszy, ciągnąc za sobą 80-metrową linę. Za nim Hajzer, na końcu Carsolio. Meksykanin z każdym krokiem traci siły, co jakiś czas przysiada na śniegu. Hajzer zauważa, że zaczynają schodzić w dół. Dochodzi do końca liny, gdzie powinien być Kukuczka, ale go tam nie ma! „W chmurach zrobił się niewielki prześwit i wtedy wszystko stało się jasne. Kukuś był o krok od Manaslu Wschodniego. Nie mógł przepuścić takiej okazji. Manaslu Wschodni był najwyższym po Lhotse Środkowym niezdobytym przez człowieka szczytem Ziemi. Ciekaw byłem, czy zanim postawi nogę na tym szczycie, poczeka na nas" – pisze Hajzer.

Nie czeka, jest pierwszy na Manaslu Wschodnim. Od głównego szczytu dzieli ich zaledwie 200 metrów różnicy wysokości, kilkaset metrów w poziomie. Wierzchołek otula gęsta mgła, a temperatura spada do minus 30 stopni. Wspinacze wiążą się linami. Prowadzi Kukuczka. Carlos jest tak słaby, że momentami trzeba

10 listopada 1986 roku Kukuczka z Arturem Hajzerem zdobywają Manaslu. Na zdjęciu góra z zaznaczoną trasą wspinaczki i obozami

go ciągnąć. Znowu nie czuje palców u rąk. Altymetr wskazuje wysokość 8000 metrów.

– Nie mamy szans dzisiaj wejść na szczyt, nocujemy – zarządza Kukuczka. Wiatr jest tak silny, że mają problemy z rozbiciem namiotu. Nie mają energii do walki z płachtą. Nakładają ją na siebie. Przemoczone śpiwory zamieniają się w bryły lodu. Carlos dostaje leki na rozszerzenie naczyń krwionośnych. Udaje się im ugotować tylko jedną menażkę wody, dzielą ją na trzy porcje. Wszyscy są potwornie zmęczeni, nikt nie jest w stanie zmrużyć oka.

Rano huragan nie słabnie. Carlos zrezygnowany, mówi, że się nigdzie nie rusza. Kukuczka wychodzi spod płachty namiotu. „Wychylam się i widzę... szczyt sterczący dosłownie w zasięgu ręki. Rozświetlony słońcem, wspaniały, bliski. To tylko tutaj, na przełęczy tak grzmi wicher" – notuje.

Jego radość jest zaraźliwa. Hajzer zakłada na siebie wszystko, co ma, i pierwszy rusza do góry. – Carlos, spakuj nas – prosi Kukuczka i rusza w pościg za Arturem. 105 minut później staje na szczycie Manaslu. „Świat z tego miejsca wygląda nierealnie. Jest taki jasny, czysty, jakby nigdy nie było burz, wiatrów, całego piekielnego zmęczenia przy podejściu pod górę" – notuje w 63. dniu wyprawy. Najdłuższej w jego życiu.

Kiedy zdobywcy szczytu wracają do namiotu, Carlos śpi. Jest otępiały, ma spuchnięte palce. Kukuczkę też dopada ogromne zmęczenie. Przy schodzeniu przystaje co 20 metrów i odpoczywa. Biwak na siedmiu tysiącach metrów. Rano Carlos zachowuje się dziwnie. Mówi od rzeczy, chodzi zygzakiem. Efekt zażycia pigułek na rozszerzenie naczyń krwionośnych? Pierwsze majaki? Hajzer odkrywa, że Meksykanin ma podejrzanie ciężki plecak.

– Chłopie, weźmiemy część twojego bagażu – deklaruje. Chce zobaczyć, co jest w środku, i baranieje. Carlos dźwiga kilkanaście kamieni z wierzchołka Manaslu Wschodniego. Wyjaśnia, że zabrał je w celach badawczych dla swojej uczelni. Protestuje, kiedy Polacy chcą je wyrzucić. – Za jeden taki kamień skończę studia! – protestuje. Hajzer zostawia mu kilka głazów. Resztę wywala w przepaść.

Członkowie wyprawy schodzą powoli, co jakiś czas wywołują

niewielkie lawiny. Kiedy do bazy jest już tylko kilka godzin marszu, docierają do szerokiej szczeliny. W normalnych warunkach przeskoczyliby ją i poszli dalej. Teraz są potwornie zmęczeni, mają bagaż i kilka warstw ubrań na sobie.

Muszą spróbować. Hajzer zrzuca plecak i bierze daleki rozbieg. Nad krawędzią szczeliny się zatrzymuje. Powtarza próbę, to samo. Biegnie jeszcze raz. I znowu paraliżuje go strach. Zrezygnowany pada na śnieg i szepcze: – Nie dam rady.

Kukuczka idzie w jego ślady. Dwa razy bierze rozbieg i dwa razy rezygnuje przed szczeliną. Za trzecim razem odbija się i leci na drugą stronę. Czekan wbija się w lód, nogi zwisają w powietrzu. Jurek podciąga się i wczołguje na przeciwległą krawędź. Rozciąga nad szczeliną linę. Artur i Carlos nie mają już problemu z dotarciem na drugą stronę.

Obóz Kolumbijczyków, którzy wspinają się na Manaslu normalną drogą. Mają sporo jedzenia, są gościnni, skorzy do żartów.

Carsolio: – Kukuczka zamykał się przy obcych. Był naburmuszony.

Kolumbijczycy trzymają dwa psy. Jeden czarny, z grzywą, która przypomina wielką brodę.

– Wiesz, jak nazywa się ten pies? – pyta Kukuczkę jeden z kolumbijskich wspinaczy.

– Nie – odburknął.

– To jest Messner.

Drugi pies ma groźny wyraz pyska, warczy. Kolumbijczycy: – Czy wiesz, jak wołamy na tego?

– Nie – znów mruczy Jurek.

– Jak dobędziesz wszystkie ośmiotysięczniki, nazwiemy go Kukuczka.

Carsolio: – Wtedy Jurek się uśmiechnął.

11 listopada meldują się w bazie. Meksykanin zdejmuje buty i pokazuje kolegom stopy. Sine i spuchnięte jak balony. Poważne odmrożenie. Goniec biegnie do wioski, aby po raz kolejny wezwać helikopter, ale tym razem maszyna nie jest w stanie wznieść się na taką wysokość. Trzech tragarzy znosi Carsolio tysiąc metrów niżej. Na Kukuczkę

czeka tam list z Katmandu. „Jest możliwość przedłużenia zezwolenia na Annapurnę do 25 listopada" – pisze mu Ryszard Warecki.

Wcześniejsze obowiązywało do 15 listopada i Jurek skreślił już możliwość zdobycia kolejnego szczytu. Teraz budzi się w nim nadzieja. Zanim wsiądzie do helikoptera, pospiesznie kreśli na kolanie liścik do Hajzera: „Bierz tylko sprzęt wspinaczkowy, całą bazę i karawanę zostaw na łasce sirdara i biegiem wal do Katmandu. Są szanse na zrobienie Annapurny. Jurek".

W Katmandu Kukuczka nie bierze nawet prysznica, pędzi do ministerstwa turystyki. – Przyszedłem przedłużyć pozwolenie na Annapurnę – wyjaśnia urzędnikom. Są zdziwieni. – Jeżeli jesteś tutaj, co chcesz jeszcze przedłużać?

Do Kukuczki dociera, że powinien od razu lecieć pod Annapurnę i stamtąd wysłać prośbę o przedłużenie terminu. Wszystko przepadło. Na poczcie wysyła telegram. Adresat: Reinhold Messner. Treść: „Gratuluję wielkiego szlema".

Hajzer nie wie, że nie będą zdobywać Annapurny. W trzy dni pokonuje na piechotę trasę, która zwykle zajmuje dziesięć dni. W stolicy Nepalu dowiaduje się, że Kukuczka odleciał już do Polski.

– Nigdy mu tego nie daruję – mówi Hajzer.

Przed wylotem zakupy w Katmandu.

– Kukuczka przywiózł mi z Nepalu posążek indyjskiego bóstwa, Ganesza. Moja córka była bardzo mała. W domu zapytałem ją, jak nazwiemy tę figurkę. Bez większego namysłu odpowiedziała: Kukuczka – wspomina były prezydent Aleksander Kwaśniewski. – Ganesz-Kukuczka jest z nami do dzisiaj. Dobrze nas chroni.

W notatkach w zeszycie Kukuczki nie ma o tym słowa. Są „klapki-paski nr 37 i 41, lekkie, chińskie; kolczyki duże, biżuteria, perła biała, donica wisząca wysadzana kamyczkami, spinki kolorowe do włosów, orzeszki solone, futro, ciuchy dla mnie".

⇦ Figurka indyjskiego bóstwa Ganesza - prezent Kukuczki dla Aleksandra Kwaśniewskiego

14 GREAT ADVENTURE
14 X 8000

ROZDZIAŁ 15

KLUSKI

27 stycznia 1987 roku. Na listach przebojów królują „Say You, Say Me" Lionela Richie i „Papa Don't Preach" Madonny. Prowadzący radiową audycję „Przy muzyce o sporcie" czyta list od słuchacza:

„Byłem tym sympatykiem, który zgłosił do Waszej Redakcji Wandę Rutkiewicz i Jerzego Kukuczkę do Plebiscytu Indywidualności roku 1986 za tak ich wybitne osiągnięcia alpinistyczne, które takim echem odbiły się w świecie. Bardzo poruszyła mnie tematyka dyskusji niedzielnej audycji na temat alpinizmu. Wiem, że są obawy znawców, czy himalaizm idzie prawidłową drogą, czy nie zaczyna się szaleństwo, wyścigi narzucone przez laików niemających nic wspólnego z górami. Przecież są tacy szaleńcy, którzy dla posmaku sensacji czekają na dreszczyk tragedii w czasie zdobywania szczytu i żeby widziała to widownia telewizyjna bezpośrednio. Ludzi takich nie brakuje, chcieliby oni zrobić z alpinizmu komercyjne widowisko, a alpinista w tym miałby być chyba marionetką. Jednak nie mylmy pojęć. Bo taki alpinista jak Jerzy Kukuczka nie dał się porwać narzuconemu wyścigowi o 14 szczytów tego świata z Messnerem.

Kukuczka zdobywał Manaslu długo, ale z jakim rozsądkiem oceny sił, pogody, sił partnerów. Tam właśnie dostał wiadomość, że Messner zdobył swój 14. ośmiotysięcznik. Pogratulował mu telegramem, a sam zrobił, co zaplanował. To jest próba charakteru,

⇦ Annapurna to wyjątkowo „wredna" góra. Pierwszy ośmiotysięcznik zdobyty przez człowieka, o tragicznej statystyce. Na jej szczycie do 1986 roku stanęło 32 himalaistów, tylu samo zginęło podczas próby zdobycia góry. Na każdy sukces jedna śmierć. Na zdjęciu Kukuczka z Ignacym Walentym Nendzą w bazie pod Annapurną

psychiki, taki jest prawdziwy sportowiec. Podkreślam – sportowiec. Niektórzy podają w wątpliwość, że alpinizm to sport. Jaki jest sens himalaizmu, skoro są ofiary i nieszczęścia. Ale gdzie ich nie ma? Alpinizm to dyscyplina dla najzdrowszych siłowo, psychicznie twardych ludzi. Niektórzy twierdzą, że to szaleństwo zdobywać szczyty bez tlenu. Jeżeli zdobywa się szczyty nie dla pieniędzy, nie dla reklamy, komercjalizacji, nie w pogoni za sensacją, to jest to czysty alpinizm. I taki jest właśnie polski alpinizm.

Polskich alpinistów życie nie rozpieszcza. Nie mają do dyspozycji milionów, helikopterów, najlepszego sprzętu. Więc zamiast polemizować z pseudofachowcami, trzymajmy ręce za naszych w wyprawie na Annapurnę i Sziszapangmę, życząc od serca powodzenia".

W Polsce najbardziej prestiżowy plebiscyt na Sportowca Roku organizuje „Przegląd Sportowy". Czytelnicy w głosowaniu wybierają dziesięciu najlepszych sportowców. Wyniki ogłaszane są podczas Balu Mistrzów Sportu w Warszawie. To wielkie wydarzenie towarzyskie. Bawią się tam ludzie mediów, polityki, sztuki.

Sportowcem Roku 1986 zostaje mieszkaniec podwarszawskiego Piaseczna Andrzej Malina, mistrz świata w zapasach. Kukuczki nie ma nawet w najlepszej dziesiątce.

Dlaczego? Bohdan Tomaszewski, legendarny komentator sportowy, pisze do „Taternika": „Żeglarze, alpiniści, wszyscy ci nieugięci samotnicy podejmujący najtrudniejsze próby wytrzymałości i odwagi, lecz właśnie próby rozłożone po pierwsze, na bardzo długi czas, a po drugie, dokonywane w całkowitej izolacji i ogromnym oddaleniu od widowni, nigdy nie mieli szczęścia do podobnych plebiscytów. Słowem, przegrywają z zawodnikami reprezentującymi sporty widowiskowe, oglądane bezpośrednio przez tłum, a więc sporty najpopularniejsze. Lecz dodam: ci ludzie należący do rodziny sportowców walczących samotnie z wszelkiego rodzaju żywiołami i przestrzenią są chyba czymś więcej niż autorzy rekordów świata i zdobywcy medali olimpijskich. Dokonują rzeczy trudniejszych niż najzręczniejsi piłkarze albo najmocniejsi bokserzy. Ich wyczyny przerastają osiągnięcia uzyskiwane na arenach widowiskowych, a osiągnięcia te wykraczają daleko poza efektowne walory wykazywane przez wyczynowców startujących na stadionach zamkniętych. Wspaniały bokser, biegacz, piłkarz jest jednak jakby bliższy przeciętnemu kibicowi. Kibic widzi go w walce i jest bezpośrednim świadkiem jego zmagań. Ten widowiskowy sport, jako że łatwy w odbiorze i dostępny – choćby przez to skłania się do natychmiastowej kreacji najwybitniejszych bohaterów stadionu na bohaterów całego sportu. Lecz pomijanie tamtych to tylko nasza pozorna obojętność, gdyż każdy podziwia Leonida Teligę i wszystkich sportowców walczących na szlaku samotnym. Szacunek i podziw nie zawsze idą w parze z gigantyczną publicity".

Podobnego zdania jest profesor Zdzisław Ryn, alpinista, były ambasador RP w Chile i Argentynie, profesor nauk medycznych Uniwersytetu Jagiellońskiego: – Rywalizacja alpinisty jest niewymierna ani w centymetrach, ani w sekundach. Rozgrywa się w samotnym zmaganiu się z żywiołem góry, odnosi się do własnej osobowości, często jej niedomagań, a również niedoskonałości fizycznych. W istocie jest ona walką o poczucie własnej wartości.

Dla profesora Ryna alpinizm to królowa sportów heroicznych.

W górach nie ma złotych medali, ale wspinacze mocno podzieleni. Spierają się, czy alpinizm można nazwać sportem. – Raczej rodzajem twórczości, nie zaś konkurencją dającą się wtłoczyć w układ porównawczych tabel. To przygoda i głębokie wewnętrzne przeżycie – jedyne złoto, jakie można znaleźć w górach. Nie ma tam złotych medali, nie ma kruszcu – twierdzi Reinhold Messner.

Wojciech Kurtyka, wieloletni górski partner Kukuczki, to uparty romantyk. Uważa, że zdobywanie gór to sztuka życia, doświadczenie estetyczne, a nawet mistyczne. – To, czego doświadcza wspinacz, to opór wewnętrzny, strach i cierpienie. Właśnie w tych skrajnych okolicznościach pojawia się ważne życiowe doświadczenie – mówi.

– Góry są środkiem, celem jest człowiek. Nie chodzi o to, aby wejść na szczyt. Robi się to, aby stać się kimś lepszym – dodaje Walter Bonatti, wielki włoski alpinista.

Kurt Diemberger, austriacki alpinista i filmowiec górski, jest przeciwnikiem ścigania się w górach: – Większość współczesnych alpinistów odpowie, że w górach lepszy jest ten, który jest szybszy. A ja mówię: Zapomnijcie o zegarku! Całe to wspinanie w pośpiechu nie ma sensu. To tak jakbyś powiedział „kocham góry" albo „kocham kobietę" i stwierdził: mam dla niej tylko jedną minutę.

– Wspinaczka wysokogórska to sport – uważa z kolei profesor Andrzej Paczkowski, wieloletni prezes Polskiego Związku Alpinizmu. Zastrzega jednak: – Niewymierny. To nie są zawody, na które się jedzie i jak ktoś zajmie czwarte miejsce, to jest źle. W tym sporcie nie wiadomo, kiedy się kończy sezon, kto był najlepszy, a kto na przykład piąty.

PZA to przecież związek sportowy, a jego członkowie otrzymują odznaczenia za „wybitne osiągnięcia sportowe".

Krzysztof Wielicki: – Jestem przeciwny klasyfikowaniu, kto był pierwszy, drugi, trzeci, kto był szybszy. Alpinizm tym się różni od innych dyscyplin sportowych, że jest strasznie subiektywny. Wiele zależy od pogody i innych czynników zewnętrznych. Porównywanie osiągnięć jest cholernie trudne, czasami wręcz niemożliwe.

– Dla jednych alpinizm to styl życia, dla innych sport. Każdy wspinacz podchodzi do tego indywidualnie – mówi Janusz Majer, były wieloletni szef Klubu Wysokogórskiego w Katowicach.

Jerzy Kukuczka nie ma żadnych wątpliwości, kim jest i czym się zajmuje. „Jestem człowiekiem bardzo wierzącym. Walka z górą dostarcza mi wielu niezwykłych doznań, które można by nazwać wspaniałą głęboką modlitwą. Ale to nie jest całe moje pojmowanie alpinizmu. Oprócz doznawanych przeżyć, wielkich uniesień, radości z samego ruchu i obcowania z wszechpotężną przyrodą ma on dla mnie bardzo znaczący aspekt sportowy. W alpinizmie jak w szachach jest miejsce na swego rodzaju twórczość i sportową rywalizację. Gdyby jej zabrakło, być może nigdy bym się nie wspinał".

W październiku 1986 roku Kukuczka przegrywa wyścig z Reinholdem Messnerem o Koronę Himalajów, ale przypomina, że Messner na zdobycie 14 ośmiotysięczników potrzebował aż 16 lat. On może je zdobyć w czasie o połowę krótszym, na dodatek nowymi drogami albo zimą. Jest o co walczyć. Do kolekcji brakuje mu tylko dwóch szczytów.

WYJĄTKOWO WREDNA GÓRA

Po trwającym 63 dni ataku na Manaslu Kukuczka nie może szturmować Annapurny. Pozwolenie traci ważność, ale nie wszystko stracone. Klub Wysokogórski z Warszawy szykuje wyprawę na tę górę. Wspinacze ze stolicy mają pozwolenie nepalskiego ministerstwa turystyki, zgodę PZA oraz mocny skład. Zgadzają się „przygarnąć" Kukuczkę. W ostatniej chwili z udziału rezygnują jednak zaproszeni na wyprawę Japończycy, a to oznacza brak dewiz. Annapurna odwołana.

– Jurek, możesz przejąć nasze pozwolenie – mówią warszawiacy. Jeśli chce zdobyć 13. ośmiotysięcznik, musi sam zorganizować wyjazd w Himalaje. Jak tego dokonać? Jest koniec listopada.

Presja czasu ogromna. 1 grudnia w Nepalu zaczyna się sezon zimowy i zagraniczne ekipy już są pod himalajskimi szczytami. Kukuczka siedzi w mieszkaniu przy ul. Gdańskiej w Katowicach i kombinuje. Poza pozwoleniem na wejście na Annapurnę nie ma nic. Dzwoni do Artura Hajzera. – Jedź ze mną – proponuje.

Hajzer nie odpowiada od razu. Musi nadrobić zaległości na Uniwersytecie Śląskim, inaczej skreślą go z listy studentów.

– Zostaw studia, będziesz miał na nie jeszcze dosyć czasu. To przecież Annapurna – kusi Kukuczka. Hajzer ulega. Do ekipy dołączają jeszcze: Krzysztof Wielicki, Ryszard Warecki i Michał Tokarzewski, lekarz z warszawskiej ekipy.

Główny Komitet Kultury Fizycznej i Sportu obiecuje Kukuczce pieniądze na wyposażenie wyprawy, ale brakuje dewiz. Wanda Rutkiewicz ma zlecenie z austriackiej telewizji na nakręcenie filmu o Himalajach. Kukuczka mówi kolegom: – To znaczy, że ma kasę. Zabierzmy ją ze sobą.

Wielicki i Hajzer niezadowoleni. – Wymyśliłeś sobie babę, to będziesz ją miał – mówią Kukuczce. W górach będzie musiał tworzyć zespół z Rutkiewicz.

W budżecie wyprawy nadal brakuje 3,6 tysięcy dolarów. Na początku grudnia dzwoni telefon. – Rozmowa międzynarodowa, łączę – mówi telefonistka.

Zdziwiony Kukuczka wsłuchuje się w szumy w słuchawce. Odzywa się mężczyzna. – Nazywam się Jacek Pałkiewicz, chciałbym z panem przeprowadzić wywiad dla „La Gazetta dello Sport" – mówi po polsku. O sobie: mieszka we Włoszech, jest podróżnikiem, reporterem i twórcą szkoły przetrwania. Przepłynął żaglówką przez Atlantyk, przedarł się przez Amazonkę oraz dżunglę Borneo.

Rozmowa o Himalajach trwa ponad godzinę.

Kilka dni później Pałkiewicz dzwoni znowu. – Weźmiesz mnie na Annapurnę, jeśli zapłacę 4 tysiące baksów? – pyta Kukuczkę. Zastrzega, że nie interesuje go rola kibica. Chce wchodzić na szczyt. Kukuczka zmieszany. Do polskich wypraw często zaprasza się alpinistów z zagranicy, którzy oferują dewizy, ale to jednak zawodowcy. Nikt nigdy nie zabrał amatora. Annapurna to wyjątkowo „wredna" góra. Pierwszy ośmiotysięcznik zdobyty przez człowieka, o tragicznej statystyce. Na jej szczycie stanęło dotąd 32 himalaistów, tylu samo zginęło podczas próby zdobycia góry. Na każdy sukces jedna śmierć.

Żona Pałkiewicza w tajemnicy prosi Kukuczkę, żeby nie zabierał jej męża w Himalaje. – Niech mu pan to wybije z głowy, przecież to niebezpieczne – mówi. Córka reportera dzwoni z tym samym.

Kukuczka ma dość tych zakulisowych gier. Pałkiewicz jest dorosłym człowiekiem, jeśli się upiera, niech jedzie, wyprawa potrzebuje tych cholernych pieniędzy. Jeżeli w górach nie był, nie wie, co to jest, wcześniej czy później i tak zrezygnuje sam.

Pałkiewicz nie słucha żony i córki. Załatwia polskim alpinistom sprzęt włoskich firm. Jedna z gazet błyskawicznie odnotowuje: „Pałkiewicz wciąga Kukuczkę w bagno zachodniego biznesu".

Ale wyprawa uratowana.

MY TYLKO NA TREKKING

Startują z Okęcia w sylwestra 1986 roku. Atmosfera szampańska, nikt nie wylewa za kołnierz. Pierwszy raz w życiu witają nowy rok w powietrzu. „Zbyt wesoło upływała nam ta podróż na pokładzie samolotu" – zapisze Kukuczka w pamiętniku. W liście do Celiny nieco inaczej: „Zaraz po wejściu na pokład podano nam szampana. Tę tradycyjną lampkę sączyłem bardzo długo, składałem niejako serdeczne życzenia pomyślności wszystkim bliskim, a potem przyszła chwila refleksji. I tylko pytanie, jaki będzie ten 1987 rok, pozostało bez odpowiedzi. Dobry czy zły?".

W Nepalu zimny prysznic. Wyprawa zostaje wykreślona z rejestru. – Co!!!??? – wydziera się Kukuczka. Urzędnik nepalskiego ministerstwa sportu z kamienną twarzą wyjaśnia, że to wina członków stołecznego Klubu Wysokogórskiego. To prawda, wydano im pozwolenie na Annapurnę, ale nie przesłali do Katmandu listy uczestników wyprawy. Bez takiej listy nie można oficjalnie zarejestrować wyprawy. Taki wymóg, pozwolenie jest nieważne. – Sorry, my friends – mówi Nepalczyk.

Grudzień 1986 roku, Dworzec Centralny w Warszawie. Na zdjęciu uczestnicy wyprawy na Annapurnę: Ryszard Warecki, Krzysztof Wielicki, Michał Tokarzewski, Jerzy Kukuczka i Jacek Pałkiewicz

Wanda Rutkiewicz, Jerzy Kukuczka i Krzysztof Wielicki na lotnisku Okęcie, przed wylotem do Nepalu

Kukuczka zdeterminowany. – Kurwa mać! Nie ruszam się stąd – zapowiada podczas odprawy zespołu. Pałkiewicz zdenerwowany. Nie po to płacił 4 tysiące dolarów, żeby teraz siedzieć w nepalskim hotelu. Rutkiewicz zna jednego z hinduskich dyplomatów w Katmandu. Ogromne Indie to ważny sąsiad maleńkiego Nepalu. Jedzie do ambasady i prosi o pomoc. Jej nazwisko otwiera wszystkie drzwi. Indyjski ambasador interweniuje w nepalskim ministerstwie. Urzędnicy miękną. – Postaramy się załatwić zezwolenie – zapewniają.

Kukuczka może odetchnąć z ulgą. Rozkłada mapę. Teraz musi zdecydować, czy Annapurnę będą zdobywać dziewiczą, południową drogą, czy północną trasą pierwszych zdobywców. Na południu o tej porze roku jest ogromne zagrożenie lawinowe. Od strony północnej najpierw trzeba pokonać wysokie przełęcze. Karawana może utknąć w śniegu. Kukuczka czyta raporty innych wypraw. Wszyscy podkreślają, że północna część góry znajduje się w cieniu, który nie znika nawet w południe, działa depresyjnie, a temperatura poniżej 30 stopni utrudnia wypoczynek. W takich warunkach nie ma mowy o umyciu się, zdjęciu ubrania. Którędy iść?

Kukuczka uznaje, że wchodzenie nową, południową drogą to za wysokie ryzyko. Atak nastąpi ścianą północną.

Ekipa nie ma jeszcze pozwolenia, ale karawana już wyrusza z Katmandu. Warecki, Tokarzewski i Hajzer pilnują 60 tragarzy, którzy ubrani w przywiezione z Polski kalesony, kurtki i buty zimowe niosą na plecach cały sprzęt wyprawy.

Warunki skrajnie trudne. Piekielnie zimno, pada śnieg. W jednej z wiosek karawanę zatrzymuje policjant. Jest zdziwiony, że jakaś ekipa ma atakować Annapurnę. – A gdzie zgoda? – pyta.

– My tylko na trekking – kłamie Hajzer. Idą dalej.

Szybko wykruszają się tragarze. Zostaje ich tylko 19, dostają pięciokrotną podwyżkę. – Gdyby porzucili beczki, bylibyśmy załatwieni – mówi Wielicki.

Po kilku dniach Kukuczka dogania karawanę. – Jesteśmy już na legalu – pokazuje pozwolenie. Pałkiewicz kręci film. Prosi alpinistów, żeby szybciej ruszali kijkami. Na zdjęciach muszą wyglądać dynamicznie. Patrzą na niego z rozbawieniem. – We Włoszech

Wyprawa utyka w Katmandu. Wanda Rutkiewicz (na zdjęciu z Kukuczką) zna jednego z hinduskich dyplomatów. Ogromne Indie to ważny sąsiad maleńkiego Nepalu. Jedzie do ambasady i prosi o pomoc. Jej nazwisko otwiera wszystkie drzwi

Pamiątkowe zdjęcie uczestników wyprawy w bazie pod Annapurną

zabierał biznesmenów do lasu i uczył, jak przetrwać w trudnych warunkach. Duzi chłopcy bawili się w harcerstwo. Miał jednak ambicje, żeby dokonywać wyczynów na skalę światową. Gdy usłyszałem, jak opowiada o swoich przygodach, wiedziałem, że to facet z innej bajki – śmieje się Wielicki.

20 stycznia 1987 roku ekipa dociera do bazy pod Annapurną. Mają niewiele czasu, bo 15 lutego w Nepalu kończy się sezon zimowy. Rozkładają namioty, gdy ziemia zaczyna im drgać pod nogami. Do bazy dociera huk pękającego lodowca, wszystko tonie w tumanach śnieżnego pyłu.

„Było to normalne trzęsienie ziemi, po którym wszystko dookoła, wszystkie ściany i wiszące lodowce ruszyły z hukiem. Dla mnie też to było zjawisko niezwykłe, niemieszczące się w kryteriach normalności" – notuje Kukuczka. Pałkiewicz jest wstrząśnięty. Przerażony. Zaczyna się skarżyć na nerki, po kilku dniach wraca do domu.

Członkowie ekspedycji przez lunety oglądają drogę na szczyt. – Północna ściana Annapurny jest brzydka jak noc. To chyba najbrzydsza ściana spośród wszystkich ośmiotysięczników. Nic tam nie pasuje, wszystko jest krzywo ułożone, nie ma żadnego wybitnego filara, grani czy kuluaru. A sierp, którym biegnie droga, jest dziwną formacją – mówi Wielicki.

No, nie ma czasu na kontemplowanie niedoskonałości urody Annapurny. Kukuczka, Hajzer i Rutkiewicz wychodzą na rekonesans. Zatrzymują się na wysokości powyżej 6000 metrów i zakładają obóz trzeci. „Wszystko stawiamy jakby na głowie. Nie mamy jeszcze bazy, a mamy już obóz trzeci. Udaje się nam dlatego, że działa jeszcze aklimatyzacja z poprzedniej wyprawy, nie musimy więc rozważnie stopniować wysokości" – notuje Kukuczka.

Przeraźliwie zimno, nawet w bazie. Temperatura spada poniżej -30 stopni. „Tylko alpiniści wiedzą, co to znaczy zimny cień. Ciągły lodowaty cień, w którym nie można nawet na chwilę odpocząć od przenikającego do wnętrza mrozu, deprymującego, odbierającego nadzieję. W namiocie zimno, wyjdziesz – zimno, idziesz – nadal zimno, tylko ruch jest w stanie nie tyle ogrzać, co ledwie trochę wybronić przed tym sinym chłodnym żywiołem" – notuje Kukuczka.

Kukuczka uznaje, że wchodzenie na Annapurnę nową, południową drogą to za wysokie ryzyko. Planuje atak ścianą północną

Razem z Rutkiewicz, Hajzerem i Wielickim przygotowują się do założenia obozu czwartego, a może nawet piątego. Ostra dyskusja, kto z kim wchodzi.

– Przyjechałeś z babą na wyprawę, to się nią zajmij – przypominają Kukuczce koledzy. Pakują sprzęt, uzupełniają zapasy. Hajzer w mesie natyka się na Wandę i Wielickiego. Szepczą. Artur słyszy końcówkę dialogu:

– Jak znam tych skurwysynów, to ciąć będą teraz aż do szczytu – mówi Wielicki.

– Tak myślisz? – pyta zaskoczona Wanda.

– No, a na co mieliby czekać?

Rutkiewicz nie może się z tym pogodzić. Pyta Hajzera wprost, czy zamierza iść z Kukuczką na wierzchołek. Hajzer nie wie, co odpowiedzieć. Z Kukuczką wszystko jest przecież możliwe. Wznosi się na szczyty dyplomacji. – Ja chodzę za liderem. Lider stoi, ja stoję. Lider idzie, ja idę, lider się wycofuje, ja też się wycofuję. Więc nic nie wiem, w naszym zespole nie ja jestem od myślenia – odpowiada.

We czwórkę ruszają w górę, ale nikt nie wie, jaki plan ma w głowie Kukuczka. Idą wolnym tempem. Zimą północna ściana Annapurny przeobraża się w szklaną górę. Lód jest twardy jak kamień, trudno wbić zęby nawet najlepiej naostrzonych raków. Powyżej obozu trzeciego śpią we czwórkę w dwuosobowym namiocie. Ciasno, ale i cieplej. W środku nocy budzi ich szelest, a potem dudnienie. Żlebem, którym wspinali się rano, przechodzi lawina. W ich namiot uderzają lodowe drobinki. Nikt się nie odzywa, wiedzą, że mieli szczęście. Do rana nikt już nie zmruży oka. Z nożami w ręku czekają na świt. Gdyby ich zasypało, będą pruli ścianę namiotu.

Kolejny nocleg na wysokości 6800 metrów. Rozbijają dwa namioty, rano planują zejście do bazy. Umawiają się, że ataku na szczyt spróbują przy kolejnym podejściu. Kukuczka z Wandą grzeją wodę. Rutkiewicz nie czuje się najlepiej, narzeka na infekcję, ma słabszą aklimatyzację. Kukuczka boi się, że w decydującym momencie może zabraknąć jej siły. – Idę jutro wyżej. Kto idzie ze mną? – pyta nieoczekiwanie.

– Jaaaaa!!!! – wydziera się Hajzer z sąsiedniego namiotu.

Wielicki i Rutkiewicz są zaskoczeni. – To było taktyczne zagranie Jurka. Gdyby powiedział, że idzie na szczyt, Wanda by się oburzyła, przecież tworzyli jeden zespół. Sformułowanie „wyżej" było niekonkretne. Nie mam jednak wątpliwości, że Jurek już wtedy myślał o atakowaniu szczytu z marszu. Artur zgłosił się pierwszy, a ja nie miałem specjalnej motywacji, żeby się z nim ścigać. Zresztą nie do końca zdawałem sobie sprawę ze stawki – mówi Wielicki.

Schodzi z Wandą do bazy. Nie chce jej zostawić samej. Kukuczka o Wielickim: „Na jego psychice ciąży poprzednia wyprawa na Makalu. Tragiczna. Wytworzyła się wówczas podobna sytuacja jak tu teraz. Wspinał się ze słynnym Szwajcarem Marcelem Rüedim, który miał już na koncie 11 szczytów ośmiotysięcznych. Szli z bazy takim »strzałem«, właściwie bez aklimatyzacji. Efekt był taki, że Rüedi pozostał na własną prośbę w namiocie, nie zdradzając objawów choroby. Zmarł nagle, chyba na odmę płuc, która przebiega bardzo gwałtownie i nie ma na nią ratunku. Po tej

Uczestnicy wyprawy skarżą się na przeraźliwe zimno, nawet w bazie. Temperatura spada poniżej -30 stopni

tragicznej wyprawie zaczęto Krzyśkowi zarzucać, że zostawił partnera. Twierdzono, że ruszyli w górę świadomi niewystarczającej aklimatyzacji, że Krzysiek, idąc, nie ogląda się na partnerów. Tamta sytuacja sprzyjała budowaniu różnych tego typu nieuzasadnionych pretensji. Znam ciężar takich słów, odczuwałem go bardzo długo po Kanczendzondze, po K2".

ON MNĄ TEŻ SIĘ NIE PRZEJMOWAŁ

Kukuczka z Hajzerem prą do góry. Na wysokości 7500 metrów załamuje się pogoda, zaczyna padać śnieg. Nie mają siły walczyć z żywiołem, chowają się w namiocie. Kukuczka pisze do Celiny: „Jesteśmy piekielnie zmęczeni. Marzymy o spaniu, ale rozsądek nakazuje przygotować jeszcze napoje. W górach organizm musi otrzymać co najmniej cztery litry płynu, inaczej nastąpi odwodnienie. Stopienie ośmiu litrów lodu na małych butanowych maszynkach przy naszym zmęczeniu to tytaniczna robota. Jedną menażkę gotujemy ponad godzinę! Nazajutrz jesteśmy jeszcze tak wyczerpani, że zostajemy w namiocie. Miał to być dzień odpoczynku, ale przecież organizm w tak rozrzedzonym powietrzu praktycznie nie regeneruje sił. To prawda, nie męczy się, ale też i nie odpoczywa. No, ale cóż robić – alternatywą jest powrót i rezygnacja. Pozostajemy w obozie piątym, drzemiąc prawie cały dzień. O drugiej w nocy – to już prawie 3 lutego – rozpoczynamy przygotowania do ataku na szczyt".

14 godzin później Kukuczka i Hajzer stoją już na wierzchołku Annapurny. Jurek poza zmęczeniem nic nie czuje. „Szczyt jest odfajkowany, jest historią. Ważne, naprawdę ważne, tak jak życie, staje się to, by zejść przed nocą do namiotu" – pisze potem.

Schodzą w dół w absolutnych ciemnościach. Drogę oświetlają czołówkami. – Gdzie ten cholerny namiot? – pyta Kukuczka. Znajduje go przypadkiem, zatopiony w śniegu. Odpalają maszynki i gotują wodę. Namiot natychmiast wypełnia się parą. Ubrania i śpiwory robią się mokre. Kiedy gaszą palnik, wszystko w mgnieniu oka zamarza na kamień. Radiotelefon nie działa, nie ma kontaktu z bazą. Nikt nie wie, że zdobyli szczyt.

Jurek pisze do Celiny: „Noc była bardzo nieprzyjemna. W pewnym momencie się obudziłem ze strachu. Co jest? – myślę. Niby oddycham, a powietrza złapać nie mogę. Po chwili już wiem. Znowu jesteśmy zasypani. Zaczęliśmy się pod tą warstwą śniegu dusić. Odkopujemy namiot, jakoś do rana wytrzymujemy. Śnieg wreszcie przestał padać. Chmury się rozstąpiły, ale za to zaczął hulać wiatr. Chwilami był on tak silny, że trzeba było iść tyłem".

5 lutego zdobywcy wracają do bazy. Na Kukuczkę czeka golonka z puszki. To jego ulubiona potrawa. Zapija ją mlekiem. W górach nie znosi „odoru" herbaty.

Hajzera gryzie sumienie. „Dość długo wydawało mi się, że Krzysiek za Annapurnę ma do mnie żal. Bolało mnie to. Zawsze wtedy tłumaczyłem sobie, że to od niego nauczyłem się być twardym i że kiedyś, na Kanczendzondze, on mną też się nie przejmował".

Rutkiewicz i Wielicki próbują zdobyć górę, ale w czwartym obozie Wanda przyznaje, że nie ma już siły. Męczy ją niedoleczona angina. – Przy takiej niedyspozycji Wandzi nie mieliśmy szans na

3 lutego 1987 roku Annapurna została zdobyta

Artur Hajzer i Jerzy Kukuczka w bazie po zdobyciu szczytu

sukces. Na początku myślałem: ładna popelina, nie weszliśmy. Ale potem mi przeszło. Naprawdę się cieszyłem, że przynajmniej Jurkowi się udało – mówi Wielicki.

Rutkiewicz we wspomnieniach: „Udział w wyprawie z takim szefem jak Jerzy Kukuczka dla każdego jest przeżyciem. Twierdzę, że Jurek ma tyle szczęścia, że starcza go nie tylko dla niego samego, ale też całej ekipy". Uwiera ją jednak myśl, że to przez nią Wielicki nie wszedł na szczyt.

PROSZĘ PISAĆ DO PEKINU

Sziszapangma to jedyny ośmiotysięcznik leżący na terytorium Chińskiej Republiki Ludowej. Niezdobyty do tej pory przez Polaka. Do końca lat 70. z przyczyn politycznych Tybet jest zamknięty dla alpinistów. Potem Chińczycy zaczynają wpuszczać zachodnie wyprawy, ale za pozwolenie żądają aż 50 tysięcy dolarów. Dla Polaków to astronomiczne sumy, a wyprawa na Sziszapangmę to na dodatek ogromne kłopoty logistyczne. Trzeba dolecieć do Pekinu, przejechać stamtąd kilka tysięcy kilometrów ciężarówką, można korzystać wyłącznie z usług oficjalnych przewoźników, żywić kierowców, opłacać im hotele. A jakie ceny! Doba w obskurnym pokoju bez bieżącej wody to dla obcokrajowca 80 dolarów.

Dopiero w latach 80. Chińczycy otwierają przejście na granicy Nepalu z Tybetem. Kodari Pass znajduje się zaledwie 28 kilometrów od Sziszapangmy. Dla Polaków to szansa. Trasy do Nepalu mają przetarte, jest też taniej. Jedyny problem to zezwolenie, a właściwie jego brak.

Kukuczka stara się o nie jeszcze przed wyjazdem na Annapurnę. Wysyła kilka teleksów do chińskiego ministerstwa turystyki. Odpowiedź zawsze ta sama: „Pragniemy poinformować, że spełnienie prośby w podanym terminie jest niemożliwe".

Artur Hajzer w wywiadzie dla katowickiej telewizji: – Jurek pragnął zdobyć tę górę nawet bez chińskiego zezwolenia. Zamierzał nielegalnie przekroczyć granicę i wejść na szczyt.

To byłaby ostateczność. Próbuje oficjalną drogą. W Wojewódzkim Komitecie Kultury Fizycznej i Sportu w Katowicach

Masyw Annapurny z zaznaczoną trasą wspinaczki

żali się, że przez chińską biurokrację może nie zdobyć Korony Himalajów.

– Gościmy u nas chińskiego ministra sportu. Niech pan przyjedzie na kolację, może coś się uda załatwić – proponują urzędnicy WKKFiS.

Kukuczka wbija się w garnitur i jedzie do Centrum Varietes w Katowicach, w latach 80. najmodniejszego lokalu w mieście. Modernistyczny budynek z wielką salą bankietową w podziemiach, na scenie występują gwiazdy muzyki rozrywkowej z Polski i krajów socjalistycznych. Na stołach zawsze wyśmienite jedzenie, zimna wódka i radziecki szampan. Czasami striptiz. Przed lokalem zawsze kolejka, na stolik trzeba czekać kilka godzin.

Chiński minister sportu jest zachwycony śląską gościnnością. – Czy nie byłoby słuszne, by kontakty polsko-chińskie rozpocząć od najwyższego poziomu? – zagaduje ministra Kukuczka. Opowiada o wyprawach w Himalaje. Mówi, że marzy o Sziszapangmie i problemach z zezwoleniem na zdobycie szczytu. Tłumacz ledwo za nim nadąża. Chiński minister z pobłażaniem kiwa głową i mówi kilka zdawkowych zdań. – Gdyby miał pan jakieś problemy, proszę raz jeszcze napisać do Pekinu i powołać się na naszą dzisiejszą rozmowę – przekazuje tłumacz. Kukuczka jest przekonany, że sprawa załatwiona.

Wraca z Annapurny, a Pekin wciąż milczy. Wysyła teleks. Potem drugi, trzeci, czwarty. W końcu przychodzi odpowiedź. Odmowna.

Ministerstwo spraw zagranicznych przyznaje Kukuczce nagrodę za rozsławianie Polski w świecie, a on wykorzystuje sytuację. Podczas gali w Warszawie prosi ministra Mariana Orzechowskiego o pomoc. – Jest pan moją ostatnią deską ratunku – mówi. Minister wysyła depeszę do Chin. Dziesięć dni później Kukuczka dostaje telegram: „Zapraszamy do Pekinu".

Do Chin leci z Kukuczką Janusz Majer, prezes Klubu Wysokogórskiego w Katowicach. Na miejscu urzędnicy proszą o sporządzenie dokładnego kosztorysu wyprawy. – Siedzieliśmy przez kilka dni i liczyliśmy. Skreślaliśmy i liczyliśmy od nowa. Kroiliśmy ten kosztorys na minimum naszych potrzeb – wspomina Majer.

Przedstawiają Chińczykom wyliczenia – 28 tysięcy dolarów. Są dumni, że uda się im zdobyć górę tanim kosztem. Ale jeden z chińskich urzędników bierze w dłoń ołówek i dokonuje poprawek w kosztorysie. – Tak lepiej – mówi oddając dokument. Kwota rośnie do 45 tysięcy dolarów. Polacy dowiadują się, że połowę mogą zapłacić w złotówkach. – Bo jesteście pierwszymi wspinaczami z krajów komunistycznych, których wpuszczamy w nasze góry – podkreśla prezes Chińskiego Związku Alpinizmu. Na rozmowy z Polakami przyjeżdża limuzyną. W oknach auta firanki, w środku barek z alkoholami. Podkreśla swój status, nie patrzy rozmówcom w oczy, uśmiecha się tajemniczo. Nie ma czasu na długie rozmowy z Polakami, jest zbyt zajęty. Kukuczka kładzie wszystko na jedną kartę. Jeśli obrazi prezesa, będzie mógł zapomnieć o Koronie Himalajów. Ale 45 tysięcy dolarów też nie zdobędzie, więc co mu szkodzi spróbować.

– Zapraszamy do Polski kilku chińskich urzędników na obóz narciarski. Zapłacimy za ich pobyt. W zamian obniżycie stawki za wyprawę na Sziszapangmę – mówi.

W kwietniu 1987 roku Marian Orzechowski, minister spraw zagranicznych, wręcza Kukuczce medal za wybitne osiągnięcia sportowe za granicą

Koniec lata 1987 roku. Droga na Sziszapangmę wiedzie przez Chiny. Janusz Majer i Jerzy Kukuczka zwiedzają Pekin

Prezesowi Chińskiego Związku Alpinizmu podoba się propozycja. Mimo wysokiego statusu nie ma wielu okazji, by wyjechać za granicę. Umowa zostaje przypieczętowana podczas kolacji z ministrem sportu. Danie główne: kaczka po pekińsku. „Bez namysłu golnąłem sobie po kielichu chińskiej wódki. Było to coś strasznego. Mieszanina perfum z olejem jadalnym i spirytusem. Ale co to wszystko znaczy wobec olbrzymiego kamienia, jaki spadł nam z serca" – notuje Kukuczka w pamiętniku. Przed powrotem do kraju dowiaduje się, że musi zapłacić rachunek za tygodniowy pobyt w pekińskim hotelu. Jedyne 1800 dolarów. Chińskie władze łaskawie zgadzają się wliczyć tę sumę w koszt wymiany turystycznej.

Do Polski przylatuje czterech Chińczyków. Za ich wizytę płaci Klub Wysokogórski z Katowic. Zwiedzają Zakopane, Kraków, Warszawę, Katowice. Są zachwyceni polską gościnnością i mocną głową gospodarzy. Podczas pożegnalnej kolacji szef chińskiej delegacji wyciąga wódkę. – Sprzedajemy koszulki, żeby zarobić na działalność naszego związku, wy malujecie kominy, żeby wyjechać w góry. A teraz na wasz koszt zwiedzamy Polskę, a wy jedziecie do Chin prawie za darmo. Jak to możliwe? – zastanawia się głośno.

Nikt mu nie odpowiada.

Oprócz Kukuczki i Majera na Sziszapangmę jadą: Artur Hajzer, Ryszard Warecki, doktor Lech Korniszewski i Wanda Rutkiewicz. W Katmandu czekają na nich Carlos Carsolio z Elsą Avilą, Steve Uncht ze Stanów Zjednoczonych, Alan Hinkes z Anglii, Ramiro Navarrete z Ekwadoru i Christine de Colombel z Francji. Atmosfera jak na wycieczce szkolnej.

„Z chwilą kiedy Messner stanął na Lhotse, napięta atmosfera w alpinistycznym świecie »zmiękła«. Wyścig przestał istnieć i działać na wyobraźnię. Musiało przyjść odprężenie. To była rzeczywiście bardzo radosna wyprawa" – notuje Kukuczka.

Ruszają z Katmandu i od razu problemy. Ogromne zwały ziemi blokują drogę do przejścia granicznego na Kodari Pass. Wspinacze formują karawanę i dalej idą pieszo. W Tybecie czekają na nich chińskie ciężarówki. Noc spędzają w hotelu po byłych koszarach.

Tybet. Jerzy Kukuczka w drodze do bazy pod Sziszapangmą

Oprócz Kukuczki (na zdjęciu z prawej) i Majera na Sziszapangmę jadą: Artur Hajzer, Ryszard Warecki (na zdjęciu z lewej), doktor Lech Korniszewski i Wanda Rutkiewicz. W Katmandu czekają na nich Carlos Carsolio z Elsą Avilą, Steve Uncht ze Stanów Zjednoczonych, Alan Hinkes z Anglii, Ramiro Navarrete z Ekwadoru i Christine de Colombel z Francji

Metalowe łóżka, miednica, dzbanek i termos z gorącą wodą do mycia. Restauracja zamknięta. – Kucharz poszedł do kina – wyjaśnia oficer łącznikowy.

Dalej droga prowadzi przez tybetański step. Kukuczka chce założyć bazę na wysokości 5800 metrów, ale konwój ciężarówek zatrzymuje się kilkanaście kilometrów od podnóża Sziszapangmy. Oficer łącznikowy oznajmia, że dalej nie pojadą. – Przebywanie na tak dużej wysokości nie jest zdrowe dla organizmu – wyjaśnia. Prorocze słowa. Alan i Elsa mają problemy z aklimatyzacją. Nie są w stanie ruszyć z miejsca.

Ekipa decyduje się przenieść bazę pod Sziszapangmę na plecach. Rutkiewicz ma kręcić film, prosi Kukuczkę, żeby ktoś z himalaistów zabrał ze sobą jej metalowe pudła z taśmami.

– To twój film, ty na nim zarobisz, ty zyskasz sławę. Nie mogę zmusić ludzi do noszenia twoich rzeczy, bo i tak są wystarczająco obładowani. Jak ktoś się zgodzi, proszę bardzo, ale proś sama – ucina Kukuczka. Chętnych nie ma. Nad Rutkiewicz lituje się doktor

Korniszewski. Bierze kilka pudeł z filmami. – Plułem sobie potem w brodę, bo to cholerstwo było ciężkie i nieporęczne – mówi.

Zaczyna narzekać Majer, źle się czuje. Dostaje leki odwadniające. Po nocy spędzonej w stepie jego stan się pogarsza. Majaczy, nie ma siły ruszyć się z miejsca. Typowy objaw choroby wysokościowej. Trzeba go znieść niżej. W górach prosta sprawa, ale co zrobić na płaskowyżu? Tu nie ma szans na obniżenie wysokości. Na szczęście jest tlen, Majer powoli dochodzi do siebie. Ale pojawia się nowy problem – ma zapalenie żył.

– Dla mnie to był koniec marzeń o szczycie – wspomina. Przez resztę wyprawy siedzi w bazie.

Polacy świetnie przygotowani. – Duży namiot, na dachu baterie słoneczne. W środku stoły i beczki, które służą za krzesła. Chińscy kucharze serwują tosty z parówką, jajecznicę, kiełbaski, mielonkę. Żarcie przyzwoite. To zasługa Jurka, który lubił dobrze zjeść – wspomina Korniszewski. Jak ktoś chce się wykąpać, napełnia gumowy worek wodą, wystawia na słońce i po kilku godzinach bierze gorący prysznic.

Polacy świetnie przygotowani do wyprawy. Duży namiot, na dachu baterie słoneczne. W środku stoły i beczki, które służą za krzesła. Chińscy kucharze serwują tosty z parówką, jajecznicę, kiełbaski, mielonkę

Kukuczka nie próżnuje. 31 sierpnia 1987 roku podczas rekonesansu zdobywa Yebokalgan Ri. Wysoka na 7200 metrów góra rośnie naprzeciw Sziszapangmy

PO KILKU FLASZKACH PRYSZNIC

Kukuczka nie próżnuje. 31 sierpnia 1987 roku podczas rekonesansu zdobywa Yebokalgan Ri. Wysoka na 7200 metrów góra rośnie naprzeciw Sziszapangmy. Droga na szczyt dosyć łatwa – Kukuczka wchodzi tam na nartach. Francuska firma Rossignol daje polskiej wyprawie specjalne modele wysokogórskie. Mają wiązania dopasowane do butów wspinaczkowych, a na ślizgi naklejoną imitację foczego futra, dzięki czemu można na nartach podchodzić do góry.

Na początku września załamanie pogody. Śnieg pada dziesięć dni. Robi się nerwowo, bo 20 września wygasa chińskie pozwolenie na zdobywanie szczytu. Kukuczka negocjuje z oficerem łącznikowym i dostaje zgodę na pięć kolejnych dni. Potem trzeba się zwijać.

16 września nad Sziszapangmą wychodzi słońce. „Wszyscy doszli do formy i tak byli zgłodniali wspinaczki, że umówione

zespoły pognały w górę. Doszło nawet do tego, że jeden z nich wyruszył bez dostatecznej liczby śpiworów" – notuje Kukuczka.

Oprócz polskiej wyprawy górę atakuje ekipa pod kierownictwem Szwajcara Stefana Warnera. Zaczyna się rywalizacja. Polacy chcą być pierwsi. Wanda Rutkiewicz, Elsa Avila i Ramiro Navarreta zamierzają pominąć obóz drugi, byle przegonić Szwajcarów. „Każdy miał jakiś powód, aby stanąć pierwszy na wierzchołku. Ramiro jako pierwszy Ekwadorczyk, Elsa jako najmłodsza kobieta na ośmiotysięczniku, wreszcie Wanda, która ubiegła już mężczyzn na Evereście i K2, mogła zostać ponownie pierwszą Polką na szczycie chińskiego ośmiotysięcznika. Trochę mnie to nawet bawiło" – notuje Kukuczka. Nie zgadza się jednak na przyspieszenie. Uważa, że bezpieczeństwo jest najważniejsze.

Przed szczytem alpiniści natykają się na grań najeżoną skalnymi i lodowymi turniami. Muszą przedzierać się przez świeży, kopny śnieg. Po południu 18 września Carlos Carsolio wyrywa się przed resztę i jako pierwszy wchodzi na szczyt Sziszapangmy. Reszta ekipy odpoczywa na

Kukuczka lubi dobrze zjeść. Pilnuje, żeby w bazie pod Sziszapangmą niczego nie brakowało

18 września 1987 roku Jerzy Kukuczka staje na szczycie swojego 14. ośmiotysięcznika

przedwierzchołku. Dołączają tam do nich Szwajcarzy. Nie wiadomo dlaczego uznają, że to już szczyt. Robią zdjęcia i schodzą w dół. Polacy nie reagują, po odpoczynku ruszają w górę. W pierwszej dwójce Warecki z Rutkiewicz. To pierwsi Polacy, którzy zdobywają chiński ośmiotysięcznik. Tuż po nich na szczyt na nartach wdrapują się Kukuczka z Hajzerem. Jurek zdobywa Koronę Himalajów.

W bazie doktor Korniszewski goni kucharza do roboty. Każe mu gotować i ugniatać ziemniaki, mieszać je z mąką, jajkiem, solą. – Utocz z tego kulki – zarządza. Kiedy Kukuczka dociera do bazy, czeka na niego talerz z 14 kluskami śląskimi. W każdej wykałaczka z papierową chorągiewką i nazwą zdobytego ośmiotysięcznika. Kulinarna Korona Himalajów.

– Mmmm... kluseczki z miseczki – mruczy zadowolony Kukuczka. „Były wyborne" – zapisuje w notatniku. Wszyscy zmęczeni, ale radośni. Wyczyn Kukuczki robi wrażenie. 14 szczytów zaledwie w osiem lat! Doktor Korniszewski otwiera spirytus medyczny. Pali w gardle jak ogień. – Ale jak tu nie wypić za zdrowie wielkiego himalaisty? – pyta lekarz.

W Katmandu na Kukuczkę czekają dwa telegramy z gratulacjami. Pierwszy od Wojciecha Jaruzelskiego, pierwszego sekretarza Komitetu Centralnego Polskiej Zjednoczonej Partii Robotniczej. Drugi od premiera Zbigniewa Messnera. Zaczyna się świętowanie. – Kąpiel? A gdzie tam, najpierw było picie – wspomina Korniszewski.

Alkohol leje się strumieniami. Po kilku flaszkach ekipa bierze prysznic. Kukuczka zaprasza na obiad, potem znowu picie. Korniszewski: – Jurek miał mocną głowę do alkoholu. Nie migał się, ale też nie był z tych, którzy się dopraszali.

W hotelu dogrywka. Piją w jednym pokoju. Warecki wczołguje się pod metalowe łóżka i podrzuca siedzących na nich wspinaczy. Kukuczka płacze ze śmiechu. Doktor Korniszewski moczy ręcznik i kręci z niego „marchewę". Kiedy Warecki wczołguje się pod jego łóżko, bije na oślep. Znowu śmiech.

Po północy w Nepalu zaczyna drżeć ziemia. Kukuczka jest pewny, że to Warecki rusza łóżkiem. – Lechu, weź mu znowu przyłóż

W bazie na Kukuczkę czeka talerz z 14 kluskami śląskimi. W każdej wykałaczka z papierową chorągiewką i nazwą zdobytego ośmiotysięcznika. Kulinarna Korona Himalajów. Na zdjęciu z Arturem Hajzerem

– prosi Korniszewskiego. Dopiero po chwili orientują się, że to trzęsienie ziemi. Biegną do drzwi, nie można ich otworzyć. W oknach kraty, z sufitu leci tynk, nie ma drogi ucieczki. Kukuczka każe lekarzowi zmieścić się we framudze drzwi. – Jak dupnie, jest szansa, że ona się uchowa – wyjaśnia. W końcu ktoś ich uwalnia. Noc spędzają przed hotelem.

Rano na śniadaniu wszyscy goście rozprawiają o trzęsieniu ziemi, gdy wchodzi skacowany Warecki. Jest przekonany, że robią go w konia. – Całą noc grzecznie przespał pod łóżkiem. W trzęsienie ziemi uwierzył dopiero wtedy, kiedy zobaczył miejscowe gazety – śmieje się doktor Korniszewski.

Alkohol w górach? – Po wyprawach zawsze, czasami nawet aż za dużo – przyznaje lekarz. Ma opinię „faceta z mocną głową". W Katmandu koledzy namawiają go na zawody z liderem słowackiej wyprawy. Wygląda to tak: siadają plecami do siebie, sędzia nalewa alkohol do szklanek i piją na komendę. Po kilku kolejkach Słowak pada. – Jego kumple byli załamani. Nie dość, że góry nie zdobyli, to jeszcze przegrali rywalizację w piciu – wspomina Korniszewski.

Po zwycięskim „turnieju" doktor chce wracać do hotelu. Koledzy przypominają mu o spotkaniu w Towarzystwie Przyjaźni Polsko-Nepalskiej. Mają tam badać miejscowe dzieci. – Pomieszczenie było niskie, duszne. Wygłosiłem kilka zdań, puściłem pawia za koszulkę i pobiegłem do hotelu – wspomina lekarz polskiej wyprawy. Kiedy się budzi, znajduje przyczepioną do łóżka kartkę z napisem „Doktor paw-paw". Nowa ksywa błyskawicznie przyjmuje się w całym środowisku.

Samolot z Delhi ląduje na Okęciu 9 października 1987 roku o godzinie 3.30 rano. Na pokładzie Kukuczka i pozostali uczestnicy wyprawy na Sziszapangmę. Brakuje tylko Hajzera, który poszedł pod Lhotse. W hali przylotów szaleństwo. Tłum dziennikarzy i zwykłych kibiców. Trzymają w rękach kwiaty i zdjęcia wspinaczy. Kukuczka onieśmielony.

– Co czuje człowiek, który osiągnął swój życiowy cel? – pytają go dziennikarze.

– Trudno powiedzieć precyzyjnie. Jeszcze się nie oswoiłem z tą myślą, muszę przetrawić to w sobie. Mogę jednak powiedzieć, że jestem bardzo szczęśliwy – mówi zdobywca Korony Himalajów.

– Kiedy zacząłeś się cieszyć? – dopytują reporterzy.

– Może to dziwne, ale nie na wierzchołku, po zdobyciu szczytu, tylko trochę wcześniej. Podczas każdej wspinaczki jest taki moment, że człowiek zaczyna być przeświadczony, że musi się udać, nie ma takiej siły, która mogłaby mu w tym przeszkodzić – odpowiada Kukuczka.

– Co dalej? Co w przyszłym roku?

– Żeby tylko żona nie usłyszała... Znowu Himalaje – oznajmia Jurek.

CAŁY BLOK PĘKA Z DUMY

Przed blokiem przy ul. Gdańskiej na Kukuczkę czeka Jerzy Świrad, prezydent Katowic, z kwiatami i ozdobnym listem. „Proszę przyjąć najserdeczniejsze gratulacje z okazji zdobycia 14. już z kolei szczytu ponad 8 tysięcy metrów – Sziszapangmy. Ten godny podziwu wyczyn jest wielkim sukcesem polskiego sportu, a zarazem jednym z największych osiągnięć światowego alpinizmu. Zdobycie wszystkich 14 ośmiotysięczników w ciągu ośmiu lat, i to prawie wszystkich bądź to nowymi drogami, bądź to zimą – jest wyrazem dzielności, wytrwałości i wielkiego poświęcenia" – czyta Kukuczka starannie wykaligrafowane słowa.

Sąsiedzi poklepują go po plecach. – To nasz chłop – podkreślają. Cały blok pęka z dumy. W domu na Jurka czeka telegram. Pięć słów: „Nie jesteś drugi. Jesteś wielki". I podpis: Reinhold Messner.

Do Kukuczki piszą przedszkolaki, uczniowie, studenci, organizacje partyjne z zakładów pracy. – Jest pan niesamowity – podkreślają. Po raz dziesiąty otrzymuje złoty medal „Za wybitne osiągnięcia sportowe". Czeka go też nagroda specjalna: dostaje przydział na

Warszawa, styczeń 1988 roku. Bal Mistrzów Sportu w Hotelu Europejskim. Na zdjęciu między innymi: kajakarze Marek Łbik i Marek Dopierała (od lewej), himalaista Jerzy Kukuczka, pilot sportowy Wacław Nycz, kajakarka Izabela Dylewska (trzecia z prawej), bokser Marek Piotrowski (drugi z prawej), szermierz Adam Krzesiński (pierwszy z prawej)

dom jednorodzinny w katowickiej dzielnicy Panewniki. Budynek jest w stanie surowym, trzeba go wykończyć.

Celina Kukuczka: – Cieszył się tym domem jak dziecko. Chciał mieć w końcu swój pokój, biurko, miejsce na swoje rzeczy. Nigdy w nim nie zamieszkał.

Na początku stycznia 1988 roku redakcja tygodnika „Perspektywy" przyznaje Kukuczce tytuł Człowieka Roku 1987. Kilka dni później dostaje zaproszenie na Bal Mistrzów Sportu w Warszawie. Wreszcie został dostrzeżony. Jest jednym z dziesięciu najlepszych sportowców plebiscytu „Przeglądu Sportowego".

Kukuczka zaprasza na bal Eugeniusza Krajcera, adwokata, byłego szefa prokuratury w Cieszynie. To jego najbliższy przyjaciel spoza czołówki wspinaczy. Potrzebują dobrych garniturów, nie mogą iść w swetrach. Krajcer ma znajomości w zakładach odzieżowych w Bytomiu. Kupują każdy po dwa, a dyrekcja zakładów dumna, że ma takiego klienta jak Kukuczka.

Gala odbywa się w Hotelu Europejskim w Warszawie. Na sali cała śmietanka polskiego sportu. Kukuczkowie i Krajcerowie siedzą przy stoliku numer 50, razem z Jackiem Wszołą, mistrzem olimpijskim w skoku wzwyż, oraz Jackiem Pałkiewiczem.

Kukuczka jest traktowany jak król. Dwumetrowy Władysław Komar bierze go na ręce i obnosi po sali. Konferansjer odczytuje listę nominowanych. Dziesiąte miejsce zajmuje kickbokser Marek Piotrowski. Głosuje na niego 80 634 czytelników. Wyżej kajakarka Izabela Dylewska, dżudoka Bogusław Olechowicz, piłkarz Józef Młynarczyk, kolarz Andrzej Mierzejewski, pięcioboistka Barbara Kotowska, pilot Wacław Nycz i tenisista Andrzej Grubba. Jerzy Kukuczka dostaje 268 725 głosów i zajmuje drugie miejsce. Plebiscyt wygrywają kajakarze Marek Łbik i Marek Dopierała. Nigdy wcześniej ani nigdy później żaden polski himalaista nie zostanie już tak doceniony przez kibiców sportowych.

– Jurek nie umiał i nie lubił tańczyć. Wtedy jednak bawiliśmy się do samego rana – mówi Celina Kukuczka.

Kanadyjskie Calgary jest gospodarzem olimpiady w 1988 roku. 13 lutego ceremonia otwarcia igrzysk. 1423 zawodników z 57 krajów rywalizuje w 17 dyscyplinach zimowych. „Can't You Feel It" to hymn igrzysk. Napisany przez Davida Fostera jest numerem jeden na Liście Przebojów Programu Trzeciego Polskiego Radia. Wyprzedza „Just Like Heaven" The Cure oraz „Przyznaję się do winy" Obywatela G.C.

Grzegorz Filipowski oraz Elwira Ryś-Ferens ocierają się o podium. Polscy hokeiści rozgrywają wielki mecz z Kanadą, przegrywają tylko 0:1. Jeden z polskich zawodników zostaje przyłapany na dopingu.

Juan Antonio Samaranch zwołuje posiedzenie Międzynarodowego Komitetu Olimpijskiego. Dyskutują o himalaizmie oraz górskich wyczynach Messnera i Kukuczki. Jednogłośnie przyznają im dwa Srebrne Medale Orderu Olimpijskiego.

Messner nie przyjmuje odznaczenia. Upiera się, że alpinizm to nie sport. – Wspinanie się to nie zawody. Na żadnym ze zdobytych

przeze mnie szczytów nie zostawiłem włoskiej flagi. Sportowiec zdobywa medale olimpijskie dla swojego kraju, ja nigdy nie korzystałem z publicznych pieniędzy, nie musiałem reprezentować żadnej flagi, dawało mi to wolność. Wspinałem się zawsze tylko dla siebie.

Kukuczka odbiera order. Ale notuje w pamiętniku: „Jest jednak różnica między medalem olimpijskim a medalem olimpijskiego orderu".

⇦ Jerzy Kukuczka z żoną Celiną na Balu Mistrzów Sportu w 1988 roku

BAILO

ROZDZIAŁ 16

CELINA

Pamiętam oświadczyny Jurka. Umówiliśmy się na spotkanie u mnie w domu, nie pamiętam, czy to była sobota, czy niedziela. Miał przyjechać ze swoją mamą. Przygotowałam posiłek, napoje, czekaliśmy. Dzwonek do drzwi, Jurek trzymał w dłoni kwiaty, ale był tak zdenerwowany, że wręczył bukiet mojej siostrze.

Był elegancko ubrany, w wyprasowanej koszuli, krawacie i garniturze, jego mama też wystrojona. Moi rodzice od razu Jurka polubili, bo był bardzo serdecznym człowiekiem, pomocnym. Mój ojciec był inwalidą, wcześnie stracił nogi. Jurek bardzo mu pomagał, nawet obiecał tacie, że przywiezie mu z zagranicy nowe, lepsze protezy. Moi rodzice bardzo go kochali, traktowali jak syna.

Wiedziałam, że był zafascynowany górami. Cieszył się, że może w nich być, darzył je miłością. Góry to był jego zaczarowany świat, dlatego nigdy nie stawiałam go w sytuacji, żeby musiał wybierać między mną a górami. Oczywiście, czasami byłam wkurzona, wręcz wściekła, bo zdarzały się sytuacje trudne, powinien być przy mnie, a nie był. Ile było tych chwil, gdy byliśmy razem, tylko Jurek i ja? Mało, o wiele za mało. Nawet gdy był w Katowicach, ciągle gdzieś gnał, wciąż był w towarzystwie, w jakiejś grupie ludzi. Nigdy nie potrafiłam mu niczego zakazać, nie stawiałam warunków. Nie możesz, nie wolno ci – on by tego nie tolerował.

⇦ Zima 1987 roku, dom rodziców Jurka w Istebnej. Jedna z rzadkich chwil, gdy rodzina Kukuczków mogła być razem. Od lewej Maciej, Celina, Wojciech i Jerzy

Istebna, 1985 rok. Celina Kukuczka: - Jurek uważał, że dziecko powinno być z matką, która ma je pielęgnować i wychować. Był nieco staromodny w tym przekonaniu, że matka siedzi w domu, a ojciec zarabia na rodzinę

Nie bałam się o niego, byliśmy młodzi, człowiek odsuwa od siebie myśl o śmierci. Wiedziałam, że miał przyjaciela, który zabił się w Tatrach, Jerzy często chodził na jego grób, ale taki wypadek nie mógł się przecież przydarzyć mojemu mężowi. Innym tak, jemu nigdy!

PRZECIEŻ NIE JADĘ SIĘ TAM ZABIĆ

A potem zaczęłam się bać coraz bardziej. Widziałam na zdjęciach, jak groźnie wyglądają Himalaje, a on jakby wyczuwał moje lęki. Celinko - mówił - nic się nie stanie, nic złego stać się nie może, zaufaj mi, przecież ja nie jadę się tam zabić.

Znał te moje strachy, może dlatego nigdy mi o górach nie opowiadał. Jakieś ogólniki, że było ciężko, że zimno, ale nie ze szczegółami, a o wypadkach nie pisnął nawet słowem. Czy myślał, że jak powie, to będę z nim wojowała, nie pozwolę znów pojechać? Nie wiem.

Wyjeżdżał i tak, a ja czekałam. Nie było internetu, telefonów komórkowych, wiadomości przychodziły albo nie. Miałam tylko listy, często spóźnione, bo dostawałam je już po powrocie męża z kolejnej wyprawy. Każdy okruch informacji ceniłam jak złoto. Radio, gazety, telewizja – jak był sukces, czasami w mediach coś powiedzieli. A w mojej głowie: gdzie teraz jest, co robi, czy jest bezpieczny? Cały czas byłam z nim myślami w tych Himalajach.

Och, miałam dość, płakałam z bezsilności. Krótko przed jego pierwszym wyjazdem na Lhotse urodził się nasz syn Maciek. Długo leżałam w szpitalu, ciąża była zagrożona. Okrutny czas, ale jakoś wytrwałam. I wiecie co? Zamiast krzyczeć ze złości, że znów jedzie w góry, robiłam mu w szpitalu skarpety na drutach, z owczej wełny, żeby miał ciepło.

Potem urodził się nasz drugi syn Wojtek. Jurek uważał, że dziecko powinno być z matką, która ma je pielęgnować i wychować. Był nieco staromodny w tym przekonaniu, że matka siedzi w domu, a ojciec zarabia na rodzinę. Z drugiej strony był tatą nowoczesnym, bo zajmował się synami. Kąpał ich, karmił, przewijał, bawił się z nimi. Tylko że robił to rzadko.

W 1990 roku Celina Kukuczka (z prawej), jej siostra Lidia Ogrodzińska i syn Maciek stanęli pod tablicą upamiętniającą śmierć Jerzego

CIERPŁA MI SKÓRA

Zawsze przed wyprawą pomagaliśmy mu się pakować. Chłopcy pytali, po co są haki, co to są raki, Jurek im opowiadał, pokazywał, bawili się linami, zakładał kaski na główki, jakby zaczął ich wprowadzać w swój świat. Za mali byli na wspinaczkę, nawet w skałkach, ale i tak cierpła mi skóra.

Gdy chłopcy podrośli, wieczorami rozkładaliśmy mapę na stole. Pokazywałam, gdzie jest tata, i opowiadałam, co może teraz robić – pewnie siedzi w namiocie, a może jest w bazie, wspina się albo idzie z karawaną. Albo kupuje dla nas prezenty w jakimś orientalnym sklepie.

Z każdej wyprawy coś nam przywoził, miał wyrzuty sumienia. Widziałam to w jego oczach, w nim. Męczyło go to, ale nie potrafił zerwać z górami. Wiedział, że nas krzywdzi, zostawiając samych na tak długo, więc starał się nam to wynagrodzić. Przywoził chłopcom samochodziki, maskotki, mieli komputer, który wtedy był w Polsce rarytasem. Moje dzieci miały wszystko. A dla mnie

były sukienki i materiały, szafa od nich pękała. Cieszył się, że mógł nam coś dać, choć wiedział, że nie było to dla nas takie ważne jak jego obecność w domu.

Poczucie winy nie pozwalało mu być surowym ojcem. Dla dzieci był bardzo tolerancyjny, ale równocześnie wymagający. Dziwił się, gdy się skarżyli, że nie potrafią czegoś zrobić. – Jak to, nie potrafisz? To niemożliwe! – mówił. – Przecież to trzeba umieć zrobić, jak się nie umie, to się trzeba nauczyć.

Dla mnie też zachowywał te swoje zdziwienia. – Nie umiesz jeździć na nartach!? Musisz spróbować! – mówił. Potrafił mnie w górach kijkiem strzelić przez tyłek, żebym się nie guzdrała, gdy bałam się zjeżdżać. Wymagający, ale nie terrorysta. Wiele ode mnie oczekiwał, wszystkie sprawy zostawiał na mojej głowie. Jak zdobył Koronę Himalajów, dostaliśmy przydział na domek jednorodzinny w Panewnikach. Bardzo się cieszył, bo mieliśmy malutkie mieszkanko w Ligocie, dwoje dzieci, wszędzie jego sprzęt wspinaczkowy, książki, kurtki. Nie mieściliśmy się, nie można było zrobić porządku, wszystko nam spadało na głowę. Mówił, że w nowym domu będzie miał swoje miejsce, swój pokój, biurko, przy którym będzie mógł popracować. Załatwił architekta, zamierzał dobudować garaż, powiększyć kuchnię, bo była malutka. I pojechał na Lhotse. Zostawił mnie z tym wszystkim, tym razem na dobre.

ZARAZ BYŁY ZŁE JĘZYKI

Ale ja już byłam zahartowana. Nawet mu kiedyś w myślach podziękowałam, że dzięki niemu stałam się twardsza, bo już wcześniej musiałam sobie radzić.

Ludziom się wydaje, że taki sławny himalaista musiał zarabiać krocie, a on miał tylko etat w Emagu, ciągle był na bezpłatnych urlopach. Żyliśmy skromnie, czasem nie wystarczało do pierwszego. Fakt, jeździł po świecie, miał większe możliwości dorobienia niż inni. I korzystał z tego. Kupował w Indiach ciuchy, a tutaj je sprzedawaliśmy. Polskie sklepy świeciły wtedy pustymi półkami, towar

Lata 80. Jerzy Kukuczka przy desce kreślarskiej w katowickim EMAG-u, gdzie był zatrudniony

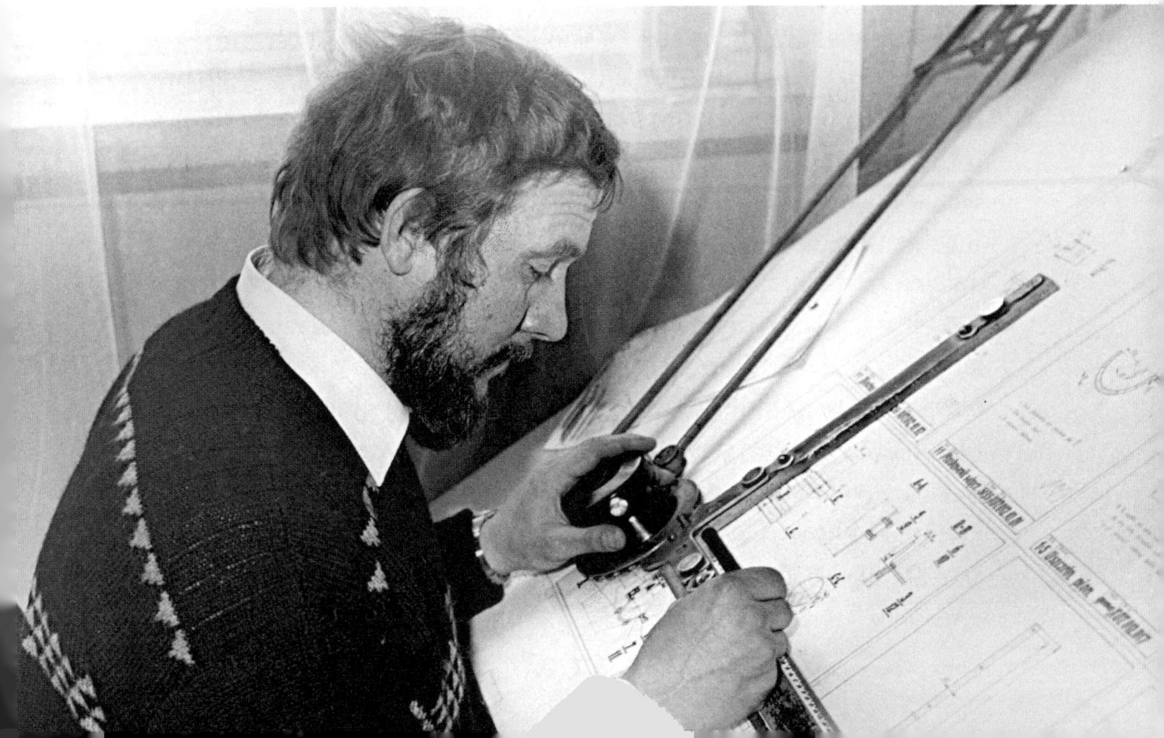

schodził jak woda. Z tego żyliśmy, ale nie ponad stan. Jak wiele innych małżeństw marzyliśmy, żeby kupić samochód, wyremontować dom w Istebnej, jakoś go urządzić.

Popularność Jurka bardzo pomagała. Wiadomo, w latach 80. w sklepach nie było żywności, wszystko na kartki. Czasem jakaś sprzedawczyni go rozpoznała, wyciągnęła coś spod lady – pęto kiełbasy, kawałek mięsa. Nie trzeba było stać w tych kilometrowych kolejkach za wędliną, jajkiem, rolką papieru toaletowego. Z drugiej strony ludzie nas obserwowali, nie mogliśmy popełnić żadnego błędu, bo zaraz były złe języki.

Pytacie, czy byłam zazdrosna o te jego góry. Nie. Nie znam uczucia zazdrości. Znam złość. Pamiętam ją, gdy koledzy znów namówili go na wyjazd, albo gdy pojawiała się jakaś nowa propozycja. Ciągle go te góry wołały, a on im ulegał. Brakowało mu jeszcze jakiegoś ośmiotysięcznika, tu jakaś ściana korci – i tak cały czas.

Kiedyś publicznie powiedział, że góry są dla niego najważniejsze. Nie obraziłam się, pewnie mu się wymsknęło, ale na pewno nie chciał tak powiedzieć. Nie wierzę, że tak czuł. Góry były dla niego bardzo ważne, ale rodzina też, na każdym kroku doświadczaliśmy, jak ważny jest dla niego dom, wspólne posiłki. Nigdy jednak nie spędziliśmy razem wakacji. Nawet jak zabrał mnie raz do Włoch, to przy okazji obozu wspinaczkowego. Spędziliśmy dwa dni w Wenecji, piękne chwile, ale to nie to samo, gdy się wyjeżdża z całą rodziną i ma się czas tylko dla siebie. Zwykle Jurek jechał w góry, a my do Istebnej. Mój ojciec siedział przed domem, huśtał chłopaków na kolanach, zabawiał ich.

WEWNĄTRZ BYŁ OSOBĄ CIEPŁĄ

Na pewno tęsknił, choć starał się to ukrywać. Był silny, nie lubił okazywać słabości. Wewnątrz był osobą bardzo ciepłą, choć wstydził się do tego przyznać. Dwa razy widziałam, jak płakał. Pierwszy raz, gdy byliśmy jeszcze narzeczonymi. Nabroił, nie powiem, o co poszło, ale bardzo ciężko się na niego obraziłam. Powiedziałam mu, że to już koniec, że nie chcę mieć z nim nic wspólnego, musimy się rozstać. Wtedy się rozpłakał, uklęknął przede mną i zaczął mnie przepraszać. Drugi raz płakał, kiedy zmarła jego matka.

Inne kobiety? Hm... Podobno jak był kawalerem, bardzo się podobał dziewczynom. Czasem ktoś mi coś szepnął, że jakieś panny były na wyprawie, jakieś dziennikarki pojechały, ale jakoś nie widziałam w nim amanta. Był zupełnie przeciętnym facetem, niewysokim. Zawsze narzekał na swoją wagę, ponieważ z wyprawy przyjeżdżał wychudzony jak patyk, a potem szybko nabierał ciała, bo miał tendencje do tycia. Uwielbiał sobie pojeść. Schabowy, ziemniaki, kapusta... Codziennie gotowałam obiady.

Nie miał wielkiego brzucha, nie był otyły, ale czasami ten brzuszek jednak się objawiał i to go denerwowało.

Kiedyś, już po jego śmierci pomyślałam, że tylu alpinistów rozeszło się ze swoimi żonami, mają nowe partnerki. Ciekawe, czy bylibyśmy razem, gdyby Jurek żył, a może znalazłby sobie młodszą? Jednak nie. Nie...

Zastanawiam się, kim Jerzy byłby dzisiaj. Z górami nigdy by się nie rozstał, dalej by po nich chodził, może wybierałby nie tak ekstremalne ściany, pewnie kierowałby jakimiś wyprawami. Zginął, gdy w Polsce zaczęły się tworzyć nowe możliwości. Jego koledzy robią interesy, pewnie też odnalazłby się w jakimś biznesie, bo przecież chciał żyć lepiej. Może szkoliłby młodzież, miał studia trenerskie na AWF. Gór nigdy by nie porzucił. Na pewno.

Tak, pary często rozmawiają o swojej przyszłości, zastanawiają się jak im się życie potoczy, czy dotrwają razem do starości. A my nigdy takiej rozmowy nie przeprowadziliśmy, nie rozmawialiśmy o naszej wspólnej starości. Jakbyśmy przeczuwali, że nie będzie nam dana.

ROZDZIAŁ 17

WŁÓCZĘGA

Kukuczka planuje kolejną książkę. Powinno w niej być:

– o eksplozji palnika na Manaslu, na wysokości 6400 metrów;

– o drodze w Himalaje (przez Bombaj i samochodem);

– o jedzeniu „w żargonie alpinistycznym" (zamulacz to ryż, ziemniaki, makaron; mięso to coś treściwego, dodatek to sałatka, a kisiel to deser);

– o autosugestii (można sobie wmówić chorobę wysokościową);

– o obuwiu tragarzy i co by na to powiedzieli dogmatycy „kwalifikowanej turystyki górskiej";

– o tym, co to znaczy nepalskie „równo", czyli w górę, w dół, w górę, w dół...

– o zasadzie często spotykanej wśród wspinaczy, czyli wymagać od innych i być tolerancyjnym wobec siebie, choć powinno być odwrotnie („Ja staram się to robić, choć nie zawsze mi wychodzi").

– o zasadniczym pytaniu: czy muszę pozbywać się jednej z zasadniczych przyjemności życiowych, jaką jest jedzenie („Pamiętam, kiedy pod Gaszerbrumami Francuzi zaprosili nas na obiad. Torebki z liofilizatem – mało nie zwymiotowałem");

– o rozmowie z przedstawicielem polskich władz („Pan należy do partii czerwonej, a ja – pokazując mój złoty łańcuszek – do

⇦ Rok 1989. Jerzy Kukuczka podczas Międzynarodowego Festiwalu Filmów Górskich w Trento

Jerzy Kukuczka odbiera dyplom Człowieka Roku 1988

żółtej, ale to wcale nie musi oznaczać, że ja jestem złoty człowiek, a pan tylko czerwony");

– o dziewczynach („Tak się zdarza, że jak zaczynam kochać, to chcę dziewczynie dać wszystko, co mam najlepszego, najdroższego. Moje młodzieńcze miłości zawsze targałem na skałki. Chciałem się z nimi podzielić tym, co dla mnie było najlepsze, najprzyjemniejsze. Niestety, na tym najczęściej kończyły się moje znajomości, nad czym ubolewałem");

– o największej satysfakcji („na wielkie spotkanie, na którym stanąłem na scenie, przyjechała z dalekich stron moja znajoma. Tematyka alpinizmu była jej zupełnie obca, ale po spotkaniu podeszła i powiedziała: Czy ty to czujesz? Jakie ciepło biło z tej sali!");

– o Himalajach – mojej miłości;

– o Messnerze („Jest królem gór, a ja tylko paziem na jego dworze. Kłopotliwym paziem").

Messner. Planuje efektowne zakończenie swojej przygody w Himalajach. Chce wejść na Lhotse słynną południową ścianą – jedną z najtrudniejszych, niezdobytą. Kompletuje międzynarodowy zespół. Dlaczego nie ma w nim Kukuczki?

– Nie pomyślałem o nim. To była prywatna ekspedycja, mogłem zaprosić, kogo chciałem – mówi Messner. Przypomina swoją wyprawę na Broad Peak. Pod szczytem spotkał Kurtykę z Kukuczką. – Zaproponowałem wtedy Kurtyce, żeby wybrał się ze mną na Czo Oju. Kukuczka był niezadowolony, ale wolałem się wspinać z kimś, kto zna angielski. Kurtyka jest także filozofem, odpowiada mi jego myślenie o górach, a ja mam szacunek do wspinaczy, którzy są jednocześnie myślicielami.

Tym razem ofertę udziału w wyprawie Messnera dostaje Krzysztof Wielicki. Może zabrać ze sobą jakiegoś mocnego partnera.

Kukuczka we wspomnieniach: „Nieśmiało mówię Krzyśkowi, że interesuje mnie ta ściana".

Wielicki wybiera Artura Hajzera. – Były w klubie jakieś dyskusje na temat dopisania Jurka na listę uczestników, ale szczerze mówiąc, nie widziałem sensu, aby po skończeniu Korony Himalajów „Kukuś" walczył z nami na południowej Lhotse – mówi. – Nie sądzę zresztą, żeby miał do tego motywację. Naturalnym zachowaniem po skończeniu takiego projektu było udanie się do kraju i świętowanie sukcesu.

POKAZAĆ SIĘ PRZED MESSNEREM

Do ataku na Lhotse ruszają aż cztery zespoły, ale jeden po drugim rezygnują. – Pojechała elita ówczesnego himalaizmu, mieliśmy ze sobą współpracować, ale z ludzi wyszło gwiazdorstwo. Dream team Messnera niestety nie zagrał najlepszego meczu – mówi Wielicki w „Moim wyborze". Na ścianie zostają tylko z Hajzerem. – Już pierwszego dnia osiągnęliśmy wysokość 8150, drugiego wyszliśmy na grań na 8300 metrach – wspomina Wielicki.

Pogoda zaczyna się psuć, a droga na szczyt jest trudniejsza, niż się spodziewali – grań pokryta lodem, pełna nawisów i olbrzymich czap śniegu. Nocują w jamie śnieżnej. Rano zrywa się wiatr tak silny, że unosi pionowo w górę śnieg nad szczytem. Nie mają najmniejszych szans.

Messner nie ma wyjścia. Wycofuje się z południowej Lhotse.

Wielicki: – Mówiło się, że południowa ściana Lhotse to największy cel himalajski. My zaś uważaliśmy tę ścianę za niezałatwioną sprawę polską.

Kukuczka w pamiętniku: „Moja decyzja była prawie natychmiastowa – południowa Lhotse! Byłem akurat w tym czasie we Włoszech, wysyłam teleksy do Katmandu, jest odpowiedź pozytywna".

– Ta ściana mnie przerażała – mówi Ryszard Warecki. – Jest bardzo lawiniasta, piekielnie trudna technicznie, kamienie spadają, niefajnie. I nagle Jurek dzwoni, że jedziemy na Lhotse. Kurde, przecież mieliśmy jechać na Kanczendzongę! Ale wiedziałem, że on już podjął decyzję. Chodziło o to, żeby pokazać się przed Messnerem. Zrobiło się ciśnienie. Dzwonią Szwajcarzy, że dają dużo pieniędzy, chcą kręcić film z tej wspinaczki. W Polsce też wszyscy: hurrra! Messner nie wszedł, to może teraz pokażemy, kto tu jest najlepszy.

Prezydent Kwaśniewski: – Kukuczka trochę zazdrościł Messnerowi, bolało go, że Tyrolczyk jest tak niesamowicie popularny, że kręcą o nim filmy, piszą książki, cały świat o nim mówi.

Messner: – Chciał w bezpośredniej potyczce pokazać, że jest lepszy, ale przy takiej presji mediów bardzo trudno się wspinać.

Warecki: – Zaczęliśmy organizować wyprawę i zbierać zespół, ale nikt nie chciał jechać.

CHCIAŁBYM SIĘ TERAZ SCHOWAĆ

Wiosną 1989 roku alpiniści z Krakowa organizują wyprawę na Everest. Wybierają trudną, zachodnią grań. Na wierzchołku stają 24 maja. W drodze do bazy porywa ich lawina.

Mirosław Dąsal, Mirosław Gardzielewski, Andrzej Heinrich i Wacław Otręba zjeżdżają kilkaset metrów, pchani przez zwały śniegu. Nie mają szans. Z lawiniska wygrzebuje się tylko Andrzej Marciniak. Chwilę potem znajduje rannego Eugeniusza Chrobaka. Przyjaciel jest w złym stanie, ale żyje. Noc spędzają na lawinisku.

Jerzy Kukuczka z Kurtem Diembergerem i Krzysztofem Wielickim podczas Międzynarodowego Festiwalu Filmów Górskich w Trento w 1989 roku ⇨

73

Chrobak umiera, Marciniak wraca do namiotu. Ma stłuczone żebra, kłopoty z kręgosłupem, w ustach czuje krew, gubi okulary słoneczne i z powodu śnieżnej ślepoty czasowo traci wzrok.

Artur Hajzer odpoczywa w Katmandu po wyprawie z Messnerem na Lhotse. Wraca z kolejnej imprezy, w drzwiach hotelowego pokoju znajduje kartkę z informacją o tragedii pod Lho La. Organizuje akcję, chce ratować Marciniaka. Nie może liczyć na polskie Ministerstwo Spraw Zagranicznych. W kraju na 4 czerwca wyznaczono pierwsze wolne wybory. Urzędnicy myślą, jak uchronić własne posady, nikt nie ma głowy do ratowania polskiego wspinacza. Hajzer prosi o pomoc Messnera i amerykankę Elizabeth Hawley – korespondentkę Reutersa, która od lat mieszka w Nepalu i zna tam niemal wszystkich. Na jej prośbę król Nepalu gotów jest użyczyć helikopter. Ale żaden z pilotów nie chce lecieć. – Za żadne pieniądze! – mówią.

Z chińskimi urzędnikami coraz trudniej rozmawiać, mają na głowie zbuntowanych studentów, którzy gromadzą się na placu Tianamen. Pomagają zachodnie ambasady, Hajzer dostaje zgodę na przekroczenie granicy. Od chińskiej strony podejście do uwięzionego w namiocie Polaka jest łatwe. Ekipa ratunkowa w składzie Hajzer i dwóch Nowozelandczyków: Rob Hall (zginie na Evereście w 1996 roku, a jego dramatyczne losy zostaną opisane przez Johna Krakauera w książce „Wszystko za Everest" i sfilmowane w 2015 roku) i Gary Ball ruszają do Chin ciężarówką.

Marciniak traci nadzieję na ratunek. Słyszy schodzące lawiny i spadające kamienie, decyduje się na desperacki krok. Mimo ślepoty opuszcza namiot, choć wie, że ma niewielkie szanse dotrzeć do bazy. Po kilku krokach słyszy głosy, myśli że to omamy, ale chwilę potem stają przed nim Hajzer z Nowozelandczykami.

Kukuczka gości u przyjaciela pod Rzymem. Wybiera się do Trento, będzie się tam wspinał. „Pakowałem się na pociąg do Mediolanu. Gospodyni domu rozmawiała telefonicznie z Warszawą. Miałem właśnie wychodzić, gdy krzyknęła za mną:

Czekaj! Jakieś wiadomości z Himalajów. Złe wiadomości. Pięciu Polaków zginęło na Evereście. Lawina. Podaje nazwiska... Nogi się pode mną uginają. Nagle wszystko się zmienia. Przed oczami przewijają się twarze moich partnerów, przyjaciół, kolegów. Kwiat taternictwa, himalaizmu polskiego. Przedziwne uczucie mnie ogarnia, jakbym chciał zrobić krok do tyłu, cofnąć to wszystko. Irracjonalne poczucie winy, chciałbym się teraz schować, zamknąć, być sam".

Warecki: – Nikt nie chciał z nim jechać, bo to było świeżo po tej tragedii.

Kukuczka w pamiętniku: „Mój stary skład wyprawowy rozpadł się. Artur po bohaterskiej akcji ratowania Marciniaka powiedział dość. Krzysiek, że w tym roku interesuje go tylko koszenie trawy przy domu. Korniszewski nagle miał kłopoty z urlopem w pracy. Bałem się proponować komukolwiek, bojąc się odpowiedzi: Nie słyszałeś, co się stało w Himalajach!?".

Nawet sponsorzy mówią: – Teraz!? Na drugi rok to co innego. Zrób wyprawę na drugi rok.

„Wszelkie racjonalne przesłanki mówiły to samo: spokojnie, zrób wyprawę na drugi rok. Czułem jednak, że muszę to zrobić teraz. Wahałem się przez dwa tygodnie, myślałem, rozpatrywałem, analizowałem, robiłem nawet tabelki za i przeciw. Wreszcie postanowiłem zrobić tak, jak robiłem wielokrotnie – poszedłem za podszeptem czegoś wewnętrznego. Teraz albo nigdy" – zanotuje w pamiętniku.

Na kartce zapisuje nazwiska potencjalnych partnerów: Tomasz Kopyś, Maciej Pawlikowski, Przemysław Piasecki, Ryszard Pawłowski.

Kukuczka: „Pomyślałem, że na tę ścianę muszę pojechać albo z młodymi gniewnymi, albo ze starymi, zatwardziałymi repami. Wybrałem to drugie. Zacząłem dzwonić po całej Polsce. Mój skład oparłem tylko na Polakach, wiedząc, że w tak krótkim czasie nie znajdę dobrych alpinistów na Zachodzie".

– Już raz, w 1985 roku, byłem partnerem Jurka na południowej ścianie Lhotse – mówi Pawłowski. – Wiem, że wolałby jechać z Wielickim i Hajzerem, ale oni zostali już wykorzystani przez Messnera. U Jurka wyczułem żal, że nie zaproszono go do tej ekspedycji. Chciał udowodnić Messnerowi, że popełnił błąd. Emanował ambicją, miał szansę pokonać południową Lhotse. Kto, jak nie on? Ja miałem sukcesy, ale byłem młody i też ambitny. Gdy Jurek mnie zapytał, czy chcę jechać, nie mogłem odmówić, choć wiem, że Wareckiemu mój udział się nie podobał.

Warecki: – To był bardzo przypadkowy skład, słaby, kiepski, niezgrany, niedobry, z łapanki, na siłę, wbrew logice.

WŁÓCZĘGA, NIESPOKOJNY DUCH

„Dziwnie zaczyna się ta wyprawa. Myślałem o tej ścianie wielokrotnie. Pierwszy raz zobaczyłem ją na fotografii Szymona Wdowiaka, która była plonem wyprawy Lhotse'74. Zdjęcie to pokazało się w druku w formie kalendarza. Patrzyłem na nie jak na ładny obrazek, z ładną formacją ściany, ale tak odległe od rzeczywistości – możliwości, że mogłem ją odbierać tylko jako... ładny obrazek" – zanotuje Kukuczka w zeszycie.

Teraz siedzi przed namiotem i może popatrzeć na Lhotse własnymi oczami. Nikt i nic się nie liczy. Ważna jest tylko ta ściana. Zna każdy jej szczegół, każde załamanie. 8511 metrów nad poziom morza, trzy kilometry pionowo w górę, a najtrudniej jest blisko szczytu, czyli wtedy, gdy na innych górach teren zaczyna się kłaść.

W głowie rysuje plan wspinaczki.

O czym jeszcze myśli, wpatrując się w południową ścianę Lhotse?

O Celinie. Nie potrafi używać wielkich słów, na szczęście są poeci. W notesie zapisuje wiersz Edwarda Stachury, do którego grupa Stare Dobre Małżeństwo nagra potem piosenkę.

Nie myśl, że nie kocham
Lub że tylko trochę kocham
Jak cię kocham, nie powiem, no bo nie wypowiem –
Tak ogromnie bardzo, jeszcze więcej może
I dlatego właśnie żegnaj,

Zrozum dobrze, żegnaj, żegnaj
Ja, cóż –
Włóczęga, niespokojny duch
Ze mną można tylko
W dali znikać cicho...

*

Wojtek miał cztery lata, ojca nie pamięta. Na pytanie, czy ma do niego żal, odpowiada: – Nigdy nic takiego nawet nie wpadło mi do głowy, bo niby z jakiego powodu? Byliśmy osobnymi ludźmi, nie mieliśmy nawet okazji porządnie się poznać. Łączy nas pokrewieństwo. Ojciec realizował swoją pasję, był w tym dobry, miał ogromne osiągnięcia i dobrze się czuł z tym, co robił. Podziwiam go i szanuję za to, czego dokonał w górach.

Maciek inaczej. – Miał dziewięć i bardzo przeżył tę śmierć. Zbuntował się, zamknął w sobie. Często przychodziłam wieczorem do jego łóżka powiedzieć mu dobranoc, a on gdzieś tam pod kołdrą, na uszach miał słuchawki i słuchał ostatnich nagrań ojca, albo po sto razy czytał jego książki – mówi Celina Kukuczka.

Maciek do dziś nie mówi o ojcu.

CAMP

Jerzy Kukuczka na tle południowej ściany Lhotse jesienią 1989 roku. W pamiętniku zanotował:
„Wszelkie racjonalne przesłanki mówiły to samo: spokojnie, zrób wyprawę na drugi rok.
Czułem jednak, że muszę to zrobić teraz. Wahałem się przez dwa tygodnie, myślałem, rozpatrywałem, analizowałem, robiłem nawet tabelki za i przeciw. Wreszcie postanowiłem zrobić tak, jak robiłem wielokrotnie – poszedłem za podszeptem czegoś wewnętrznego. Teraz albo nigdy"

Jerzy Kukuczka, droga po Koronę Himalajów-Karakorum

4 października 1979. Lhotse drogą klasyczną (z Andrzejem Czokiem, Andrzejem Heinrichem i Januszem Skorkiem)

19 maja 1980. Mount Everest nową drogą (z Andrzejem Czokiem)

15 października 1981. Makalu, samotnie i nową drogą

1 lipca 1983. Gaszerbrum II, nową drogą, w stylu alpejskim (z Wojciechem Kurtyką)

23 lipca 1983. Gaszerbrum I, nową drogą, w stylu alpejskim (z Wojciechem Kurtyką)

17 lipca 1984. Broad Peak, trawers całego masywu z wejściem na główny wierzchołek (z Wojciechem Kurtyką)

21 stycznia 1985. Dhaulagiri, pierwsze w historii zimowe wejście na ten szczyt (z Andrzejem Czokiem)

13 lutego 1985. Czo Oju (z Andrzejem Heinrichem)

13 lipca 1985. Nanga Parbat, nową drogą (z Carlosem Carsolio, Andrzejem Heinrichem i Sławomirem Łobodzińskim)

11 stycznia 1986. Kanczendzonga, pierwsze wejście zimowe na ten szczyt (z Krzysztofem Wielickim; podczas wyprawy umiera Andrzej Czok)

8 lipca 1986. K2, nowa droga (z Tadeuszem Piotrowskim, który ginie podczas zejścia)

10 listopada 1986. Manaslu, nową drogą (z Arturem Hajzerem)

3 lutego 1987. Annapurna, pierwsze zimowe wejście na ten szczyt (z Arturem Hajzerem)

18 września 1987. Sziszapangma, nową drogą (z Arturem Hajzerem)

BIBLIOGRAFIA

KSIĄŻKI:

Adam Bilczewski, *W górach Alaski i Kanady*, Śląsk, Katowice, 1977

Adam Bilczewski, *Lhotse – czwarta góra ziemi*, Krajowa Agencja Wydawnicza, Katowice, 1982

Adam Bilczewski, *Alpiniści*, Krajowa Agencja Wydawnicza, Katowice, 1987

Piotr Drożdż, *Krzysztof Wielicki. Mój wybór*, t.1, Góry Books, Kraków, 2014

Artur Hajzer, *Atak rozpaczy*, Annapurna, Warszawa, 2012

Jennifer Jordan, *Okrutny szczyt. Kobiety na K2*, Wydawnictwo Dolnośląskie, Wrocław 2015

Jerzy Kukuczka (spisał i opracował Tomasz Malanowski), *Na szczytach świata*, Krajowa Agencja Wydawnicza, 1990

Jerzy Kukuczka, *Mój pionowy świat*, Sport i Turystyka, Warszawa 1995

Janusz Kurczab, *Polskie Himalaje. Panie w górach*, Agora, Warszawa, 2008

Andrzej Machnik, *Na zachodniej ścianie Makalu*, Sport i Turystyka, Warszawa, 1988

Andrzej Machnik, *Dwa zimowe szturmy*, Explo, Gliwice 1994

Andrzej Machnik, *Na podbój Ameryki*, Ati, Kraków, 1995

Bernadette McDonald (tłum. Wojciech Fusek, Robert Pagacz), *Ucieczka na szczyt*, Agora, Warszawa 2012

Reinhold Messner, *Na koniec świata: Himalaje i Karakorum – wyzwanie*, Muza, Warszawa, 1998

Reinhold Messner, *Yeti. Legenda i rzeczywistość*, Muza, Warszawa 1999

Reinhold Messner, *Naga góra: Nanga Parbat – brat, śmierć i samotność*, Wydawnictwo Dolnośląskie, Wrocław, 2004

Reinhold Messner, *Moje życie na krawędzi* (autobiografia w rozmowie z Thomasem Huetlinem), Stapis, Katowice, 2008

Ryszard Pawłowski (spisała Grażyna Potwora; opowiadania Piotr Wąsikowski), *Smak gór*, Infomax, Katowice, 2010

Danuta Piotrowska (oprac.), *K2 1986. In memoriam Tadeusz Piotrowski*, Fundacja Ulica Przestrzenna, Szczecin 2015

Barbara Rusowicz, wywiad rzeka, *Wszystko o Wandzie Rutkiewicz*, Comer i Ekolog, Toruń – Piła, 1992
Wanda Rutkiewicz; współpraca aut. Ewa Matuszewska, *Na jednej linie*, Krajowa Agencja Wydawnicza, 1986
Wanda Rutkiewicz, Ewa Matuszewska, *Karawana do marzeń*, Hudowski&Marcisz, Kraków, 1994.
Zdzisław Jan Ryn, *Góry. Medycyna, antropologia*, Medycyna Praktyczna, Kraków, 2015.
Ryszard Szafirski, *Przeżyłem, więc wiem. Nieznane kulisy wypraw wysokogórskich*, Annapurna, Warszawa 2014

FILMY

Marek Kłosowicz, *Zerwana lina*, TVN, 2007
Elżbieta Piętak, *Lhotse'89*, TVP, 1989
Jerzy Porębski, *Kukuczka*, Fundacja Wielki Człowiek, 2011
Jerzy Porębski, *Zakopiańczycy*, Artica Production, 2014
Jerzy Porębski, *Manaslu*, Artica Production, 2014
Paweł Wysoczański, *Jurek*, Black&White Productions, Polski Instytut Sztuki Filmowej Silesia Film, 2014

ARTYKUŁY PRASOWE:

Adam Bilczewski:
Śląska wyprawa na Lhotse 1979, Taternik nr 1/1980
Dhaulugiri zimą 1984-1985, Taternik nr 1/1985
Andrzej Bilczewski, Józef Nyka, *Andrzej Czok*, Taternik nr 1/1986
Andrzej Czok, *O szesnaście kilo mniej*, Taternik nr 1/1980
Jan Czypionka:
Skarbnice wielkiego śniegu, Trybuna Robotnicza nr 44/1986
Ofiara Kanczendzongi, Trybuna Robotnicza nr 50/1986
Zakatować górę, Trybuna Robotnicza nr 79/1986
Łukasz Długowski, *Najgorszy, gorszy, himalaista*, Gazeta Wyborcza nr 195/2014
Jacek Hugo-Bader, *Gladiatorzy i harcerze*, Gazeta Wyborcza nr 189/2014
Ewa Jędryszek, *Święta w lodach Himalajów*, Sprawy Chemików nr 51/1985
Józef Kandziora, *Wybieram się na czternasty*, Panorama 1987
Jerzy Kukuczka:
K2 ścianą południową, Taternik nr 2/1986
W górach Nowej Zelandii 1981, Taternik nr 1/1982
Jerzy Kukuczka, Janusz Majer, *Shishapangma 1987*, Taternik nr 2/1987
Mirosław Kuraś, *Tak trudno się wraca*, Panorama nr 12/1986
Janusz Kurczab, Andrzej Paczkowski, *Polacy w górach najwyższych 1969-1975*, Taternik nr 4/1975
Wojciech Kurtyka, *Ścieżka góry*, Bularz 1988/1989
Cecylia Kuta, *Taternicy przed sądem. Proces przeciw „Kulturze"*, nowahistoria.interia.pl, 9.02.2015

Andrzej Machnik, *Zimowe wejście na Kangchendzongę*, Taternik nr 1/1986
Janusz Majer, *Południowa ściana Lhotse*, Taternik nr 2/1986
Marek Pronobis, *Siedem dni w październiku*, Taternik nr 3/1978
Wanda Rutkiewicz:
Pierwsze kobiety na K2, Taternik nr 2/1986
Alpinista wielkiego formatu, Taternik nr 2/1987
Zdzisław Ryn:
Psychopatologiczne aspekty wspinaczki wysokogórskiej, Taternik nr 4/1999
Istota rywalizacji w alpinizmie, Taternik nr 4/1969
Krystyna Sałyga, *Wypadki taternickie*, Taternik nr 4/1971
Elżbieta Sobólska, *Człowiek, który stawia na góry*, Chłopska Droga nr 51-52/1987
Dominik Szczepański:
Moje góry poza dobrem i złem, Gazeta Wyborcza nr 184/2014
Wojciech Kukuczka: Nie jestem synem ojca, Gazeta Wyborcza nr 293/2014
Dominik Szczepański, Łukasz Ziółkowski, *Wojciech Kurtyka. Igrzyska śmierci*, Gazeta Wyborcza nr 111/2014
Bohdan Tomaszewski, *Bohdan Tomaszewski o alpinizmie*, Taternik nr 2/1969
Krzysztof Wielicki, *Na szczyt*, Taternik nr 2/1986
Andrzej Zawada, *Trzy rekordy na Cho Oyu*, Taternik nr 1/1985
Adam Zyzak, *Nanga Parbat 1977*, Taternik nr 3/1978

INTERNET

www.jerzykukuczka.pl (Wirtualne Muzeum Jerzego Kukuczki)
www.przegladsportowy.pl
www.portalgorski.pl
www.gazeta.pl
www.national-geographic.pl

INNE

Pamiętniki Jerzego Kukuczki i dokumenty w posiadaniu rodziny Kukuczków
Materiały archiwalne TVP Katowice
Prywatne archiwum Jana Matuszyńskiego
Fragmenty archiwalnych audycji radiowych i nagrań Polskiego Radia

SPIS TREŚCI

Fundacja Wielki Człowiek powstała w maju 2013 roku z inicjatywy rodziny Jerzego Kukuczki. Jednym z głównych filarów naszej działalności jest popularyzacja i upowszechnianie dokonań tego wielkiego himalaisty.

Wirtualne Muzeum Jerzego Kukuczki to interaktywna platforma istniejąca od 2014 roku, prowadzona przez naszą Fundację. Powstała w 25. rocznicę śmierci himalaisty. Odwiedzając stronę www.jerzykukuczka.pl, przemierzycie szczyty Korony Himalajów, zajrzycie do rodzinnego archiwum Kukuczki oraz uzyskacie informacje o Izbie Pamięci.

Zaglądając na www.kukuczka.net, odwiedzicie naszą księgarnię. Znajdują się w niej wydawane przez nas książki i filmy. Na naszych półkach znajdziecie m.in. autobiografię Kukuczki „Mój pionowy świat" w wydaniu książkowym oraz ekskluzywnej formie albumu, wywiad rzekę „Na szczytach świata" oraz fabularyzowany dokument „Jurek".

1%

Jerzy Kukuczka to postać wyjątkowa. Pamięć o Jego dokonaniach musi być przekazywana kolejnym pokoleniom. Taka jest misja naszej Fundacji. Jeżeli chcesz nam w niej pomóc, wesprzeć Wirtualne Muzeum, Izbę Pamięci, Archiwum czy nowe wydawnictwa – przekaż nam 1% swojego podatku. Wpisz w rozliczeniu rocznym PIT nasz numer KRS: 0000462557, cel szczegółowy „Kukuczka". Dziękujemy!

www.jerzykukuczka.pl